U0829065

领导干部、高校师生哲学普读本

西方哲学史导读

Introduction to the history of Western Philosophy

郑黎明◎著

中国经济出版社
CHINA ECONOMIC PUBLISHING HOUSE
·北京·

图书在版编目（CIP）数据

西方哲学史导读／郑黎明著．
—北京：中国经济出版社，2019.12
ISBN 978-7-5136-5474-6

Ⅰ.①西… Ⅱ.①郑… Ⅲ.①西方哲学—哲学史 Ⅳ.①B5

中国版本图书馆 CIP 数据核字（2018）第 282377 号

责任编辑　夏军城
责任印制　马小宾
封面设计　任燕飞

出版发行　中国经济出版社
印 刷 者　北京力信诚印刷有限公司
经 销 者　各地新华书店
开　　本　710mm×1000mm　1/16
印　　张　14.5
字　　数　222 千字
版　　次　2019 年 12 月第 1 版
印　　次　2019 年 12 月第 1 次
定　　价　58.00 元
广告经营许可证　京西工商广字第 8179 号

中国经济出版社 **网址** www.economyph.com **社址** 北京市东城区安定门外大街 58 号 **邮编** 100011

本版图书如存在印装质量问题，请与本社销售中心联系调换（联系电话：010-57512564）

目　录

第一章

导　论

一个民族要想站在科学的高峰，就一刻也不能没有理论思维。

——恩格斯

西方哲学从类似故事的叙事开始，这种叙事的真实性需要接受历史的检验，更为关键的是叙事需要切中“西方哲学史”的内涵。这种内涵的展现可以有很多层次，读者能够领会到何种层次，取决于后续的努力，而不取决于所谓的哲学“慧根”。对于哲学初学者来说，关键在于借助哲学的叙事，立足于自己坚韧自律的生命力行，进行“反省”“体验”“操作”，而不要妄想凭借“慧根”来顿悟哲学的本质。

一切皆有可能，一切开始于可能。

一、西方哲学的演化叙事

相比古代，现代认识工具变得更加丰富精确，这是否表征了人类内部理念世界清晰度的提升？如同我们去一个陌生的城市，如果有此地的地图，内心则会更加澄明，自然变得淡定而从容。曾有哲学家提出：人的内心确实有个形式性的东西，人喜欢用这个形式性东西去容纳材料和事件，去划分、整合、明晰世界。古代的哲学家相信这个框架，致力于明确那个作为“一”的框架，他们呕心沥血，乐此不疲。哲人会云游四方，也会坐于斗室而自安，原因在于心中有框架，是非清明，可以涅槃！哲学本身是私人性的，其诱因和结果却可能是公共性的。这引发了那个作为框架性的对象本身与作为思想的私人占有情态之间的张力，类似空气，本身是公共的，但却总是被无数个别的人呼吸。这就是西方哲学在古希腊世界最初产生的问题情境。

历史车轮滚滚向前，古罗马境内兴起的圣经向听者传达一个讯息：“我”之生之于父母，乃是那自在永在者赠予的一个礼物。于是，“我”之在世首先便超越分娩的痛楚获得一个喜乐的寓意，毕竟世上几乎没有不喜欢礼物的，更何况这个礼物还不是经常能够收到的。不过麻烦的事情在于，这个礼物的赠予逻辑只蕴含了使用权——“我”的所有权不属自身，也不属礼物的暂时保管者——“我”的父母，甚至连父母也是礼物。假如在使用中，不按照赠予者提供的说明书操作，破坏了礼物的完善性，还会收到那自在永在者的惩罚。造化弄人，收到礼物的瞬间喜悦之情原来是以一辈子的辛苦照料为代价的！更哪堪，弄不好下辈子还要下地狱。人亦顽皮，不读说明书就直接操作的十之二三，读不懂说明书的十之二三，读了说明书也不按其操作的十之二三，义人挪亚凤毛麟角。更让赠予者难堪的是，礼物及其保管者，也即礼物们，常常不承认自己的礼物身份，居然以自有自在者自居。对赠予事实的悖反在自在永在者看来就是原罪。仁慈博爱的自在永在者决心以德报怨，再送一个最大的礼物给那些忤逆者，这一次是由他自编自导，由他的儿子主演的一场视觉盛宴——复活大戏！主旨在于提醒礼物们该收敛了！

奥古斯丁——这个曾经入于摩尼教泥塘的忤逆者最终深深地喜欢上了这个故事。不同于一般的喜欢，他还为它写了无数评论，以鸿篇巨作为之注解和辩护。用异教徒的人文哲学来战胜异教徒的精神抵抗，也就是向曾经的自己进行思想上的论战，这是中世纪教父哲学的事业雄心。

故事总有不同的版本，其中一个版本认为：完美者创制了世界却不再理会这个世界；人生只有一世，我们只是此世的临时演员。随着经验世界的开阔和理智的苏醒，越来越多的公众比较倾向于这个故事版本的叙事逻辑。但问题在于，获悉临时演员的身份让他们烦躁不安，因为临时演员是不会在剧本中出现的。换言之，临时演员的言行是没有剧本可资规范的。没有规范，不免放荡不羁。因此，这个故事给人的遗憾是明显的。于是，一个理念油然而生，人为何不能模仿自在永在者，重写礼物们的剧本呢？这一次，人不是那自在永在者的礼物，人是自然的杰作，也就是自己的杰作。内在自然与外在自然；良知、理性、主体，赠予礼物的逻辑依然还在，只是自然和自己取代自在永在者的位置。思想不能停，罪恶必须止，近代哲学的开端是一个“礼物就是礼物主人自己”的故事。

近代哲学的演进是建立在自然科学蓬勃发展而漏洞犹存的基础上，近代的哲学家一方面雄心勃勃，要避免“哲学的丑闻”，以形而上学为科学奠基；另一方面他们在如此行思的过程中又倍感谦逊的必要。以洛克为例，他一方面咄咄逼人地批判天赋观念论，但又诉诸上帝的万能，将第一性质和第二性质的区分称作假设，认为第二性质是上帝在人的感觉过程中附加在物体的第一性质上。刚刚批判了天赋观念论，又在这里说是上帝在人的感觉中附加成分，怎么解释洛克哲学中这种矛盾呢？

一般哲学史评价，这是洛克理论不彻底性的一个表现。后来的贝克莱利用这一矛盾全面否定了第一性质和第二性质的客观存在。什么意思？在洛克这里体现了近代哲学家相比古代哲学家的重要特点：思想的光辉与理论的错误一样突出。古代哲学家如柏拉图、亚里士多德，我们感觉他们有局限，但总体来说他们的错误不那么明显，好多时候我们总是回到柏拉图或者亚里士多德。对于近代哲学，你若认可便可见其创见；但你若怀疑，便会发现其荒诞的地方也很明显。近代哲学比古代哲学荒诞？这似乎很难接受，但这是事实。

近代哲学家经过自然科学知识洗礼以后，他们提出的思想问题，不再是一种模糊性的表述；因为模糊性已经褪掉了，理性之光变得具体多了，明确多了。究竟哪些属性是物体存在的必然性质，哪些是不必然的？这个问题的答案已经由近代哲学家逐步排除而得出。笛卡尔在《第一哲学沉思集》中以蜡为例子。蜡被燃烧了以后，形状就立刻变了，立刻变软了，甚至它的颜色也可以变；但是火熄灭以后，蜡又重新固态化。笛卡尔从蜡块的变化中发现，无论怎么变化，有一种不变的东西，在他看来比较广延。广延就是任何时候它总要占据一个空间，这个是笛卡尔从自然科学角度给出的一个看法。性质是物体固有的，唯物论者很多都是从自然科学角度，提供一个很好的哲学模型的证明。笛卡尔也试图提供，他甚至陷入了可怕的笛卡尔循环，这就是为什么贝克莱否定第一性质的不变。曾经有哲学家讲偶性的质是第二性质的质，形状是广延是第一性质的质。后来人们说第二性质不是质，所以在洛克看来这个第二性质就不是质了。第二性质没有客观性，到贝克莱以后干脆说第一性质也没有客观性，但没有提供证明。在我们知识论方法论的贯彻下这种客观性是证明不出来的，因为这种知识论在英国表现为经验论。经验论认为当你说第一性质是物体所固有的时候，甚至很多人说不依赖于感觉的时候，就是不依赖于人的经验，就是第一性质在人的经验之外了。它不取决于是否进入了人的经验，没有进入人的经验它应该也是存在的，自然科学家把这个作为基本的东西接受下来了，如果他不接受就无法做研究。笛卡尔的知识论就是想研究这个东西，而洛克没有给出证明，大量的用排除法，他和霍布斯一样，认为有些东西是偶性的，有些东西不是偶性的。洛克给人的感觉还是带有唯理论的一些色彩，但是也不是说经验论如果彻底就是正确的。

到了德国古典哲学开启时刻，康德提出休谟使他从独断论的美梦中惊醒。康德受卢梭和休谟的影响，康德所说的自在之物相当于洛克讲的第一性质。康德也说事物有不可知的方面，承认有自在之物，但不可言说。他认为自然科学研究的不是自在之物这个东西而是自在之物的呈现。自然科学的成果就是自在之物的呈现。现在自然科学已经很少讲生存论，主要讲因果性。也就是说世界万物之间的相互作用是什么？如你看太湖有蓝藻，那么我们只能解释蓝藻为什么产生，原因是什么。我们能不能直接就说把它消灭掉？灭不掉啊，因为我们不是上帝，我们只能去研究蓝藻产生的原因是什么。到了近代，我们发现科学谦虚了，哲学也谦虚了，特别到了现在哲学更谦虚。经验论者发展到最后特别谦虚，认为很多命题哲学解决不了，科学也解决不了。如果从人类的自我认识来讲，人类一方面知识是越来越多，经验论范围越来越大；另一方面在重大问题上却越来越谦虚。洛克理性的质被否定，实际上是我们无法提供一个完美的认识，无法提供有效的认识，只好把它否定掉。如同前面讲的，你不能认识的东西你说它存在，那只是一种信仰。不能从近代哲学的角度揭示它，不能像贝克莱说背对牛津校园的一棵树，这棵树不存在。他只是一个比喻，并不是说他荒诞到说他眼里没看到树，他的意思是说如果一个事物没有进入我的经验，没有用已知的方式呈现出来，这个事物是否存在？只好说它不存在。所以说近代哲学不能说它哪个方面是彻底错了，只能承认人类在自我认识上面，近代哲学一方面扩大了认知的范围；另一方面它承认在重大问题上需要谦虚。

二、西方哲学的基本精神

中国的大学生读者，打开西方哲学史，往往会遭遇这样的问题：西方哲学体现了什么样的方法论？如果西方哲学的基本精神离读者自身的情境十万八千里，何必去遭受这场思想风暴的肆虐？

以古希腊哲学为例，柏拉图哲学与当代辩证法之间有何关系？柏拉图把辩证法看作最高的知识，把握超越具象世界的理念知识是善的知识，也即最高的知识。这种哲学观体现了什么样的辩证法？柏拉图的辩证法把假设当作梯子和跳板，暂时搭一脚一步一步往上爬，到达目标之后回头看，“这梯子还真搭对了地方”！如果一定要寻找柏拉图哲学里的辩证法因素，这个其实也是可以的。囚徒挣脱锁链走出洞穴又折返洞穴的过程，是获得知识的渐进过程，是逐步上升的认知过程。走出洞穴就能认识万物本来的面貌。但是，囚徒为何要返回洞穴？返回洞穴是受善的引导，只要是真正追求“善”，一定会返回洞穴。这不是什么惊天地泣鬼神的大思考大权衡之后做出的决定，而是“善”的直接要求；否则不能算已经获得了“善”的知识。这个过程具有丰富的辩证法意味：知识的上升性和实践性。

从另一个层面上说，柏拉图所继承和发扬的苏格拉底助产方法，具有当代辩证法的原初内涵：说话的技艺和方法。今天我们讲辩证法，是指“用全面的、联系的、发展的眼光看问题”的哲学方法，它的含义有一个哲学史上发生发展的过程。柏拉图的对话录是从苏格拉底那里来的，体现了另外一个角度的辩证法原义。苏格拉底的助产说是什么？知识是不是一下子传授来的？别人能不能一下子把知识告诉你：那个东西是知识，你把它记下来。行不行？那是智者，智者是这样搞教育的，苏格拉底、柏拉图不是这样的。柏拉图继承苏格拉底的辩证法，是当代人熟悉的辩证法起源时代的朴素形式。

柏拉图认为知识是灵魂回忆来的，体现了知识的上升性。那么人的认识如何能够从杂多的感受得以上升呢？在这个地方，你应该看到柏拉图就他自己写了对话录，他的对话录以苏格拉底为主角，对话录的表述方式又是苏格拉底知识助产的实践运用。苏格拉底提出了知识助产的原则，但是苏格拉底自己没有这样一个好的案例。因为苏格拉底自己的文献很少，他只说少写，但柏拉图把很多东西都记下来了。从柏拉图记下来的东西来看，至少它呈现了苏格拉底对话式、知识助产式求得真理的办法。柏拉图以写作对话录的方式实践了苏格拉底的知识助产术。一方面，知识过程是上升性的，不是一蹴而就的，这个体现了当代教科书中的辩证色彩；另一方面，苏格拉底的知识助产术的提出及实践具有辩证法的原义色彩。知识助产术要求从对话中进行知识助产，而不是由别人告诉你是风就风、是雨就雨。就是当代辩证法的原本含义：对话的技艺和方法。从“辩”字中间的“言”，我们也能够联想中译文与外文原义之间的对应性。

在古希腊柏拉图这里，“辩证法”就是人们对话的技艺和方法，这种对话方式体现了知识上升和反省生活的指向。从这个意义上说，柏拉图哲学回应了当代读者的方法论诉求。看似遥远的古希腊哲学，对于当代读者来说，不是遥远空洞的虚无。

三、西方哲学史的学习方法

打开西方哲学史，往往会有这样的感受：哲学是厮杀的战场。每个时代的哲学家都自认为发现了哲学的真谛，批判和反驳其他哲学家，往往是感性、理性，一般、个别等不断交替出现。为什么不能来一个公认的正确的学派，然后大家跟着它往前发展？哲学难道就是这样没定型，没有一个固定的答案吗？这是很多经历现代成熟的社会科学或者自然科学训练的读者期望的哲学史：哲学单线进步史。

西方哲学史把西方几千年的哲学发展都囊括在内了，站在读者的角度，是向哲学史投射过去几千年的回忆。深受社会科学或者自然科学训练的读者所描述的唯物主义与唯心主义交替发展的“混战”的哲学史，是很正常的哲学初感知。在今天看来，我们觉得哲学总是唯物与唯心交叉发展，却没有早早固定于唯一正确的路线。哲学交叉发展是后人对哲学史的整理方式，体现了我们对哲学史的一种加工。尽管这种加工尽量实事求是，但哲学家们并不知道我们这种加工方式。比如说柏拉图，他并不知道我们给了他一个定位，不知道自己被我们贴上了标签。柏拉图作为哲学家的标签在当时确实也存在，但绝对不是“客观唯心主义”这个标签。他处于城邦生活中，他的哲学生涯开始于为他的老师正名的历史环境中。因为他的老师被处死了，他要为他这一派别的系列学说给予论证、辩护。

所以，哲学史是后人对哲学历程的梳理和加工，它不是历史上的哲学本身，但深受当代哲学的影响。例如某种诉求，提的人多了，就会对写哲学史的人产生影响，从而书写出符合这种思想需求的哲学史来。作为读者，无论哲学史文本如何书写，置身其中需要考虑历史上哲学家生活的场景和你所处的时代错位。作为当代人怎么办呢？哲学史毕竟是一门历史，历史是有多样性的。例如中国历史，经过专家整理打磨出来的一条线索，从原始社会到奴隶社会，从奴隶社会到封建社会，从封建社会到半殖民地半封建社会，再到社会主义社会。但是如果抛开历史教科书，历史的这条线在哪里？答案可能是多样性的。

影响读者进入哲学史的障碍还包括专有术词的语言表达。各个时期的哲学家在论述自己的观点或理论的时候，会使用一些专有术语，这些词语不能按照现在的意思来理解。例如，亚里士多德的四因说中的质料因，这里的“质料”怎么理解？能简单地把它理解为“物质”吗？显然不能。那么这种阅读障碍怎么解决呢？有一些障碍是汉语的语言表达习惯导致的，有些是外文词词性变化的复杂性、微妙性引起的。翻译西方哲学，中文的词汇量是不够的。熟练掌握 5000 个汉字现代汉语书基本都可以看，英文 5000 个单词肯定不行。有些语言具有丰富的表达功能，如古希腊语的词性变化。这个东西对于一般的读者来说不太了解，怎么办？第一条出路就是学好语言，提高自己的语言阅读和理解能力。进一步，有些学者主张要把哲学阅读和文字翻译结合起来。这一点对于有志于研究中国哲学的读者，也是适用的，书不译无法读、无法用。第二条是可以借助一些工具书。第三条就是切入文本之中去理解，联系上下文去看哪一种解释更为合理。

初涉哲学史的读者往往还存有另一个疑问：同时代的人会比今天的我们更理解认同哲学家吗？例如，同时代人对普罗泰格拉和苏格拉底的对话是否有明确的判定？苏格拉底有没有说服普罗泰格拉和雅典的城邦公民？普罗泰格拉的年纪比苏格拉底要大，其实苏格拉底说服的对象主要还是普罗泰格拉的徒子徒孙。柏拉图对话录中出场最多的苏格拉底的对话者都是现成的智者门徒，也就是说柏拉图对话录中雅典的年轻人很多是智者的信徒。在古希腊城邦政治的社会条件下，自身权利的维护和实施基本是依靠讲演和辩论，所以智者太有市场了，很实用，如修辞术。苏格拉底是否和智者学派进行过正式对话？他是否在说服这些年轻人之前真正说服了智者？虽然哲学史一再说苏格拉底在批判他们，但在很多事情上，结果远没有我们想象的那么完美，否则苏格拉底不会以那样的方式结束人生。很多时候哲学家们未必要说服多数或者征服多数，只要达成思想史上的开山之功。作为一个开山之功者，已经很难了。作为读者，要明白他们是人而不是神。苏格拉底决定不逃跑的时候，其实他不认为自己的决定有多么伟大。在他看来只是遵循内心之道，响应内心的呼唤，他坚守的只是自己的灵魂之道，自然而然。因此，我们不要把哲学家过于神化。对待他们的思想，既不能夸大，也不可轻视，严肃而又平静的态度才是进入哲学史的合适方式。

第二章

柏拉图哲学导读

灵魂是一种具有活动能力的东西。

——泰勒斯

一、苏格拉底的哲学转向

智者是职业教师，通常以教授思维和辩术为生，为青年人从事政治活动做准备。作为苏格拉底哲学的传播者，智者是否有一致的哲学观？是否有统一性？要给予这个问题以肯定的回答要面对很多风险。一个风险在于“智者”实际上是后人给他们命名的。虽然后人称之为智者学派，其实很难说智者是一个具有教学承继的学术共同体或联系紧密的思想派别。这些人的活动其实是比较独立的，目的在于谋生。所以在智者看来“知识有价”，颇有点“劳务有价”的底蕴。而苏格拉底是师传二代，先由苏格拉底教育柏拉图，再由柏拉图教育亚里士多德，他们之间是师生传承关系，在思想史上的聚合效应是智者们所无法比拟的。在苏格拉底看来，只要时机合适，对方愿意加入谈话，他就愿意谈，无偿地谈讲学问，共同探讨问题。这种方式比较有利于形成思想合力，占领道德制高点。智者则往往以个体的方式出现于历史的舞台，没有共同的理念，难说是一个共同体。所以，智者也就没有足够的人力资源和思想支撑一个相对完整的宇宙观。作为一个学派，后人往往会在前人的基础上提出更加完整的东西。例如，虽然苏格拉底不太完整，但柏拉图作为他的学生，继承了他的一些东西，并进一步发展形成较为完整的思想表述。在雅典的某个特定时段，智者们占据了时空优势；但在哲学史上，苏格拉底及其门徒占据了思想优势。

智者有这样的看法：人是万物的尺度。从这个方面看，智者是最早把宇宙观收回到人自身的，但是他们对人自身又没有比较完整深入的认识。所以，智者实际上回应了一个变革的时代，打破了古希腊城邦那些沉淀已久的“自然”传统，并对之发起了抨击。虽然智者开启的这种变革还不完整，但其所起的历史作用却不容否认。智者最早进行，人学转向。只不过苏格拉底说他们转到相对主义上去了，把洗脚水和孩子一起倒掉了。苏格拉底认为哲学还是要面对真理，人学转向应该转向善这样的人生之“一”的问题。

智者们没有构建严密的学派，思想又带有相对主义色彩，很难提出完整的有影响力哲学观，在读者眼里无法对抗苏格拉底开启的思想传统。

智者最大的问题在于：以传授“知识”为谋生手段，知行分离。依据智者，知和行应成为社会职业分工的标准：一部分负责知，另一些人分担行。苏格拉底（公元前469年—前399年）所处的时代，正是雅典最兴盛的时代。由于希波战争（公元前500年—前449年）的胜利，雅典成为当时最强盛的城邦。战争使大批学者来到雅典，并在这座城市定居和生活，传播思想。随着战争的胜利，雅典的经济发生重大的变化，战利品、领土的扩张，使雅典空前富有；政治上以希腊杰出的政治家伯里克利（前495年—前429年）主导的民主制政治正是繁荣时期。这一时期从哲学角度讲以智者为主导。这一流派注重实用，认为形而上的理论不可知，也不承认真理和普遍认识的存在，认为一切是非都是由人的主观看法决定，没有善恶的标准。这和当时经济文化快速发展带来的巨大冲击有重要关系。这迫使哲学家们开始思考思维过程本身的正确性，以苏格拉底为代表的苏格拉底时代开始了。

读者如果缺乏这样的认知背景，就会对苏格拉底的“美德即知识，知识即美德”的观点很不理解，常常把当代的道德困境丢给苏格拉底。苏格拉底认为“知识即美德”，如果一个人知道什么是善，他必定会行善；如果知善而又不行善，必定是自相矛盾的。这是针对雅典的具体情况提出的：如何在变革时代坚守城邦？如何成为正义之邦而不是意见之邦？

由于社会风气疑古、毁理，苏格拉底特别以辩证法找出对方的逻辑漏洞，说明真理。这个时期苏格拉底的学说主要以对话和讲学为主，他本人并没有写过一部著作。苏格拉底死于这样的时代。在有影响力人物的诉告下，雅典的法庭以不信城邦公共神和腐蚀雅典青年思想之罪名审判苏格拉底有罪。苏格拉底原为雕刻匠，后来倾心于教育研究，并以培养青年的完善道德为己任。他主张有知识的人才具有美德，才能治理国家，强调“美德就是知识”。知识的对象是“善”，知识是可敬的，但并不是从外面灌输给人的，人的心灵先天就有的。把人的先天就有的、潜在的知识、美德诱发出来，就是教育。

苏格拉底认为自己是城邦的公民，城邦是一个共同体，是个整体。公民只是整体的一分子，不具有现在的独立意义上个人的地位。苏格拉底认为作为一个公民应该以城邦为最基本的生活单位，个人的生死不可对抗坚固城邦法律的需要。这个时候，他既有道德上的知，又有道德上的行。苏格拉底追随自己追求的东西，认为道德要求这么做。以这种方式死去，是其遵循道德上要知行合一观点的代价，他主动去承担这个代价。他想做这样有美德的人，尝试实践这个观点。设想，他可以逃跑但没有逃跑；如果逃跑，他的观点就没有实践了，他就违反了自己的思想。尽管可能暂时没有丢失生命，但这个代价是苏格拉底不能接受的。实践道德观点的时机就在眼前，这诱惑着老年苏格拉底。他体验到这种诱惑，并遵循了这种诱惑；面对无须摇摆犹疑的选择，他做出了自然而然的行动。他付出了代价，实现了这个观点，在某种意义上符合古老的“代偿”原则：你不能毫无损失的追随本原（神）。

“德性即知识，知识即美德”对当代社会有何道德启示？苏格拉底认为，如果一个人知道什么是善，那他一定会行善而不会做不善的事情。对于这句话，苏格拉底的解释是，如果一个人明知这件事是不善的却依然去做，则说明这个人并不真正理解善的含义。苏格拉底的初衷必定是倡导众人向善，营造善的社会氛围。当代人能不能像苏格拉底那样？考虑开山之功与后继之力之间的差异，即使后人如同苏格拉底一样行事，显然也不能等同视之。社会有很多道德乱象，能否直接适用苏格拉底的观点来解决呢？

苏格拉底哲学化的道德观点不是用来解决小的道德乱象，而是从人们思考道德的方式来根治道德的乱象。现代人读苏格拉底，总感觉他要把人逼到墙角，还不容许骑墙。今天社会上有很多的“亚道德”现象。什么叫亚道德？就是某种行为说不上道德还是不道德。举一个简单的例子，“不可撒谎”曾经是一条道德戒律，但是现实当中，人们难免不撒谎。就拿请假来说，人们一般习惯于使用模糊语：“我有点事。”

类似“我有点事”这种和亚道德关联起来，原因不在于它可能假，而在于它削弱了道德的唯一性、具体性。节制、正义、虔诚、勇敢，苏格拉底的“善”里包含了这些美德。不知晓其明确含义的人，无法行善。

德性是否可以被传授？苏格拉底认为是不可以的。苏格拉底认为德性是自我的一种发现，是一种理性，而非感觉相对主义的自我感知。德性之所以能作为知识，是因为它是理性的，是一种理论化的东西；苏格拉底同时非常厌恶智者学派的一点是，他认为他们所知甚少，还要把功利粗鄙的知识教给青年，腐坏他们的思想。所以，他反对被教授的知识也不足为怪了。从经验的相对主义上升到了理论化的说辞，苏格拉底把道德提到了哲学的范畴，在这样的要求下，“亚道德”不成其为道德范畴。苏格拉底强调人的自我灵魂、自我认识，而不是智者学派相对主义的感觉论。他认为感觉论会催生个人主义，而败坏美德。苏格拉底提出了一个崭新的观点：德行是和人的理智本性相同的。寻求善的道路其实是在接近自我的灵魂，更加能够认识自我。

就苏格拉底而言，如果一个人不能行善说明其本身对善的“知”就没有到位。应该如何解释呢？青年人行为的理由往往不是出于善的理解，而是听他人说的。因为善和恶的标准是从别人那听来的，根据这些决定行为，肯定很难行善。从苏格拉底的角度来看，如果善和恶是自己理解的，自己把握的，那么对善恶的必要性也就可以把握了。这相当于把青年从家庭的一贯影响里解放出来，用道德反省为自己来个成人礼。一旦实现这个转向，把理性运用于行为理由，知善行善就可期了，因为理性会发现善的正当性。举个简单的例子，现在成人都存在手机依赖症，却要求孩子克服。这是没有真正意识到问题的实质，对手机依赖症的危害了解得不够。很多人发现使用智能手机一段时间以后，视力下降了。在人们原先一贯的意识里，未成年人的视力容易受影响，而成人的视力是不容易下降的。但现在，成人的视力也下降了，这说明之前的“知”是不充分、不恰当的。并不是说要用后果来考量行为的性质和理由，而是说：理性一旦面对事实，它就开启了道德反省的旅程。不能总指望亡羊补牢，得在何谓“善”上不懈思索、苦苦思索。

现实中存在一种情况，让人存在道德纠结，经过了痛苦的舍弃而后选择宏大的善业，这与苏格拉底的说法存在一定的分歧。有人认为，苏格拉底所处的时代，行善受到的限制比较少。那个时代人受到的限制和诱惑不多，而现在有很多东西限制了人行善的能力。这种说辞很容易进入“亚道德”境地。不能忽略苏格拉底的家庭、营生等问题，事实上他也是要考虑家庭，考虑营生的，但这些考虑不能对抗道德反省。说明在古希腊，像苏格拉底这样的人即使有家庭负担，也并不构成障碍。早期的人们确实比较朴素，知和行的转化也比较直接，他们没有我们当代人所设想的经历复杂的选择再去行善。在知和行的问题上，知道善马上就能行善，根本不需进入选择的情景。这并不是说苏格拉底是道德直觉主义者。苏格拉底是要权衡什么是善的，要思虑什么样的行为选择善的原则，但这些都是哲学对话的环节，是知善的领域，而行善则是知善的连续动作。今天的人会考虑更多方面，考虑多了反而会受到限制。

苏格拉底一方面要求人们明辨道德定义而不懈思虑；另一方面又要求人们在知行衔接上终止思虑，打消在任何时候都要以利益权衡来选择行为的道德方式。可以明确，苏格拉底不会接受“亚道德”的说辞，他绝对不会接受和稀泥的道德机巧。对于苏格拉底来说，其意义不是解决一些明显的道德错误，而是提供解决道德问题的方式：在道德是非面前，不应该有第三条道路，更不应该以发现了道德是非之外的第三条道路为荣。

二、柏拉图的问题情境

今天，柏拉图与其理念论互相标识。理念究竟是“相”还是“型”？“相”在柏拉图这里牵涉“看”的方式，“理念”是心灵的眼睛看到的东西。中文用“相”这个词似乎迫不得已。“相”这个说法相当于我们假定了一个本体的东西，而“相”是一个本体的呈现方式。“相”的本意应该是本体的呈现，是眼睛所捕捉的事物呈现出来的样子，直观地说就是感性的世界。但是灵魂，即心灵的眼睛看到的，就是另一个世界了，是理念世界。很多人会纠结于“相”的中文本意，即“相是本体的呈现”，是不是所谓的在相之外，还有本体？理念之外，还有本体？这个是被柏拉图否定的。理念，从认识方式上经由灵魂观视，对应于“相”比较恰当；从思想内容上涉及具体事物的关系，对应于“型”则更为贴切。

柏拉图特有的对话式写作方法可以说是古希腊哲学史上的一颗明珠，他的著作大多采用对话文体写成。通过这一独特的文体形式，柏拉图道出了前所未有的生活智慧和人生奥秘。对于我们来说，进入柏拉图世界的门径尽管多种多样，但对其写作方式即对话文体的研读，似乎是解读其思想的一条独特路径；无疑有助于我们更好地理解柏拉图，理解《理想国》想要阐释的问题。

哲学著作一般都采用严格的逻辑论证与推理，显得枯燥难懂，而柏拉图式的对话体写作手法将哲学与诗歌巧妙地结合在一起。关于为什么柏拉图会使用对话式写作方式，争论比较多，以下两点比较有说服力：一是文本作者的积极建构及其独特的个性气质使然；二是时代精神和历史实践对文本作者潜移默化的影响。柏拉图采用对话方式来阐述哲学思想，一方面是得益于其天生的诗人气质，融哲学家的深邃与诗人的激情于一身，实现了诗与哲学的有机结合；另一方面，这一文体深深地扎根于古希腊的社会文化土壤中。① 开放世界的形成、民主政治的运作、希腊理性的发展、生活世界的生机盎然，使希腊社会既密切联系，又彼此独立，并产生了一种新型的社会关系和人际关系。另外还有学者认为，柏拉图（或者说苏格拉底），主张运用假设方法对“存在”进行探索。对话，或者说哲学问答，是运用假设方法寻找更高层次的前提。不同的人参与对话，这些人对存在的认识层级是不同的（如克里同较低，而辛弥亚、格贝相对较高，苏格拉底最高）。柏拉图并不直接将他对存在的理解讲出来，而是通过对话形式，就是为了将不同的存在层级置于同一画面，形成一个类似于“光谱”的东西。诚然，只要是人，就有局限性，无法达到真正的真理。但是，通过这样的对比，我们往往能更加深入地理解。

第二个值得进一步思考的问题是，为什么柏拉图对话是以苏格拉底与他人的对话来展开？柏拉图以苏格拉底与他人对话的方式展开自己的哲学，有以下几个原因：首先，柏拉图一生都在思考，为什么苏格拉底这样一个终生探求如何更好地生活的人，一个“城邦的牛虻”，会被处死？柏拉图以苏格拉

① 胡孝根. 柏拉图对话问题与思想创制之间的关系［D］. 浙江大学，2009：7.

底为主角展开哲学对话，其实就是探求这个问题的过程。看得出来，柏拉图的很多思想继承于苏格拉底，但有许多突破性发展，并融于他所描写的苏格拉底之中。把握了柏拉图想要说明的核心问题，对于我们接下来分析柏拉图论证什么是正义等问题，有很大的帮助。

严格说来，《理想国》的焦点还是关于正义的问题，关于个人的幸福和至善。在第一卷中，就对正义这个概念提出了疑问。柏拉图在《理想国》中对正义问题的追问，出发点是一个非常简单、大家似乎都能认可的关于正义的判断，那就是“有话实说，有债照还”。本定义的扩展形式是：正义就是“在任何时间、对任何人都欠债还债，并且不管欠的是什么”。① 只有这样，本定义才有绝对确定的意义。但是，对债权人来说，其心智有可能处于混乱状态，如神志失常（时间、还债对象）；他人所借之物可能是危险利器（所还之物）。在此时，债务人就陷入一种两难，即“还，符合正义的定义，却可致伤人的结果，而正义行为本不应该导致这一结果；不还，可避免伤害事件发生，但是又违背了正义的定义”。② 这表明，此定义是内含着矛盾的。对话者认为，本定义另有所指，即所还的东西必须是善，而所还对象则是朋友。限定所还对象和所还之物，即所谓“以善报友就是正义”，是要避免对友善双方有害的还债行为。但是，对敌人应该如何呢？我们欠敌人的债要不要还呢？玻勒马霍斯认为应该还，因为敌人对敌人所欠的无非是恶，应该“以恶报恶”。他认为希腊抒情诗人西尼蒙德主张“欠债还债就是正义”就是这个意思，即正义的第二个定义：“以善报友，以恶报敌是正义。”扩展一下，得出一个普遍性定义，即第三个定义：“正义就是给每个人以恰如其分的报答。”但这个定义会遭到以下三个反驳。

一是这个定义会导致“正义是无用的”。医术、战术就是把健康给予病人，把损害给予敌人。这样一来，上述正义定义只有在人生病、打仗时才适用。是否可以说，正义在平时就没有用了？正义平时的用途表现在订立合同契约上，但这局限在金钱关系上，同时要把如何花钱排除在外。因为在买卖

① ［古希腊］柏拉图．理想国［M］．郭斌和，张竹明，译．北京：商务印书馆，2014：7.
② ［古希腊］柏拉图．理想国［M］．郭斌和，张竹明，译．北京：商务印书馆，2014：7.

中，专家比正义的人更为有用。另外，在保管钱财上正义的人是有用的，但保管钱财是保管不用的钱财。显然，用钱的时候，专家的技术更有用。如盾和琴，保管时，正义是有用的；使用时，军人和琴师更为有用。于是，似乎会出现以下情形：当技艺有用的时候，就不需要正义；若需要正义，则表明订立合同和储蓄金钱出了麻烦。所有技艺都是这样：它们有用，正义就无用；它们无用，正义就有用。如果是这样，那么正义仅仅对无用的东西才是有用的，这证明正义没有什么了不起。同时，在技艺问题上，有一个更大的矛盾：假定善于保管钱财的人，肯定也善于偷钱，那么“正义的人，到头来竟是一个小偷!”进一步说，善于防守的人，也善于进攻；善于治病的人，也善于制造疾病，等等。所以，从技艺的效用上说，还不能彰显正义的价值。①

二是由于认识是易错的，如对好人和坏人本质认识得不清楚，也会导致定义的无效性。人们的认知能力是有限的，在区分朋友和敌人时，会犯认识上的错误：把坏人当好人，或把好人当坏人。这样一来，就有可能会帮助坏人、损害好人，还自认为正义。

三是上述定义实际上内含着“正义就是伤害敌人”的意思，但是“正义必定不伤害”。就是说，即使我们的认识是正确的，是否可以说“假如朋友真是好人，当待之以善；假如敌人真是坏人，当待之以恶，这就是正义”呢?在柏拉图看来，这是不对的。因为正义的人是好人，而好人不伤害任何人，包括朋友和敌人。也就是说，正义的人不伤害任何人。其理论论据是：事情变好是由于其德性，事情、事物之变坏，是由于其德性变坏了。伤害任何人都是使之变坏，而正义是一种德性，一个正义的人怎么会使敌人变坏呢?

虽然苏格拉底与色拉叙马霍斯辩论之后认为，讨论已经离开了原讨论的目标，对于什么才是正义还没有结论，无法知道正义是不是一种德性。但是我们可以通过上述苏格拉底分析，清晰地抓住矛盾所在，准确地找出了三层意思，这对于论证其思想具有很大的说服力。

---

① ［古希腊］柏拉图．理想国［M］．郭斌和，张竹明，译．北京：商务印书馆，2014：8.

三、洞穴比喻的多重寓意

柏拉图认为被束缚在洞穴中的囚徒，他们看到的都是透过光线投射到对面墙上的影子，并不是实物原本该有的模样。也就是说囚徒看到的不是事物之真实而是假象，是借助外界投射其眼前的影子，被外界所障碍转变后的影子。当与苏格拉底对话的格劳孔提出“你说的是一个奇特的比喻和一些奇特的囚徒”时，苏格拉底回答：“不，他们是一些和我们一样的人。”① 其本质上意在告诉世人：现实世界中，人的认知往往被外在的假象所引诱阻隔，并不能认识事物之真实。要拯救被假象迷惑的人尤其是被假象迷惑的自己，引导人们看到真实的世界，继而有能力辨清真实世界和虚假世界；由可见世界转向可知世界，从而过上最真实的生活，达到灵魂上的澄明，进而体会超灵魂的境界并生于其中。在这种境界中，才是人的生活，才可称为一个活着的人，才能说人话做人事。“要他能在洞穴外面的高处看得见东西，大概需要有一个逐渐习惯的过程。首先，看阴影最容易；其次，要数看人和其他在水中的东西最容易；再次是看东西本身。经过这些之后他大概会觉得在夜里观察天象和天空本身，看月光和星光，比白天看太阳和太阳光更容易。”这是一个“渐悟”的过程，经过一系列之后终于能直接观看阳光本身，看到其真实本相，使其直接直观透骨地站在你面前，这就是那个实在。而此过程，并非一蹴而就，是一“逐渐习惯的过程”。② 因为“主宰可见世界一切事物的正是这个太阳，它就是他们去通过某种曲折看见的所有那些事物的原因”。这里的“太阳”就是这一真实的理念，即至善。至善是在可知世界中最后看到的，而

---

① ［古希腊］柏拉图．理想国［M］．郭斌和，张竹明，译．北京：商务印书馆，2014：279.

② 牛倩．试析柏拉图《理想国》的运思逻辑［J］．才智，2016（4）：1.

且是要花费很大努力才能最后看到的东西，并且是一切事物中一切美者和善者的原因，是所要向着的地方。

如何由可见世界转向可知世界，并达到至善？然而，灵魂的转向并非一个从无到有的过程，而是灵魂自身的一种提升。因为知识是每个人灵魂里都有的一种能力，而非人为外在附其上。就像不可以把听力放进盲人的眼睛，把听力载入聋人的耳朵一样，而是本身的自觉。就此柏拉图提出了一个系列过程，即教化的过程。“教化就是要使人的灵魂摆脱‘意见’的纷扰，专注于‘一’‘知识’。”但，“教育实际上并不像某些人在自己的职业中所宣称的那样。他们宣称，他们能把灵魂里原来没有的知识灌输到灵魂里去，好像他们能把视力放进盲人的眼睛里似的。”① 教育是引导人发现生命中的真实，发现灵魂本有的能力。② 柏拉图《理想国》的根本目的并不是城邦，考察城邦是为城邦中的个体，即每个个体应如何生活。柏拉图最终关注的主题是人的灵魂。“洞穴喻”实质上传述的是个体灵魂由“可见世界”到“可知世界”的转向。这一转向是个体生命化的过程，借生命化的体会激发并滋养本体的一切潜能，到达本体生命的“至善”境界。这一境界根植于生命之真切，并浑然于生命的自然之中。

洞穴比喻是柏拉图三大比喻中的一种，在其之后的数千年，他的可见世界与可知世界的哲学理念依然熠熠生辉，影响着一代代人；而且，关于这个比喻的衍生问题依然很多。可以看出，柏拉图的比喻论证方法，准确而又十分形象地表达了他的哲学观点，柏拉图不失为一位哲学王。

柏拉图的历史影响是毋庸置疑的，无论是文学还是哲学造诣。用今天的眼光看来，柏拉图的哲学成就依然在其对话体中不断闪耀着光辉。生动形象的对话体表现形式和巧妙的人物构思，体现着那个时代的历史背景和柏拉图本人的人生经历及其所受教育影响，是一面反映时代宽阔的镜子。

当时，古希腊哲学家们整日争论的很多是关于概念的问题。如何论述一个抽象而宽泛的概念，论证方法很重要，这里只以逐层概念分析法和列点反

---

① 杨海峰. 柏拉图与理想国［M］. 北京：中国少年儿童出版社，2001：106.

② ［美］约翰·E. 彼得曼. 柏拉图［M］. 胡自信，译. 北京：中华书局，2014：148.

证法为例。如何界定概念本身就是一个十分严峻的问题，因为谁都能讲出一些道理，如上文中提到的“正义”的界定，柏拉图通过下定义的方式进行。当然，单纯地下定义并不能把问题讲清楚，争论中，深入具体的逐层下定义很重要。这需要相互差别的观点相互碰撞，这种论证方法，恰恰是这种对话体所能完美运行的。如果单纯地下定义还是不能把烦琐的概念讲清楚，列点反证法便十分重要。对于概念中的问题，用相反的观点进行修正，是很必要也是得出答案很方便的方法。

比喻论证方法是柏拉图思想的重要一部分，在阐述其思想观点中的作用不可或缺，用洞穴比喻来说明是再合适不过的。柏拉图通过设定相应的故事情景，来一一对应自己的观点所在。在那个知识相对匮乏时代，通过讲明和传播思想为后人树立榜样。

柏拉图的论证方法不仅是柏拉图的成就，更反映了古希腊哲学家们对于知识的初步区分和建构，对于问题的深入理解。他们对于观点的阐述和论证方法，永远不会过时，其中的精华依然值得我们深入领会。

四、灵魂不灭的文化前设

柏拉图的灵魂学说在其理念论体系中占有重要地位，是柏拉图哲学的重要组成部分。然而，关于柏拉图“灵魂不朽”的内涵与依据，一直存有争议。柏拉图哲学公认前提“灵魂不朽”是否扎根于古希腊城邦文化渊源？基于古希腊文化的考察，对柏拉图“灵魂不朽”观念做文化学探讨，应是哲学史的必要部分。

（一）“灵魂不朽”问题的提出

柏拉图认为认识就是灵魂的回忆，原本居于理念世界的灵魂受到躯体的污染而遗忘了一切。学习就是回忆，即我们必定从先前状态获得回忆起的东西，而灵魂在我们出世之前就存在，美、善等其他一切实体，是具有最真实的存在。

在柏拉图这里，灵魂是永恒的，事实上是作为认识论前提提出来的。灵魂随着神灵游历作为一种必要假设，显示了柏拉图哲学中，神居住的永恒纯粹世界与理念世界的关系、与现象世界的分离。神的存在暗喻了永恒的世界，从而指向了永恒的东西而非短暂的感性知觉，继而成为柏拉图理念世界建构的必要部分。

灵魂不朽是知识回忆说的前提，而灵魂不朽这一观念事实性存在是被柏拉图假定为事实的。灵魂与身体只是暂时的聚合特性，决定了人在多听多看之后会渐渐发现感性认识的局限性，以及仅依靠感性直觉所得出的认识的不恒定性而导致的认识矛盾性。所以，只有通过灵魂的转向，而非感性知觉累积，才能达到理念的高度，认识理念，这正是他与经验论者的不同之处。

灵魂一词按原意是指呼吸，生命，早在原始人中就已产生，在宗教和神话中得到广泛流行。① 根据古希腊神话和古希腊早期哲学论述，灵魂不朽应该区分为神的灵魂与人的灵魂。从某种意义上说，柏拉图所探讨的灵魂不朽应该是人的灵魂。从古希腊政治来看，公民包括公民、自由的外乡人、奴隶三个等级。那么柏拉图所指的灵魂是否具有等级，即是否包括奴隶、自由的外乡人，是不是只有公民的灵魂才是其所探讨的灵魂，这些都是需要验证的问题。

问题的关键在于，柏拉图到底怎么得出：我们的灵魂在我们出世之前就存在？为何灵魂不朽并曾随神灵一起游历？这里明显存在论证的逻辑盲点："知识就是回忆"的前提是灵魂不朽，而灵魂不朽是一个有待论证的命题。柏拉图似乎对"灵魂不朽"没有做出显明的论证努力，认为其是理所当然、不证自明的东西；而不证自明可能蕴藏在柏拉图所处的文化环境土壤中，指引着我们寻找灵魂不朽的文化根据。

---

① 黄颂杰．灵魂说：西方哲学的诞生和秘密［J］．学术月刊，2006（8）：62.

（二）记忆神话中的灵魂叙事

学界对文化有众多不同的定义。19世纪下半叶到20世纪初，主要从精神方面去认识文化，偏重于把文化看作人类精神现象——宗教、信仰、思维、心理、语言、艺术等的反映。“希腊哲学的产生，直接得益于丰厚的文化背景，它是不同文明相互交融的产物。独特的地理位置使之有条件汲取各大文明的精华。荷马的英雄史诗、赫西俄德的神谱故事、巴比伦的算术和天文学知识、埃及的几何学和宗教观念等不同文化，共同构成了肥沃的思想土壤，催生出希腊哲学这朵智慧之花。影响广泛的希腊神话，不仅奠定了希腊哲学的主题方向，而且为之准备了众多基本词汇。”① 古希腊高度文明繁荣的文化，要求我们探讨文化深层结构对柏拉图灵魂不朽观念的影响，寻找“灵魂不朽”背后的文化格局。

古希腊哲学是从神话脱胎发展而来，“哲学产生以前有一个史前阶段，即神话阶段。它是哲学的史前史”。② 可以说，古希腊神话孕育了哲学的火种，也孕育了柏拉图灵魂不朽的观念。在希腊神话中，人类的起源要追溯到普罗米修斯。普罗米修斯是泰坦巨人之一，在宙斯与巨人的战争中，他站在新的奥林波斯山神一边，他用黏土造出了第一个男人，雅典娜赋予了这个男人灵魂和生命。普罗米修斯花费很多时间和精力创造了火，并将之赠予人类，从而使人成为万物之灵。可见，在希腊神话体系中，已经有了肉身与灵魂分离、人生而被神赋予灵魂和肉身、灵魂被神创造等思想。灵魂概念的存在，使柏拉图灵魂不朽、灵肉分离的思想具有了一定的文化基础。但与柏拉图灵魂不朽不同的是，此时的灵魂并不掌握知识，也不具备认知能力，更多停留在原始神秘阶段，其发展是不完备的。由于人生而被神赋予肉身和灵魂，加上灵魂回忆说的价值意义，更要求我们探讨人的灵魂。

灵魂不朽观念与古希腊记忆神话也有很大关系。在古希腊记忆神话中，灵魂因为轮回而不朽；柏拉图“知识就是灵魂回忆”便是对记忆神话的一种

① 张志伟．西方哲学史［M］．北京：中国人民大学出版社，2010：69.
② 汪子嵩．希腊哲学史［M］．北京：人民出版社，1988：67.

改造。在记忆神话中，记忆起到了连接两个世界的作用。记忆在人的世界和一切业已从这个世界消失回归到另一个世界的生命之间架起了一座桥梁。因为记忆，现在和过去分离的障碍不复存在。古希腊人认为，记忆之神赠予诗人的特殊本领就是让他们能与另一个世界接触，使其能自由往来过去、现在两个世界——过去属于另一个世界。如果说记忆是不朽之泉，这种水可以使死者在冥间能够继续生存，那么与记忆相对立，遗忘是一种死亡之水。如果不饮此水，即如果不忘却记忆和意识，没有人能够到达冥间。正是因为死亡被定义为遗忘的领域，故在冥间能保持记忆者就超越了人的生存状态。在雷巴德神谕中有一道模仿程序：遗忘之神喝了第一眼泉水中的水后，就忘记人生的一切，与死人无异，然后进入黑夜世界。① 而他喝了第二眼泉水中的水后，就记住了在另一个世界中的所见所闻。从阴间回来后，他的见识不仅限于现实世界了，同彼岸世界的联系还使他获得了关于过去和未来的启示。

其次，记忆没有生死之间的对立和隔阂，它自由往来于两个世界之间。在希腊神话中，赫尔墨斯为使他的儿子埃塔里德不朽，赐予他一种持久的记忆力。即使他穿过遗忘之水，遗忘也不会吞没他的灵魂；无论是留居冥间还是尘世，他都将永远保留对一切经历的记忆。

可见，记忆神话中，记忆是没有生死边界的，记忆本身连接着现实和彼岸世界，记忆甚至可以成为实现不朽与永生的某种途径。回忆与记忆，本就息息相关、密不可分。回忆的前提是记忆，记忆没有生死边界，故而柏拉图“灵魂的回忆”可能超越生死。因此，可以说在古希腊遥远的记忆神话中，关于记忆的天然认识本身已经蕴含不朽的含义。

在记忆神话中，灵魂本身是轮回存在的，在漫长的时间长河中，无所谓开始和结束。灵魂只是不时地开始一个个苦难循环，每次都会忘却前一个，永远也不能到达循环的终点。人的生命被抛入生命的轮回中。在“必然性的轮回”中，随死亡和出生的车轮运转。这些人的灵魂在人的身体和牲口的身体上转换。这种轮回是悲惨的轮回，“来自天国的纯洁的灵魂，走了右边的

---

① ［法］让·皮埃尔·维尔南．希腊人的神话和思想——历史心理分析研究［M］．北京：中国人民大学出版社，2007：118.

路。它由于经历了苦难，为它的过错付出了代价而受人尊敬，它避免了苦难而悲惨的轮回，将成为神，获得永生……”① 可见灵魂本就具有轮回色彩，不过这种轮回是悲惨的。所以我们可以认为，柏拉图意义上的灵魂不朽，可能与灵魂本就永恒轮回的神话有关。灵魂因为轮回而实现不朽，只是这种轮回是悲哀无助的。

在记忆神话中，记忆可以避免痛苦轮回，若想实现由人到神的转化，就不能从左边的道路上接近遗忘之泉。同样的主题和形象出现在柏拉图理想国的神话中：干渴的灵魂不应饮用奔流在遗忘原野上河流中的水，它会使灵魂失去记忆，使其不能再生。在柏拉图那里，遗忘是灵魂的主要缺陷所在，是它特有的疾病，不过这是一种无知罢了。由此可见，柏拉图改造了记忆神话，将灵魂对记忆的遗忘视为知识理论的无知，必须通过后天回忆才能认知，从而把记忆神话和普遍的知识论深深结合在一起。

记忆之所以受人尊崇，是因为人们或是把它赞誉为知识的本源，或是称之为超越时间的工具。超越时间、与神合一，这是神话中记忆的两大特点，我们在柏拉图式的记忆理论中也可发现这点。在柏拉图那里，记忆不再涉及遥远的过去，跟前世也无关，它的对象是构成现实世界的所有事实。记忆是超自然的力量，其内化在人身上便产生认识功能。记忆训练以前是神秘苦修的一种，现在则与对真理的探索结合在一起，知识就是回忆。

神话思想经过柏拉图的改造流传至今。记忆并不具有重新建构功能，它不关心事件的前后顺序，其要揭示的是恒久不变的存在。在柏拉图主义中，有关记忆的神话观念具有持久性影响。柏拉图对人类灵魂的概念做了深刻改造，由于他把灵魂和内在的人联系起来，这种影响就更明显了：灵魂不再是陌生的精神存在，它就是我们自身的精神状态，苏格拉底的灵魂就是他本人。然而灵魂仍然不同于人本身。一方面，它并没有和我们的内心完全融合，因为它还可以化身在其他人或动物身上；另一方面，只有在我们死后，我们不再存在的时候，或者当我们预感到死亡的短暂时刻，灵魂才能真正成为它自

① ［法］让·皮埃尔·维尔南．希腊人的神话和思想——历史心理分析研究［M］．北京：中国人民大学出版社，2007：124.

己。因为这时候灵魂和我们的肌体、感觉功能断绝了联系，成为纯粹的思想了。柏拉图对灵魂观念的深刻改造使灵魂和内在的人联系起来。在此之前，灵魂与人的关系是模糊不清的。

那么记忆神话中的灵魂和柏拉图意义上的灵魂有什么联系呢？莫里斯·哈尔普斯认为，在柏拉图那里，灵魂不是生命也不是心理活动，它是被移印到肉体中的。就像在荷马诗歌中那样，人死后，灵魂这个“精神副本”就会从人体中解脱出来，并以神圣精灵的形式继续存在，其作用是在我们个人的命运和宇宙秩序之间建立直接联系，柏拉图以及毕达哥拉斯派、恩培多克勒都持有这种观点。每个不朽的灵魂实际上都与一个天体相联系，这个天体是造物主分派给它的。当灵魂通过回忆得到净化时，它就会回到那里。虽然人类一代代繁衍更替不息，但是灵魂数量是确定的并与天体的数量永远相等，其数量具有稳定性。斐多篇中柏拉图以他的理论体系来阐明灵魂、时间和记忆之间的平衡关系，并以此论证灵魂数量的确定性。如果每个人在出生的时候都带来一个新的灵魂，而不是死者的灵魂再生以开始新的循环的话，那么对人类来说，就只存在一种线性时间，就只有从生到死而没有回复。这种时间对柏拉图来说完全是秩序的紊乱，只会导致混沌。相反，灵魂数量的稳定性——正如自然界天体的数目和城邦中家庭数目的稳定一样，对人类生活来说是一种循环的历程，这一历程可将社会和个人纳入整个自然界所遵循的时间循环秩序中。从柏拉图意义上灵魂的概念来看，灵魂本属于天体的一部分，只是移印到人体中，灵魂数量具有稳定性。所以灵魂与肉体分离后，灵魂回归天体。在此意义上，我们可以说，灵魂是不朽的存在。

可见，古希腊神话对柏拉图灵魂不朽观念的意义主要体现在三个方面：其一，神话中对记忆概念的认知，成为理解柏拉图灵魂不朽观念之“不朽”路径之一。因为记忆没有边界，连接着现实和彼岸世界，所以我们可以说因为记忆而实现了灵魂的一种不朽与永生；其二，记忆神话中有关灵魂轮回的观点，实现了对灵魂不朽的某种解读。即在记忆神话中，灵魂本身就是轮回存在，而不是线性存在，灵魂因为轮回而实现不朽，尽管这种轮回在当时的人们看来是悲哀无助的；其三，柏拉图对记忆神话进行了深刻改造。一方面，灵魂开始和内在的人联系起来，不再是陌生的精神存在；另一方面他将灵魂对记忆的遗忘视为知识理论的无知，从而将记忆神话和普遍的知识论深深结合在一起。

（三）宗教与节日中的灵魂仪式

希腊的宗教是众神的崇拜。他们将自然的力断定成精神的存在，一代代流传为神话故事；他们将人的情感赋予众神信仰，使自己和世界熟悉。人因为宗教而对这个世界更为熟悉，神的意识因此可以为预言家所逆断，可以说众神的信仰让希腊人使自己和世界熟悉。而神人同形同性的普遍认同，不仅使人们对神的情绪、心理等了解加深，而且使宗教在社会基础上扮演了更重要角色。人神之间并没有不可逾越的鸿沟，人们认为家族和种族都是由神而来，每个氏族每个部落每个城邦都有自己崇拜的神，他们作为城邦的守护者，居住在城邦中心的神庙里。任何重大公共事务人们都必须去神庙进行祭祀，并得到神的启示。如此，全社会渐渐为宗教精神所浸润。可以说希腊的宗教一方面与政治生活相互融合，另一方面也是维系政治的绳索。宗教的倾向利于各个城市在一个协和的全体之下，有时候各个城市的联合就是为了要维持几个神的共同仪式。

对于生与死及未来的讨论，从来都是宗教的讨论范畴。我们先从希腊人对于死及未来的观点来探讨他们的生死观。从希腊人对死的普通观点来看，希腊人对于死是恐惧的。神话中，阿喀琉斯的鬼在阴间与奥德修斯说，自己宁可活在世上当别人的奴仆，也不愿卷入死者中间，无论如何在阳间与太阳下总比在阴间好得多。那么宗教是怎样来安慰他们的？宗教告诉人们精神在死后是可以复活的。但是这种复活，如荷马史诗中所述，仅为幽灵与阴影，为活人生前的一个无血无色的替身。正如奥德修斯与他母亲的鬼相会时的谈话："我三次向她跳去，并想拥抱她；她三次像一个影子或像一个梦在我面前飞过，留下一个像蜡一样的手迹。哎，我的孩子，任何人死后都是如此。因为筋、肉和骨不能连接一块，是火的力量消灭了她，所以生命一离开白骨，像梦一样的精神飘飘然飞在空中。"① 可见，人死后难有安慰，并且毫无冀

① ［美］狄金森．希腊的生活观［M］．上海：华东师范大学出版社，2006：27.

求。但是希腊人相信这种精神的复活，相信存在为普路托与珀赛福涅所管辖的阴间世界，他们有善得福、恶得凶的神话故事。即使这种观念未刺激他们的心灵，像刺激中世纪的基督徒一样，至少在他们也是一种惧怕与希望。

这种不死的精神也是一种灵魂。尽管人们恐惧死亡，但仍相信人死后精神的复活。这种“精神”，在某种意义上，也为柏拉图的灵魂不朽提供了文化渊源。

公元前 7 世纪至公元前 6 世纪，希腊出现了一种以传说中诗人、歌手奥尔弗斯为中心人物，以其诗作为信仰基础的宗教，人们称之为“奥尔弗斯教”。奥尔弗斯，是神的后裔，能与冥界之神交往，说明他不是凡人。他死于凡人之手，可见其又是会死去的凡人，他的身上具有神凡合一的特征。奥尔弗斯教宣扬灵魂不死，强调人可成神。在奥尔弗斯教信徒看来，肉体是灵魂的坟墓和监狱，灵魂永生不死，具有神性。灵魂只是暂时被压抑在肉体中，一旦肉体死亡，灵魂就解脱，返回地府，接受审判考验。① 前面已经提到，荷马那里，灵魂仅仅是人自身苍白的双重体现，更多是作为惩戒来世因果报应的载体；而在这里，它是一个堕落了的神或精灵，等待轮回转生。寄寓在人的肉体中的灵魂可以通过“净化”和秘密崇拜重新恢复原来的高级地位，回到原来所属的神队伍中去。所以，对来世灵魂救赎净化的向往代替了人们对死亡的恐惧。奥尔弗斯教将灵魂不朽和灵肉分离，提供了灵魂超越于肉身与神灵沟通的可能性；通过对灵魂不朽的精辟论述，将世俗世界与神的世界相连，为人们提供了追求幸福的路径。

宗教与哲学，尤其是早期宗教与萌芽中的哲学，息息相关。在哲学盛行的年代，宗教的抽象思维、本体意识，对哲学具有潜移默化的影响。奥尔弗斯教的灵魂观念，对哲学的影响是巨大的。在古希腊这个宗教神话蔚然发展时代，哲学家的哲学思辨思考，必定无法离开浓厚的宗教氛围。这对哲学的发展既是机遇，又是挑战。在可能使哲学家陷入宗教怪圈的同时，也为哲学概念注入了新鲜血液，提供了另一种认识世界的方法。

宗教对柏拉图灵魂不朽观念的意义主要体现在：其一，普遍蕴藏在古希

---

① 杨巨平．奥尔弗斯教及其主要影响［J］．历史研究，1993（4）：141.

腊宗教文化中关于死后“精神”复活的观点，在某种意义上，为柏拉图的灵魂不朽提供了文化渊源。人们相信死后阴间世界善得福、恶得凶，尽管程度不及中世纪的基督徒，但至少在人们心中也有一种惧怕与希望。其二，灵魂不朽是古希腊宗教——奥尔弗斯教教义的重要组成部分，其指出了灵魂不朽的目的和归宿以及由人的世界到达神人统一世界的通道。

此外，古希腊的节日庆典体现了普通大众对蕴含在宗教仪式中灵魂不朽文化的认同，成为民族精神要素。名目繁多的节日庆典成为希腊城市文化的重要组成部分，具有广泛的群众性，是全体公民参与公共生活的具体形式。古希腊的节日庆典，表现了希腊人对神的崇拜和尊敬。他们不仅修建了许多神庙，而且举行许多宗教节日。例如，雅典一年有 144 个宗教节日，雅典人每年至少有 120 天花在名目繁多的宗教节日上。① 这些节日庆典程序大体如下：大规模的公众游行、舞蹈、诗歌音乐表演、祈祷献祭以及大型公宴，因为地区和祭祀神祇的不同具体细节繁简不等，但整体结构基本类似。

节日庆典具有很强的社会功能。在古希腊，类似的公共节日被称为城邦节庆，但这并不是一种完全世俗的非宗教庆典，它实际上是一种对神的集体崇拜活动。因为城邦所有的节日都根植于对诸神的崇拜，都与宗教仪式相伴随。这些节日，是希腊人虔诚敬神的表现，特别是在以神力来解释一切的古代。节日庆典既是希腊人感谢神恩、求神赐福的最佳方式，也是神赋予凡人的一种慰藉。节日是神的一种赐福，一种对世俗生活中的痛苦、艰辛劳作的宽慰，节日能带给人们精神上的欢乐和享受。

在雅典众多的节日庆典中，崇奉宙斯的奥林匹亚节、崇奉雅典娜的泛雅典娜节以及崇奉狄奥尼索斯的酒神节是最重要的节日，悲剧、喜剧、歌舞成为敬神仪式的重要部分。酒神狄奥尼索斯是宙斯的儿子，是希腊人崇奉的植物神和酿酒的保护神，是自然界死而复生之神。相传他还是孩子时曾被泰坦诸神肢解吃掉，因为心脏并未吃掉，所以后来得以复活。与那些高贵而高傲的奥林匹斯诸神相比，狄奥尼索斯仿佛是一个“局外神”，一个没有进入天庭的地上神，他与代表希腊正统主流思想的阿波罗精神形成鲜明对比。如果说

① 吴晓群．希腊思想与文化［M］．上海：上海社会科学出版社，2012：92.

阿波罗象征着公正、和谐、适度与节制，狄奥尼索斯则是狂欢滥饮、迷乱忘我、激情四溢的化身。然而，支撑这种放纵、狂野行为的却是一种追求死而复生、灵魂不灭的精神理念。在对狄奥尼索斯的崇拜活动中，无论是城邦主办的酒神庆典，还是民间的秘密仪式，这一精神理念始终蕴含其中。仪式中，神的痛苦、受难乃至死亡、复活等故事都作为圣剧来演出。人们相信在仪式中重现神的经历与体验神的遭遇，可使自己与神相沟通并结合在一起，从而窥知植物生长的奥秘、生命的意义，产生对灵魂不朽的追求。① 对酒神狄奥尼索斯的祭祀仪式不仅包含乞求丰收，更包含神灵交合、灵魂不朽、死而复生的思想。酒神象征生命的循环，死亡被赋予了新的含义。

狄奥尼索斯崇拜活动在古希腊具有广泛的群众基础。宗教、集体崇拜的目的一般在于整合社会，使人类社会秩序协调，酒神精神却完全体现了希腊宗教的对立面。酒神精神更喜欢表现那些完全不能纳入城邦制度框架的事物，酒神精神首先而且尤其是女人的事务。妇女在政治生活中是被排除的，具有妇女宗教特质的酒神精神使她们成为酒神宗教中的主要角色；但在另一个领域她们居于屈从地位，她们不能同男子平等地参与城邦事务的管理，酒神精神是对这一低下地位的补偿。奴隶也能参加对酒神狄奥尼索斯的崇拜活动，这对他们而言是非同寻常的。酒神习俗给那些处于公认的社会秩序之外的人们一个团聚的机会。酒神习俗作为一种疯狂的文化，一种神圣的疯狂、神灵附体的癫狂状态，带给其信徒的是一种与官方崇拜不同的宗教体验：不再使人们应融入其中的制度神圣化，而是从中解放。它企图废除一切界限，摧毁构成有组织世界的各种樊篱，神与人之间、自然与超自然之间等。

这种集体生活对世俗的影响是不可忽视的。在这些节日中，由仪式所带来的共同经纬、共同希望和共同欢娱，通过人们共同的关注，将团体中的不同个体紧密联系在了一起，从而形成一种由社会伦理控制的巨大力量。

希腊精神是一种理性精神，但在古希腊众人所进行的节日庆典等仪式活动中，我们可以看到古希腊普通公众对理性人的解构。理性主义作为哲学提

---

① ［法］让·皮埃尔·维尔南．希腊人的神话和思想——历史心理分析研究［M］．北京：中国人民大学出版社，2007：140.

出来是在古希腊，但真正作为民族精神被认同的理性主义，即承认知识至上，则自近代工业革命才开始。如果从理性主义视角看，灵魂不朽对于柏拉图的哲学来说是逻辑盲点，对我们则是有待证明的。因此，我们不能用传统理性主义视角解释，必须深入到最普遍大众所认同的文化，从中寻找根源。古希腊节日庆典中酒神精神包含神灵交合、灵魂不朽、死而复生的思想，它象征生命的循环，这和柏拉图意义上的灵魂不朽是有相似之处的。作为城邦公共节庆重要神祇——狄奥尼索斯，在古希腊显然扮演了双重角色。我们可以认为，人的本性对神秘事务的好奇，对生命不朽的渴望；那些非理性思想从未泯灭过，在秘仪中人的本性得以苏醒。正如尼采认为，理性人没有看到最本质的东西——意志，意志通过庆祝酒神节日体现，这是他们生命意志的体现。

（四）古希腊早期的“灵魂”哲学

灵魂是希腊早期哲学的一个重要概念，在《荷马史诗》中用以表示人的呼吸、生命；泰勒斯那里表现为普遍的生命力和活动的原则；而在毕达哥拉斯学派那里，同一个灵魂可以流动于不同身体，因而具有了个体性和独立性。恩培多克勒相信灵魂不死，并且对灵魂的痛苦轮回有详细描述。可见，早期希腊自然哲学中的灵魂观念对柏拉图灵魂不朽产生了一定影响。

泰勒斯认为灵魂是一种具有活动能力的东西，他与一般希腊人的观点相同，持一种万物有灵论的朴素看法。认为灵魂弥漫在整个宇宙中，因而万物都充满了神，例如，磁石能使铁移动是因为磁石有灵魂。阿那克西美尼以气作为万物本原，他不仅以气的凝聚与疏散说明宇宙万物的生成，从本原自身内部寻找运动变化的原因，而且某种程度上将泰勒斯的两个命题合二为一了。气是维持生命存在的因素，而灵魂的原义就是气、气息或呼吸，这就使本原与灵魂统一起来了。

灵魂理论是毕达哥拉斯哲学的一项重要内容，他们的灵魂具有宗教和哲学双重意义。不仅把灵魂不朽、灵魂轮回等宗教观念引入哲学，而且从哲学上对灵魂是什么和如何净化灵魂进行讨论，这里灵魂开始有了个体性和独立性。①

恩培多克勒吸收了毕达哥拉斯的数目哲学和灵魂学说，也接受了巴门尼德的存在理论。作为虔诚的奥菲斯教徒，恩培多克勒相信灵魂不死，并且花了不少篇幅来描述灵魂轮回的痛苦经历。②

至此，灵魂从荷马笔下那个苍白的游荡者，发展为与肉身分离并具有超验认知能力、神人直接沟通的桥梁和存在。灵魂不仅具有知识论意义，还具有本体论意义，从而在古希腊哲学思辨的舞台上成了一个公认的无可置疑的前提和众人普遍接受的角色。可见，柏拉图“灵魂不朽”观念显然继承了早期哲学，在早期哲学“灵魂”概念的基础上进一步发展，并成为柏拉图认识论理论的前提和理想国概念的重要组成部分。

文化学意义上的“灵魂不朽”对柏拉图哲学具有重要的证成意义，这种“证成意义”主要体现在以下两点：其一，灵肉分离。灵魂可以脱离肉身而单独存在，灵魂是不朽存在的。灵魂概念既可以抽象化为一种精神也可以有具体的物质副本。显然，柏拉图意义上灵魂不朽，在某种程度上，已经超越了神秘范畴，不再简单地与此生的生命相对，更成为一种不朽永恒存在的客观精神，并为他的理想国提供了重要概念。其二，灵魂不朽通过古希腊文化承载下来，实现由灵魂问题的研究到思维与物质的哲学基本问题探讨的转变，对西方文化产生重要影响；也为理性主义、基督教唯理论、信仰论、教父哲学等提供了哲学渊源。

总体来说，柏拉图灵魂不朽观念是古希腊文化孕育的结果。古希腊神话中关于记忆概念的认知，即记忆没有边界，其本身就连接着现实和彼岸世界的观点，成为理解柏拉图灵魂观念之“不朽”的路径。早期神话灵魂概念的提出以及记忆神话有关灵魂轮回的观点，实现了对灵魂不朽的某种解读，而柏拉图的理论在某种程度上是对记忆神话的深刻改造；古希腊宗教文化关于死后“精神”复活的观点，也为柏拉图的灵魂不朽提供了文化渊源；古希腊节日庆典中酒神节等活动中酒神精神包含的神灵交合、灵魂不朽、死而复生

---

① 张志伟．西方哲学史［M］．北京：中国人民大学出版社，2010：31.

② ［法］让·皮埃尔·维尔南．希腊人的神话和思想——历史心理分析研究［M］．北京：中国人民大学出版社，2007：124.

的思想，和柏拉图意义上的灵魂不朽是有相似之处的。最后，柏拉图灵魂不朽观念继承了早期哲学的结果，在早期哲学“灵魂”概念的基础上进一步发展，并成为柏拉图理想国概念的重要组成部分，对整个西方文化产生重要影响。

值得一提的是，神话宗教提供了一种对灵魂概念的双重解读，对柏拉图的影响应该是最大的。一方面与此生的生命相对，另一方面更是一种抽象的精神。这种解读已经包含了“不朽轮回”的观念，深深嵌刻在古希腊神人同形同性的宗教理念中，并基于此作用于城邦文化的各个方面，如重大节日庆典、早期哲学、文学戏剧等，甚至表现在城邦的公共空间所蕴含的不朽的共同体精神。

五、城邦哲人的思想咨询

柏拉图作为公民，是城邦的一分子；作为人，则当是哲人，与城邦的其他部分有所区别。柏拉图作为哲人从事谈话和教学，实是一种思想咨询事业。思想咨询不是贩卖知识，而是古代哲人事业的生活面向。从他人的眼光来看，哲人的思想咨询是以对话者的需要为诱因，以语词的品位为形式，以获得真理为目的。

玩味语词或者说创制语词是哲人的爱好和哲思的方式。但对于思想咨询的对话者来说，就面临着清晰理解的难题。哲人对哲学的语言不断加工，这就涉及怎样加工，是否有限制？从社会的角度看，这是一个哲人的职业伦理课题。加工过了头，就会被人认为是在玩文字游戏。柏拉图有没有玩这种游戏？当柏拉图说他吸收了赫拉克利特和巴门尼德思想的时候，我们要警觉：他借鉴了二者的什么思想呢？有人说，柏拉图借鉴了赫拉克利特的“可感事物处于变化之中”。但是，有把握确定赫拉克利特用过“可感事物”这个词语吗？这里面就有文字游戏的成分。赫拉克利特说“一切事物皆在流变”，本原也处在变化之中。火在膨胀，也在收缩，所以才有火的“代偿原则”。在火收缩的时候，现有因火的膨胀而生成的世界就有可能灭亡。我们常说宇宙是有年龄的，按照宇宙大爆炸学说，宇宙最后会走向灭亡，灭亡的根源就在于本原的膨胀期结束后会收缩。收缩是个天文概念，并不是捏一下海绵，就会发生的这种微观收缩。发生天文概念的收缩，人类将不复存在。所以，赫拉克利特绝不认为变化的事物仅仅是可感事物。柏拉图称从他那里借来“可感事物是流动变化的”的观点，其实柏拉图吸收的是其的变化原则，把变化运用于可感事物，也就是我们所说的具体事物及其幻影。对话者觉得困惑的地方，很多时候往往就是柏拉图这些哲学家们巧妙的创造。严格地说，在常人看来这是改写，甚至是篡改，会让哲学史变得混乱。无论是赫拉克利特还是巴门尼德，都没有严格地按照柏拉图转述的样子说出柏拉图所要说的话。哲人的语词品位和文字游戏的癖好，是思想咨询事业常规内容。

面对哲人的文字，对话者如何是好？以我们通常容易混淆的“理念”为例，它究竟应该被翻译成何种文字才更合适？仔细品味，这个问题的产生其实取决于思想咨询触发对话者进入思考需要采用的艺术。

理念可以被译为“相”和“型”。“相”在柏拉图这里体现为“看”的方式。“理念”是心灵的眼睛看到的东西。中文用“相”这个词好像也是迫不得已。“相”这个说法相当于我们假定了一个本体，而相是一个本体的呈现方式。“相”的本意应该是本体的呈现，是眼睛所捕捉的事物呈现出来的样子，直观来说就是感性的世界。但是灵魂，即心灵的眼睛看到的，是另一个世界了，是理念世界。很多人就会纠结于“相”的本意，“相”是本体的呈现，那是不是所谓的在“相”之外，还有本体？理念之外，还有本体？这个是要被柏拉图否定的。理念，从认识方式上对应于“相”比较恰当，思想内容上对应于“型”则更为贴切。

严格地说，柏拉图把理念称为“相”，就是心灵的眼睛看到的东西，其实应该叫本相，就是本体；区别于具体的相，即具体的事物。具相不是本相了，这样是不是更好？具相类似于我们现在讲的现象，一种具体事物及其幻象。但是后来的唯名论和实在论，也讲共相和殊相。唯名论和实在论讲共相和殊相的时候，你可以看到一点，唯名论讲的那个共相，其实已经不是柏拉图那个本体意义上的理念了。他说一般，很多教材把它等同于一般；殊相等同于个别。这个时候，经院哲学家提到“一般”的时候已经抛开了原有古希腊哲学家思考问题的方式：是心灵的眼睛看到的，还是感官的眼睛看到的？这没有成为经院哲学思考问题的方式。一般与个别的焦点恰恰就在“一般”的象征意义。我们可以讲一个类似例子，如国家，国家是什么？国家相对于个人，是一般，是共相。国家是不是实在的？如果从一种唯物论观点来看，如果你看不到国家的存在性，那么就有一些思想问题了。如果要从亚里士多德时代开启的感觉主义路线来说，国家可能没有什么本体在里面。国家里有什么？一个个具体的监狱、一支支具体的军队。你看到的是监狱、军队，而不是国家。如果从纯感觉主义的角度，国家这个东西就是人类自己创造合成的“共相”。人类发展史也认为国家是阶级统治的工具。从这个意义上来说，从柏拉图的“相”发展到“共相”，本体的意义削弱了。共相是在人类社会发展当中创造出来的，或者说至少是我们发现出来的；有的是创造，有的是发现。

但是，上述思路存有异议，换个视角共相又是实在的。同样举国家这个例子，从另外一个视角来看，国家又是实在的。当你脱离一个国家的时候，马上会受到不一样的对待。现实中你说国家不存在，其实它会对你产生作用，是实在的。国家，在其中不觉得；一旦脱离了，你会有一种现实的反应。所以，中世纪唯名论者和实在论者之后，慢慢把这个“相”和本体脱节了，深层次的原因是“相”的用法的转变。到了近代，哲学家从因果性角度思考一般和个别、共相和殊相。因果性把“相”的本体意义上的两重区分给去掉了。柏拉图这个地方分裂的两个“相”的世界，在近代被弥合了。当代社会，“相”被“现象”取代，“现象”的方式方法丰富而区别于单纯的“看”。

“相”的哲学史命运来自柏拉图的思想咨询事业，他的“看”，起始于对话者通常肉眼“看”的方式，以语词的玩味和意义创新，对认识活动加以跃升，从而达到真理，实现哲人的使命。但“相”的历史命运恰恰在于，理念采用了“相”的说话方式，从而逃脱不了“看”，最终随着“看”的局限的展现，而丧失了“相”的本来意蕴。由此看来，哲人是否要投身思想咨询？对于柏拉图，或者当时哲人，都是一个值得探讨的话题。

[原著教学研讨][①]

同学们在课堂主讲、对话和课后师生对话中下意识使用“客观的”“本体的”这样的词语形容当下的个别事物及其构成的世界；而在柏拉图这里具体的个别事物（this-there，此地的这一个）所构成的世界层次在四线段世界观比喻中属于第三级，数理实体和善的“客观性”更高。

分析同学们研读过程中下意识立场，并不在于断定同学们下意识立场是错误的，而是想指出：第一，转述柏拉图的思想，必须要按照柏拉图的用词原则来规范转述，这体现专业性和训练有素。第二，同学们可以通过教师的记录而自觉柏拉图之理性主义运思特点。相比肉眼看到的东西，更信任心灵的眼睛看到的东西。柏拉图在这里明确提供了不同于个别事物的“感性具体客观性”的第二种客观性，类似几何学中的三角形“清楚明白”的“理性具体”的客观性，而不是“混沌不分难以言说”的始基性。

有同学用“概念的”“抽象的”形容柏拉图笔下的“理念及其世界”。对照阅读指定教材：“虽然事物分有相，等于特殊从属于普遍的概念关系，但相不等于概念。对柏拉图来说，概念是主观思想，而相是客观的……”此处的“相”即“理念”。据此，我们发现“概念的”“抽象的”的语词不能匹配“理念及其世界”。同学们应该已经发现，柏拉图的理念论在“数理实体”上比较好言说和理解。而在“美”这样的理念上似乎很难达到“理性具体的客观性”。因为“美”的“理性具体性”要求可被思想具体性，而思想具体性要通过提供定义来呈现的。对“美”“善”“大”等理念提供明确的定义式描述是柏拉图哲学所不能回避的问题，他处理得怎么样呢？

面对这样的任务，单凭柏拉图个人，再有大能，恐怕也是落空。但柏拉图是有思想谋略的：①梳理各种理念及其关系，同—异、动—静、存在—不存在；②聚焦主要的和最高的理念，《理想国》《法律篇》《会饮篇》等对话

---

① 本书“原著教学研讨”部分所选用的文本是《西方哲学原著选读》（北京大学哲学系外国哲学教研室编译，商务印书馆，1981年版），在实际教学研讨过程中也涉及对教材（本书编写组：《西方哲学史》，高等教育出版社，2011年版）的解读。

录中，主题始终是“善”这一永恒突出的统帅性理念。

同学们研讨中还提出了一系列论证“理念”的思想——实验模型。

（1）黑箱子里摸苹果：摸是触觉行为，摸者先有“苹果—理念”知识，才能在触觉的激发下判断出黑箱子里装的是作为个别具体事物的苹果。

（2）黑房间里的大象：黑房间里的大象被感知的是个别特殊属性（象征摹本），而大象本身则在黑房间里无法被感知；没感知到大象本身（象征理念），不代表大象本身（象征理念）就不存在。

（3）信号说：参见德谟克利特的流射说。

（4）慧根说：从人们后天学习能力的差异，反推人们先天禀赋的差异。那些很快能学习理解数理实体的人，就有先天的数学禀赋即数学慧根；这种慧根论有助于灵魂回忆说的论证。

上述论证模型的提出，显示同学们“接着‘柏拉图’说‘哲学’”的意识。

那该如何评论上述论证模型的优缺点呢？这本身就是很好的哲学研究选题。

研讨中同学们还集中追诉探究了以下问题：

（1）假设脱离身体的灵魂存在，那么它只能属于理念而不属于摹本；如果灵魂属于理念世界，那么灵魂本身如何被我们认知？我们可以假设除灵魂之外的理念经由“灵魂回忆”而被后天激发知晓，但总不能认为沾染了身体的灵魂能回忆—知晓纯粹的空无的灵魂本身。

类似笛卡尔“我思故我在”先验哲学方法致力于解决这种可怕的认识论循环问题，循环问题在善用逆推法和归谬法的苏格拉底—柏拉图那里，只能成为对话方法论的视野盲点。柏拉图对话录是缓缓起步，逐层垒砌；偶有突兀，若有不通，不妨它径。断然不同于亚里士多德深土扎根筑起大厦的路径。

（2）感性认识与理性认识之间的关系叙述矛盾不清。原著的“集纳”（人应当通过理性，把纷然杂陈的感官知觉集纳成一个统一体，从而认识理念）似乎陈述了类似现代哲学原理的“从感性逐步上升到理性”的认识通途。但该节其余段落又分明阐述了理性—感性之间的上下界关系，这里有不易勾连、难以逾越的上下界鸿沟；而且，这些段落中还明确表达了身体（象征感性）对灵魂（象征理性）的负面作用："……那些入世以后不幸沾染了尘世的不义，忘掉自己一度见过的神圣景象的灵魂尤其办不到。"

对照《柏拉图全集》（王晓朝译）之《斐德罗》，其对应的译文，先描述了现世不同生活方式的人，其灵魂来世再投胎的结果，会因为现世是否追求正义生活方式而有决然差异。涉及"集纳"一词的句子被翻译为："……作为人，必须懂得如何使用'型'，用理性把杂多的观念整合在一起……"对比起来，全集的翻译更符合上下文逻辑：人应当懂得如何顺应"美"、追求"善"，用理性作为统帅去管理、整合那杂多的情欲观念，而不是被杂多的情欲观念所绑架。此处并没有谈论从杂多观念上升到理念认识路径问题的灵魂转向语境。

教师：用粉笔在黑板上画了一个三条粉笔线相交的图形，向学生发问："你看到了什么？"

学生1：作为一种感观，从科学角度，"看"到了结果，白色的粉笔线勾勒出类似于三角形的图形。从人文的角度，"看"到了过程，老师用白色粉笔想要画出类似于三角形的图形。

当我第一次听到这个问题，我的脑子里出现了一个直观感受，看到的不就是一个三角形吗？抑或说是一个白色的三角形。当我再深入思考，我看到了什么？未必是三角形，三角形不能通过直观感受来判断。这让我想到了初中数学老师在上几何课的时候，经常提醒我们不要想当然，你所看到的不一定是对的，要用严谨的逻辑推断。所以，我想我看到的是白色粉末，这是单从把"看"作为知觉所得出的结果。但是我仍然看到了类似于三角形的图形。为什么我又看到了类似于三角形的图形呢？这是我结合了我所了解的三角形知识将"看"从单一的知觉上升到判断所得出的结果。我所看到的也可以从分散的个体变成一个整体，这种整体的思维取决于我"看"的方式。因此，从看到"白色粉末"到"类似于三角形的白色图形"，正是我看的方式不同。

以上是从科学的角度。如果从人文的角度，我看到的可能不是结果而是过程，看到了老师"用白色粉笔在黑板上画类似于三角形的图形"。老师希望画出三角形，但不是标准的三角形。这有心理学的意味，我看到的是老师的心理而不单单是三角形。黑板上的图形只是结果，老师的想法才是过程和内容，我所看到的是老师希望我们看到的。这里“看”又上升到推理层面，同样是“看”的形式决定“看”的内容。

学生 2：首先，我看到的是老师借助粉笔书写的结果。大部分粉笔末留在了黑板上组合成三角形的图案，一部分粉笔末在重力作用下掉了下去。其次，三角形是由三条直线首尾交叉组成的图案，内角和为 180°，一个外角等于另外两个内角之和。

不过，我看到这些内容，是自觉运用了为我所熟知的理论，比如三角形的定义、三角形内角和、内外角的关系。可是这些定理为什么称为定理？就因为它为人们所认同就是真的吗？三角形内角和有不等于 180°情况吗？内外角关系会不会有其他的情况呢？

简而言之，我看到的是我们要对当下所熟知的理论进行合理怀疑，不能唯这些理论是从。

学生 3：从人文角度观察，我看到老师用粉笔在黑板上画画；从科学角度观察，我看到黑板上被沾上了许多粉笔灰，最终老师画的大概是一个等边三角形。

学生 4：我看到老师在西方哲学史第一节课上，用白色的粉笔在墨绿色的黑板上画了一个类似三角形的图形；并以向学生提问的方式，来推动学生进行从感觉到推理的哲学思维过程。

学生 5：其实，很多同学在回答时就直接给出了判断结果，说这是一个三角形；也有同学说得复杂一点，不仅仅是结果，还包括黑板上图形出现的原因，即老师画的。他们都是在“看”，得到的结果却不一致。我们不应该只关注结果，而要去分析“看”的方式和“看”的内容的对应性。“看”是一种感觉，是一种感性过程。在生活中，我们总会强调人要保持理性，我们的学习过程就是理性的。譬如，在学习数学过程中，我们学习了三角形知识，就会不自觉地去表达理性，去判断。所以，当听到老师问问题时，在我们脑海中就会出现这个图形的样子，并且给出它的“整体形象”。“看”是感性和理性的结合，我觉得三角形这个答案很符合大家现在的逻辑。至于看到粉笔灰的同学，不能说他错，只要“看”的方式和“看”的内容对应起来，我觉得都是可以成立的，自身达到一个等价状态。我认为哲学不是追求结果，重要的是用自己在生活中所“看”到的事实（自我的感受），去探索世界的本质。

学生6：我看到了一个“从零到一”的创造过程。黑板最初是一个从未被打磨和涂写过的“白卷”，老师是一个在这方天地里尽情挥洒的开创者。老师创造的是一个类似于三角形的白色图形，也可以看作是一个三角形板凳的俯视图、一个没有数字只有灵魂的钟表、一个早起可以充饥的小面包、一个由无数粉末分子组成的集合体……对于黑板和创造者而言，这个开创的过程，这个“从零到一”的过程是痛苦的，但也是最具开创性的。什么样的形状，什么样的人生尽由自己创造！

学生7：我看到的是几个过程。第一，是白色粉笔消耗的过程。每一条线成型，教师手中的粉笔都在被消耗。第二，是三条线的成型过程。第三，是一个由三条线构成的密闭区域的形成。第四，是老师出题考问学生的过程。不论是白色粉笔的消耗，还是三条线的成型，抑或者是由三条线构成的密闭区域的形成，也许还要算上教师转身后提出疑问的动作，这些都是教师出题考问学生这一过程的组成部分。但这些并不是这个过程的所有部分。当教师起笔画出这个密闭空间时，他已经在脑海中做出了选择，并决心实践。这两点也是老师出题考问学生过程的组成部分。同时，从这两点还可以看出，老师认为画这个密闭区域简单、易操作、不须消耗太多时间，能引发学生思考但会给其一定主观上的限制。第五，是一个交换过程。粉笔用自身的消耗换来线条的成型。老师用时间的流逝、能量的消耗换来想法的表达。学生用精力的集中、内心的思考换来老师传递的信息。第六，这是一个传递信息的过程。每一个动作、每一个过程都有它自己的含义，我们可以看到背后各种各样的信息。

学生8：我看到黑板上有三根白色的线条，线条有点弯曲。我看到的图形像是一个三角形形状的框架，也像是粽子、饭团，或许是一个特殊的等边三角形。

学生9：对于老师画出的图形，我的第一反应就是三角形，这是因为它在生活中最为常见。在我的认知里，由不平行的三条线段首尾顺次联结所组成的封闭图形叫三角形，尽管黑板上的线段不够直但是我判断后认为它大概是个三角形。如果我不经历或者不具备这个“判断”过程，光凭感觉和知觉做出感性认识，那么答案就会不同。这是一个问题情景，也是我们生活中经常会遇到的感性认识向理性认识转化的过程。“看”的内容的复杂性取决于“看”的方式的特殊性。也就是说“你看到了什么?”取决于“你是怎样看的?”。看的方式有很多，自然看到的内容也就有所不同。

学生10：看”首先是一种人类感知觉层面认识世界的方式，“看”是感觉与知觉相关联的感性认识。在老师提问之后，有同学回答是“三角形”，这就是他通过视觉感知联系过往所学知识综合分析后做出的理性判断。这是一种“看”法，对于没有学习过三角形概念的人来说，他看到的就不再是一个“三角形”，他看到的是粉笔在黑板上摩擦后留下的带有三个角的白色图案。从“看”到“成分是粉笔灰的白色三角图案”再到“三角形”，体现了我们认识世界的过程。先是由感觉器官感知这个世界，对这个世界有一个初步认识。这个认识是带有感性色彩的，喜欢的、舒服的就认为是美的，好的；不喜欢、不舒服的，就是丑的、坏的，这是感性判断。然后联系过去的知识储备，对它进行分析。这时候就开始一点一点接近理性判断，即不管它是美是丑我都要认识它，分析它。例如，病毒是不好的，但是我们依旧要研究它的结构。“成分是粉笔灰的白色三角图案”是认识到了它的基本信息，到“三角形”则抛开了所有表面的东西，对它的认识上升到了几何学高度，这是认识的一大跨越。

这个“看”的过程，反映了最朴素的人的认识过程：从感性认识到理性判断，从表面到本质，从特殊到一般，体现了人认识世界的一般规律。

学生11：从科学（自然观）角度，“看”是一个由客观现象到主观思维的过程，即感性认识与理性认识相结合的过程。从感性认识角度，首先可以看到线条的颜色，这是感觉层面。看到粉笔灰或者线段合成一个整体形象，这就到了知觉层面，逐步深入到理性认识，就可以看到一个三角形，这是个人下的一个判断。看到一个等边三角形，则是进行了推理，推断出图形是什么。

从人文（历史观）角度，把关注点放在人身上，即看到老师在画画这样一个动作，看到黑板上从无到有出现一个图形的过程。从工具论角度，则看到老师是用粉笔而不是其他物品画画。从宗教角度，这是一堂哲学课，可以看出黑板上的图形必然与宗教无关。

学生 12：“看”这个动作是由眼睛完成的，属于感觉范畴，是一种感性认识。通过感性认识对事物进行描述，通常是生动形象、直接具体的，所以感性认识具有形象性。感性认识对事物的描述，更像是一种“生动的直观”，虽然能够直接具体地对事物进行描述，但缺乏对事物本质规律的认识。

正是由于感性认识是对事物的直观感受，通常会受到问题情境以及自身思维的限制。所以，看到黑板上“一个三条粉笔线连续相交的图形”时，第一反应应当是三角形。

学生 13：学生首先会从感觉、知觉上去感受老师的举动，只关注到黑板上的图形并且理所应当地认为自己看到了一个三角形，这是一种感性的思维方式和认识。一般情况下，学生会认为看到了一堆粉笔灰。学生在老师的引导及帮助下，感性思维转换为理性思维，能做出一定的判断和推理，此时就会回答，看到黑板上三条粉笔线连接成三角形。

学生 14：老师所说的“看”需要视觉“看”，但眼睛这个器官看到对象之后还需要大脑进行思考，处理视觉带来的信息，从而形成判断。按照这个流程，首先需要对“看”的对象进行规定。我认为“看”的对象是老师的行动和其行动产生的结果结合成的整体，就是老师用粉笔在黑板上画了一个图形。对这个图形进行界定，我的经验告诉自己这个图形是由粉笔灰组成的三条线段首尾相连形成的闭合图形即三角形。大部分人都认为这是一个大概的三角形，但是如果我们采用其他的标准去定义这个图形，那么老师所画的图形也可以不叫作三角形，或者说老师认知中的这个图形可以不是我们认知中的三角形。

学生 15：当老师在黑板上画了个三条粉笔线相交形成的图形，我的第一反应是“三角形”，条件反射脱口而出。这是根据我原有的知识储备所做出的判断，可以说此时的“看”是经过大脑理性分析的。但经过老师的“助产式”教学，我开始从不同的角度进行思考。此时的“看”更侧重于表象分析即被分析对象带给观者的直观感受，如此一来，答案五花八门。例如，“这是由三条粉笔线所组成的规格图形”，“这是一个看似大概三角形的图形”……更有甚者可以透过现象看本质，推理出老师的绘画功底，诸如此类。可以说，一个看似简单的问题，站在哲学的角度，从不同层面进行分析可以给我们打开不一样的世界。针对一个简单的问题，发散思维，拓展产生不同的观点，从而更加理性或感性地认识我们所处的世界，“看”我们的世界。我想这是哲学的魅力所在。

学生 16：直观地看会看到一个由三条线段围成的几何图形；用数学思维来看，像从小就接触的三角形，这是从视觉的角度得到的结果。不过听觉、视觉、触觉这一类基础感官带给我们的只是感性认识，需要我们从简单的观察开始不断深入，通过自我判断和思考将感性认识上升为理性认识。不能局限于某一种单纯的认识，对于事物要有广泛而深刻的认识。不能固化自己的思考方式，要用理性的眼光去看待“我所看到的是我看到的”。

学生 17：平面内非标准但在别的空间中可能是三角形的物体，在我看来加几条线就是金字塔、全部涂白就是西夏王陵。还有就是我不喜欢三角形，因为有棱有角的太尖锐了，看到那个角就想到尖锐物品。

学生 18：通过“看”这个环节，我思考了一些问题：第一，我们看到的是我们自己想看到的还是别人想让我们看到的？我们看到的三角形，是我们惯性思维引导我们看到的，还是老师通过行动给我们暗示让我们看到的？如果是老师引导的，为什么我们“看”到的不一样？

第二，如果我们把“看”延伸，提高到推理阶段，那么我们进行的推理是不是有依据？换句话说就是我们依靠“感觉”组合形成的是不是有依据？以老师举的“苹果”为例，“圆、甜、硬、红”最少涉及了“触觉、视觉、味觉”三种感官，而我们在课堂上的“看”这种单纯的视觉如何做到组合呢？“看”的这种延伸，是不是太过主观化了？这样的推测是不是武断？逻辑上是不是存在问题？

我认为，要推理出“老师绘画水平不好”还需要其他条件。单纯地从一次“看”来推测，不论是从数量上还是从“线索”上，都有失偏颇。

学生 19：“看”即视觉，感觉的一种，是认识行为中的感性认识。古希腊哲学中的“看”也是“理念”，原意是“看到的东西”。“看到什么”是大脑通过处理视觉对客观存在的映像得出的结论，因此对事物的认识要从感性发展至理性认识。“看到了”的是我作为主体“看”到的，是某客观存在留下的未消失的运动轨迹。但最后的结论可能会因为个体的判断差异而不同，感觉与事物的真相未必一致。根据前提条件，黑板上老师用粉笔画的三条相交的线，首先它是粉笔在老师的推动下的运动轨迹。但一个事物的前提条件未必是事物的本质，所以这是第一步。第二步，我要判断并推理我看到的是什么。线在黑板上，黑板是一个平面，如此判断三条线在同一个平面内，是平面图形。有三条线，先判断是否是三条线段，其次判断这三条相交的线是否首尾相接，再判断这三条线是否为任意两边之和大于第三边。若上述三个条件符合，则为三角形；若不符合，则为不规则图形。事物是发展的，无法判断三条线的发展趋向，所以不做推理。

最后想向老师请教一个问题：我们看到事物是通过事物折射的不同光线，那么事物本身是什么样子呢？

学生20：在我已有的认知中，从数学视角看，这是一个由相交的三条白线构成的三角形；从直观感受而言，这是三条白线。

学生21：我看到老师在黑板上用白色粉笔画了三条首尾相交的线形成的大概三角形的东西。老师问的这个问题，同学给出的答案或许相同，或许不同。个人认为这是“看”的方式不同。有人从宏观角度看，有人从微观角度看；有人从整体来看，有人拆分来看。看是一种感知，首先是感，个人以为这是一种非常快速的动作，是眼睛所见；然后是知，个人认为这是人脑对眼睛所见做出的反应，是人脑在自我检索眼睛所见该是什么，已经达到观察和判断的层面。我觉得这是每个同学的答案不同的原因。不同的人观察的角度和判断不同，自然有不同的答案。个人以为，看是我们认识世界的一种方式，我们看到了什么是我们的认识观、世界观、价值观的一种反映。

学生22：当我关注黑板时，我看到了一个图像——三角形——这个图像是由更为简单的图像（称作m）构成。当我能够区分图像m与周围事物的差异时，其实我在区分事物的属性——白色与黑色的属性。当我发挥主观能动性选择了以白色为我的观察基点时，我看到的就是m，由点到线再到面，从而得到了一个图案。这个自动组合的过程或许与我们人脑这个物质器官有关。

但我并不一定知道这个图案是什么，我仅仅是用我的感官去看，局限于感觉。但是这个感觉触发了我记忆里的某个理念，三角形（最标准的三角形，脱胎于一切三角形事物的三角形）。于是我将三角形的特征与这个理念相对照，同样是三条线段围成的图形，不管它是否精准，它就是三角形。在此基础上，可能会发现这个三角形还有些特殊。于是我们再次把这个事物与理念中的本体相对照，发现它可能是一个等边三角形。为什么它不够精确，但我们仍认为这是我们理念中的那个东西呢？因为我们事先对老师的行为作出了一个预测。我们认为他的目的是想让我们看到黑板上的是一个三角形——尽管它是一个近似于三角形的白色平面边框。在他做出“画”这个动作本身时，他已经通过思维中预先存在的理念提炼出了三角形的必备属性；通过这个属性将三角形以一定的形式表现出来，这个形式有无限趋近于理念中三角形本体的可能性。于是，当我们想到这些的时候，我们会说：“哦，我看到的是一个三角形，甚至是等边三角形。”在这一过程中，我们运用了自己的视觉细胞区分出了颜色，通过颜色的差异选取出我们要观察的对象，接着运用稍微复杂一点的简单思维组合出了一个图像。（这里能否称之为知觉？）我们就把图像中的属性与我们理念中各种事物的集合进行比照，找到最为相似的事物；但这还不够，因为这个图像是人为创作的。我们对作图者的行为进行了一个目的预测——我认为作图者想要表达的是这样一个内容，因此将二者合一（上述是分析、判断、推理的过程）得出了“看”的结果。在我们对作图者的目的进行分析时，不同的人可能会有所差异。所以有不同的答案：“我看到的是白色的×××”“我看到的是三条线段”“我看到的是三角形”“我看到的是等边三角形”“我看到的是老师在此时此地刚刚画出的等边三角形”。在这些答案中，实际上是理性层层深入的过程，是主观能动性发挥由弱到强的过程。（但我们能说后者的答案比前者更好吗？我觉得是不能的，因为大家看到的是一样的内容，只不过是对此时此地此人的目的预测有差异而已）看的内容相同，而看的结果却由于我们个人的意志而有所差异。

通过以上分析，我觉得更严谨的说法是，我看到了老师在此时此地刚刚画出近似等边三角形的图案。

学生23：老师用粉笔在黑板上画了一个由三条相交的线组成的图形，大部分同学回答为“三角形”。究其根本，发散思维，会发现背后隐藏很多深意。画的大概是个三角形？老师在黑板上可能想要画出等边三角形？老师想要向我们展示等边三角形或者想问我们黑板上的图形有几个角？老师想向我们展示三角形该怎么画？数学课、政治课、美术课上均有可能出现三角形，但是目的不一样，同学们看到的也不一样。

学生 24：“看”作为感官动作，通过人脑将客观事物反映成为主观印象。老师用粉笔在黑板上画出三条互相交叉的线，其被我们理解并解释成三角形，由感性认识的感觉上升到理性认识的判断。“三条线”是最直接的感官体验，而“三角形”则是我们在已经拥有的生活经验和知识储备基础上，把三条线整合成整体印象，进而推断出这是“三角形”，而不是其他图形。通过眼睛“看”得到视觉体验，再把看到的加工成理性认识，把看到的部分整合成整体，帮助我们理解世界和改造世界。

学生 25：“看”可以看作是直观动作，在这个层面上，学生看到的就是一个由三条粉笔线两面相交形成的图形；而当大家说出“三角形”的时候其实是加入了主观判断，因为这一图形与印象中的三角形基本吻合。当停留在完全直观的“看”层面上，无论答案是三条线、粉笔灰还是闭合图形都是对的；当加入了看的人的主观意识时，三角形这一答案显而易见更符合社会普遍认识。无论是以上哪一个，都有其合理性，都应该得到承认。

学生 26：我看到的是，老师在黑板上用粉笔画了一个由三条线组成的闭合图形。从数学意义上看，它是一个三角形；从生活经验上看，它是一块面包或是一座房子的简单结构图，或是一些其他物品模型。从不同的角度看，会得出不一样的结果。看的方式不一样，会有不一样的认识。

老师想通过这一问题告诉我们一些朴素的人生哲理。三条线构成的空间也许可以代表我们的人生范围，人生是有限的，如何在这个有限的空间范围内做出更有意义的事情？我们应该看得更高，看得更远，思考得更多。看出人生需求，我们又该如何前行，这是看的意义所在。

学生 27：认识分为感性认识和理性认识，感性认识包括感觉和知觉两种，理性认识包括判断和理论。“看”是我们的视觉行为，从感觉的角度来说，粉笔是白色的，白色是这个图形的一个个别属性，可以说看到了一个白色的图形。从知觉的角度来说，我们看到了三条白色线段组成的一个图形，白色、线段是对这个图形的一种感觉；多种感觉结合形成了对这个图形的整体认识，形成了对图形的知觉。这两种方式都是我们的感性认识。从判断的角度说，我们看到了一个大概三角形的图形，这是我们对这个图形具有三角形属性进行的一种肯定判断。从推理的角度来说，我们看到的就是一个三角形。三角形的定义是“由不在同一条直线上的三条线段首尾顺次连接所组成的封闭图形”。三条粉笔线连续相交说明这三条粉笔线一定不在同一条直线上，连续相交说明组成的图形是封闭的，结合三角形定义，我们可以推理这是一个三角形。

学生 28：我看到了老师用白色粉笔在黑板上画出一个有着三条边的闭合图形。它由三条白色的线组成，看起来类似一个三角形，但又不能确切地说它是一个三角形。因为它的边不够平直，某种程度上也无法保证边与边的连接处完全闭合，只能说它是一个由白色线条组成的类似三角形的闭合图形，当然还有粉笔划过黑板落下的粉笔灰。我认为“看”是感觉的一种，是一种感性认识；但当你要将你看到的东西表达出来，它就一定是经过大脑加工的一种判断和推理，或称为“理念”，即柏拉图所说的“心灵的眼睛看到的东西”。我们所表达出来的不是看到的东西，而是经过每个人的大脑判断和推理出来的唯心的结论。

学生 29：根据老师讲的，我认为“看”的方式由简到繁有两个层面四个方面，两个层面是现象到抽象，四个方面是感觉、知觉、判断、推理。从现象层面就是从感觉和知觉来看，老师在黑板上画的我们可以看作是一些粉笔灰或者一些白色的东西或者一些线条；而从抽象层面即判断和推理来看，我们离开了这个现象，有一定的抽象思考以及经验对应，认为老师画的是一个形似三角形的闭合图形。这个过程是我们认识事物由表面到结合固有经验而进行深层认知的过程。但是我觉得我们的“看”并不存在概念中的感觉这一最初层面。当我们看到老师在黑板上画的东西再到表达出来，就已经脱离了感觉这个层面；无论我们说看到的是白色的粉笔灰还是线条，都是对我们已经存在的固有认知与感觉的合成。当我们去看待一个事物的时候，我们已经有了我们最初的经验作为基础，我们看到的东西已经不是无知状态下看到的基本感觉，而是合成加工后的感觉，体现出来的是人各种感觉器官活动的复杂性和我们认知中的固有思维。

学生30：在老师发问“你们看到了什么”之后，我的第一反应是老师画了一个“正三角形”。但在老师的提示下，我对黑板上这个图形有了如下改观：“三条首尾相交的线”，到“由白色粉笔灰排列成的一个图形”，再到“一些白色的粉末”……

很明显，一开始我对这个图形的认知是建立在我已有的认识和推理之上的。我们对事物的认识是一步一步由浅入深的，先有感觉，再是知觉，然后是判断，接下来是推理。我们现在已经具备了判断和推理能力，在我们已有的较高层次认知基础上，一看到这个“类似三角形”的图形时，便会理所当然地与最具体化的事物联系起来。

这个“类似三角形”其实并不是真正意义上“看”出来的，“看”只是事物透过角膜投影在视网膜上映射于我们大脑的像罢了。我们何以去判断这是粉笔灰、白色、三条线乃至正三角形呢？便是我们知觉、判断、推理的结果。可见，此时老师想要我们“看”到的并不同于我们先入为主“看见”的。

唯有抛去我们一切现有的惯性思维，回到最初，才能“看见”事物最本质的形态。

学生31：首先，我们看到了老师在黑板上画了一个白色外框，空心的图形，这个图形的特点是三条线段首尾相连，并且三条线段长度相似。由看的动作，即我们的感官触发了知觉，寻找已经存在于脑海中的，跟我所看到的画面相似的图形，然后判断出老师画的是一个等边三角形。紧接着我又想，老师为什么要画三角形，他想通过三角形表达什么？或者借助三角形再画出别的什么图形，由此而来形成一系列推理。可见，由“看”这个动作可以一步一步地引发我们深入思考。

学生32：我看到老师用白色的粉笔在黑板上画了一个由三条相交线组成的大概为三角形的图形。“看”是用眼睛看的，清晰程度取决于视力好坏和所坐的位置。如果上课比较认真的话，就会看到是一个连续动作，老师拿着粉笔在黑板上留下的粉笔灰构成了三条连续的线，线又构成了一个三角形。三角形的形状是不太精确的，可以是等边三角形，也可以是其他。这是由于老师没有使用画图工具，徒手画的，也与老师的绘图功底有关系。在我们脑海中形成这样一个大概的三角形是经过了一个由感性认识到理性认识的过程；“看”到这样一个图形，我们根据已有的知识储备判断这是一个三角形。简单来说，就是我看到了老师在黑板上画出一个大概三角形的图形的动作。

学生33：提及“看”，首先想到的便是视力所及，即老师画了一个在通常情况下会被认为是三角形的图形。在老师反复强调“看”这一词语时，我觉得应该把所见用更严谨的语言描绘出来，即一个类似等边三角形的封闭几何图形；但这些描述都只限于对我所见的图形形状的描述。受其他同学启发，我又看到了这个图形的组成，即粉笔灰，且是白色的粉笔灰；然后从形状，到材质、颜色等具体的视觉感受；最后再概括地看，看到的是具体的物质。所以，最终我看到的是老师所画的第一视觉感受，再转为具体的特征直到最后的一般概括。

学生34：将这个图形置于不同的“背景”中，我们所能“看”到的东西就会呈现出不同的指向。我把图形认知为平面上的三角形，是因为我作为学生首先看到黑板上出现的图形而产生的自觉判断，进而由此推理这个三角形是等边三角形或者某种特殊三角形，所以我看到老师在黑板上画了一个三角形。我把图形认知为和数理学科无关的某种记号和标志，是因为我认识到它作为一种人为的印记与教室里原本存在的黑板、讲台不一样，判断它存有特殊含义，所以我看到老师在黑板上画了一个“记号”。我看到黑板上的粉笔灰纷纷扬扬落下，有的印在黑板上，是因为我把图形本身当作背景，我的感觉和知觉集中在组成图形的粉笔灰上。对于性质的判断和推理往往都是基于第一眼的感觉和日常生活经验。观察粉笔在黑板上留下的图形，每个人的“感觉”都是由一瞬间的选择和随着选择而自然产生的经验推理决定。我认为这里的“感觉”也就是“看”已经经过了人的大脑的处理，“看”到的东西可以等同于“想”到的东西或者“想要看到”的东西。所以，在形容“看”的时候，应当直接用最简单的语言描述眼前的场景，而非经过主观处理后的“感觉”。我们常说“透过现象看本质”，如果可以直接看到现象，又何来本质一说？只是因为“看”存在无限主观发挥的空间，才会让“本质”显得格外珍贵。

学生35："看"主要有两层释义，一是"使视线接触人或物"；二是"观察并加以判断"。作为第一个释义时，主要停留在感觉与知觉的感性认识层面；作为第二个释义时，则进入判断与推理的理性认识层面。

老师用粉笔在黑板上画了一个由三条连续相交线组成的图形，问同学看到了什么，大部分人回答都是"看到了三角形"。这一回答本质上属于理性认识层面，是一个合成的答案。但为什么大多数同学的第一反应都是三角形呢？我认为这是大家经历了小学至大学的数学学习，见过了无数个类似的图形，我们将之称为三角形。三角形这一认识在我们的脑海中合成了无数次，合成时间自然无限趋近于零了。

除了"三角形"这一答案，还有属于感性认识层面的"白色"，理性认识层面的"等边三角形"等。这些答案没有对错，也没有好坏，都是合理的。

当我们"看"一个事物时，都会有感性认识与理性认识，"听""嗅"等也是一样的道理。通过长时间的学习与运用，我们可以很快地得出一个理性结论。

学生36：我看到了三条白色粉笔线构成的封闭图形，这是从一般化，从内涵和外延来描述看到的东西。"看"这个动词包括观察、分析、判断等步骤。第一感觉是一个三角形，是从形状方面描述的。描述一个事物可以从形状、颜色、大小等出发，在数学中又以点、线、面来描述不同维度的事物。从一维、二维、三维甚至四维角度描述一个事物是不一样的。

学生37：短时间内不多加思考，仅仅看黑板上图形，我看到了一个白色的三角形。

着眼于整体，看整个过程，我看到了老师拿着粉笔在黑板上画了一个类似于三角形的图案。

通过看黑板上老师画的图形，我看到了老师是想画一个等边三角形，但老师的画技可能不是特别娴熟。

从微观角度来看，我看到很多白色的粉末。

学生38：开宗明义，个人以为"看"的方式的不同会导致"看"的内容的不同，即个体采用不同的"看"的方式，会得到不同的"看"的内容。

例如，有的同学从整体视角去看呈现在黑板上的内容，则看到一个类似三角形的整体图形；有的同学以“分裂”的方式看，那么其所获得的内容则为“分裂”的，或是三条粉笔线，或是无数的点。

总而言之，我认为看的方式的不同会导致个体所看到内容的不同。这就好像在化学家的眼里，水不仅仅是水，更是H_2O；而在常人眼里，水仅仅是水。他们采取了不同的方式去“看”同一物体，最终导致“看”的内容的不同。

学生 39：我首先看到了“老师用粉笔在一块黑板上画一个大概是等边三角形的图案”这个整体动作。在老师问“你看到了什么”这个问题之后，我分别观察了（大概是）等边三角形、黑板、粉笔、讲台等我所能看到的物品，当然包括老师。当同学们回答了老师的问题，老师继续问“还有不同的答案吗”？我又“看”到了别的东西。

我看到老师在黑板上很流畅地画了一个三角形。三角形是几何图形中最稳定的结构，老师选择画一个三角形，让我看到了老师对于所讲内容的胸有成竹，而老师流畅的动作和逻辑清晰的讲解证明了这一点。

学生 40：凭借感官视觉观察，看到老师用白色的粉笔在黑板上画了一个类似于三角形的图形。这种判断主要建立在感官视觉基础上，不带有过多的理性思考和逻辑推导，所以偏向于感性。稍加思考之后，认为老师只是在黑板上用白色的粉笔画了一个图形，对于该图形是否为三角形我觉得应该加以证明。在感官视觉获取信息的基础上，加上经验及逻辑思维的理性思考，此时观察方式偏向于理性，做出的判断更加严谨。

学生 41：“看”这一动作始于人的感官，我们通过视觉能力直接感受到老师在黑板上画出一个由三条粉笔线联结起来的图形，更高层次的知觉使我们想到这可能是一个近似三角形的物体。若要进一步判断这个图形是否满足一个三角形的条件，就要运用我们的理性认识，去判断其是否是由同一平面内三条不同线段首尾顺次连接所组成的图形。我们还能够运用更加复杂的理性认识，去推理老师在黑板上用粉笔画这个图形的用意。老师想把三角形的三条边画得尽可能等长，也许是想给同学们展示一个等边三角形……所以，“看”有多种不同的方式，每种方式对应着不同内容。

“看”从感官到大脑，经历了从感性认识到理性认识，从感觉、知觉到判断、推理的过程。感觉和知觉属于感性认识，感觉依赖个别感官，反映事物个别属性；知觉是多种感观的综合，反映事物整体属性，因此知觉比感觉复杂。判断和推理属于理性认识，判断是对事物（不）是什么、是否具有某种属性的判定；而推理是从事物已知的属性和已有的联系推测出未知的内容，推理建立在多个判断的基础之上。

学生42：第一眼，几乎是本能反应：“这不就是个三角形吗?”但是经过老师多次询问，发现自己看事物的方式过于死板。一种方式下只能看出一种内容，对于事物可以有多种看法，比较准确的说法，对同一事物有不同角度的看法。既然是同一事物，那就是唯一的一个；既然是唯一的一个，说法不一样，只能是看它的角度不同。

学生43：就“看”的感知方式而言，我看到的是老师用粉笔在黑板画了三条白色相交的线条；加入理性成分发散思维，我看到了无限可能。首先，就我之前做小学生数学家教老师的经验而言，我看到一个类似等边三角形的图形；其次，就课堂形式而言，我看到一个知识框架图，老师可能会在框架图上添加其他内容；再次，就哲学课和哲学老师的角度，我看到一种哲学思维，比如圆形可能代表连贯、顺畅、带有思辨性质的思维方式；三角形可能代表片面、静止、带有条条框框限制性质的思维方式。最后，回到我们的出发点，看到了什么，简单来说就是看到了三根白色线条组成的图形。

学生44：第一眼看到了老师在黑板上画了三条相交的线，白色的，用的是粉笔，可能还掉落了一些粉笔灰；然后，在已有经验知识的基础上，下意识地判断这是一个三角形，且类似正三角形。同时，老师画的三角形没有高中数学老师画得好，于是越看越不像三角形。

由看到想再到看，可能会改变人对于事物的态度和看法。人的主观认知对事物的判断有干扰乃至决定作用，思考、反思的过程至关重要。

学生45：老师在黑板上随意画了一个白色的类似三角形的图像，坐在教室后面远观像是埃及金字塔的一面，脑海里立刻浮现出埃及的金字塔。因为埃及的金字塔整体上虽然是四棱锥，但是我从书上看到的金字塔都是从侧面拍摄，是三角形状，所以看老师在黑板上画了这个图像后我想到的是金字塔。

但是转念一想，我们这是在上西方哲学史课，老师画的不应该是美术课上的金字塔，也应该不是数学中的三角形，更不可能是食堂里的三角饼。老师画的时候没有用直尺，画出来的线不是直的，总的来看，老师在黑板上画的图像是由三条线构成的一个类似三角形的图形。

听了老师的讲解，我发现应该看到的很多东西都没有看到，比如说白色粉末等，对于“看到了什么”这个问题也只是停留在感性层面。只是觉得看到的东西像什么就是什么，就算通过思考分析也只能初步排除看到的不是什么，而不能确定老师要画的究竟是什么。

学生46：老师在黑板上画了一个类似于三角形的图形，三条粉笔线交织。用抽象的思维来看它，我觉得是一个平面上三条直线轨道，正如一张空白纸上画着的三条线，无关什么图形。从生活角度来看，这个图形可以代表男女之间的三角恋，也像金字塔，还可以代表老师同学家长或者法官律师当事人之间的关系等。人与人之间相互交往形成的关系，密不可分，紧紧联系在一起，正如这种形状一样。从物质上来讲，这只是粉笔末在黑板上的残留物，是老师在黑板上刻意留下来的轨迹，什么都不是，仅仅是粉笔末而已。从联想的角度看，正如老师所说，这是一个画得不咋样的图形，我看到的是老师的绘画功底有待提高；或者是这个图形画得很浅，老师并没用力或用心画。而这无关这个图形，是我从老师画图形的过程所联想到的一些问题，超越图形本身看到的更隐匿深奥的层面。从数学思维方面来讲，我仅仅看到了一个三角形，一个普通不规范的三角形。

当老师画完图形问同学的时候，大部分同学都给出了三角形的答案。我觉得，这是因为多年固化的思维深深影响了我们的思想，以至于想不到别的答案。因此，学习哲学，去除固化的思维才能看到更多，总结出更多，对哲学问题的理解才能更加深化。

学生47：刚看到这个问题时，我能想到的答案就是最“单纯”的三角形，在听了老师说“看”这一行为的不同层次之后才下意识地从不同的角度来找答案。“看”这一行为是与行为主体的意识不可分的，所以“看”的角度会有多样性和随意性。

比如，从形状上来看，觉得老师所画的是一个三角形，紧接着脑海中出现的就是一些限定词：类似、不太标准、接近等边三角形、有误差……随着限定词的增多，图形越来越具体。从平面角度来看，看到老师所画的三条线段所围成的闭合图形把黑板所在的平面分成了两个部分：图形内和图形外。紧接着脑海里考虑的就是两部分的大小问题，但平面不存在大小问题，图形所在的平面和图形外的平面是重叠的。

从空间角度来看，这个类似三角形的图形作为一个平面图形是存在于二维空间的，也可以看作是三维空间的物体在二维空间的投射。想到这里不禁有一个疑问，既然二维世界里的平面图形是三维世界物体的投射，那三维世界的物体呢？立体的、多面的物体会不会是更高维空间物体的投射呢？更高维空间的物体是什么形态？空间的“维数”有没有最大值？

从物质角度来看，我所看到的是粉笔灰，是由无数白色颗粒按轨迹聚合呈现的状态，接着想到粉笔灰——这些白色的颗粒是由什么组成，为什么有的可以聚合在一起，附着在黑板上，有的就同灰尘一样飘散到空中？物体最小的构成单位真的是原子吗？还是说至今仍不能够探究在破坏原子结构平衡的同时确保它继续存在的方法呢？……

讲到“看”有感觉、知觉、推理和判断四个层次，我就想到了英国经验主义者、哲学家乔治贝克莱的名言——“存在就是被感知。”这一理论被划为主观唯心主义，但我觉得它跟马克思主义哲学的相关理论有相似之处。“存在就是被感知”很明显是把人的意识放在了一切事物的中心，马克思主义哲学认为人脑是产生意识的唯一生理基础，不承认其他生物存在“思考”这一行为，认为其行为的根源为“对外界刺激的反应”。这么看来，人作为唯一能够生产意识的主体，他在世界中所处的地位与“存在就是被感知”中人的意识的地位很相近，都处于中心地位。那如果人不是世间万物的中心呢？如果人跟其他事物处于同等地位仅仅是一个参与者呢？

现实世界中的物体，它的所有性质都具有现实性。但如果所有的性质不能够被完全感知，或者“看”这一事物的四个层次没有全部完成，即使它以及它的所有性质是确实存在于现实世界中的，在人的意识里，它以及它的性质会不会存在部分的残缺？我们不能因为意识上的无知就否定现实中的存在，在物体部分及其性质没有在意识中得到反映的时候凭借什么来做出推理、判断呢？既然“看”这一行为有层次要求，人这一主体又存在局限，那么哲学中“看”这一行为如何使物体的现实性在人的意识中得到完整地体现呢？

学生 48：首先，看到了三角形；其次，看到了老师用白色粉笔画了最具稳定性的三角形；再次，看到了老师用白色粉笔画了最具稳定性的等边三角形。

此外，看到了老师因为没有用专业画图工具而没有画规整，大概可以称之为等边三角形的图形；看到老师用白色粉末在黑板上画了一个由三条线段组成的封闭的被称之为三角形的图形。

……

看到的东西通过眼睛反映到意识中，通过比照意识中对图形的定义做出判断。

学生 49：首先我看到老师画了一个三角形，紧接着我发现老师的问题并没有对“看”发生的场景进行限定。所以，我的答案是“我看到了老师在西方哲学史课堂上画了一个三角形”。我又注意到黑板上不只是三角形，还有其他文字。所以，我进一步地思考：“三角形和旁边的文字是不是存在什么关系？”

大家的回答基本上都是“看到了一个三角形”。起初我很震惊，统一的答案意味着思维的固化，而我也是其中一个。后来想想，大家得出同样的答案也不无道理。从小接受的教育告诉我们这是一个三角形。若是一个未曾接受过教育的人看到这一场景，他会如何回答？

我们姑且将老师所画的事物称之为“三角形”。我们该如何确定我们看到的和真实发生的事情是对应的？简单地说，眼睛感知到的事情是真实的吗？我们用眼睛看的方式，能够确定看的内容是内容本身真正的样子吗？当我们发动所有的感官，是不是观察到的景象会完全不同？

这些问题让我感到自己的浅薄，无法回答这些问题，也不能得出像样的结论。

学生 50：首先，看的方式分为两个方面，一个是感觉和知觉；一个是判断和推理。老师用粉笔在黑板上画了一个三条线相交形成的图形，我看到了粉笔灰及粉笔线，这是从感觉与知觉层面“看”到的。我还看到一个形似三角形的图案，这是从判断与推理层面“看”到的。总的来说，我看到了老师在黑板上画了一个由相交的三条线组成的形似三角形的图形。

学生51：感觉上，我们看到不同于黑板颜色的一个存在。进入知觉层次，我们会在内心有所反应，或觉得奇怪，或觉得结构很美。进入判断层次，根据不同的知识水平和背景，我们会做出不同的判断。小学生会说是三角形，中学生会说是一个稳定结构，大学生会说是一个无限符号。进入推理层次，我们会综合其他因素，包括是谁画的，在哪里画的，什么情况下画的等，从而做出自己的推理。

教师：从“看”与共识的关系角度回答下列问题。

（1）在“你看到了什么?”这一问题上是否需要达成共识?

（2）在“你看到了什么?”这一问题上能否达成共识?

（3）在“你看到了什么?”这一问题上如何达成共识?

学生1：在我看来，如果是单纯的哲学讨论题，对“看到了什么?”这个问题，我们未必需要达成共识。但如果这个问题只是个引子，希望引起大家对哲学问题的逻辑思考，加深对感觉、判断、推理的认识，那么我们需要达成共识。

在没有人引导的情况下，大家基本达成了一个共识，就是“看到了三角形”。这是判断上的共识，还不能上升到逻辑推理，基本上是凭借过去的学习经验。将黑板上的图形与以往学习习得的东西做简单的对比，在已理解的名词和图形中找到了一个叫作“三角形”的词和图形。

若要达成共识，可以设定附加条件，如“从数学角度”或“从物理角度”，等等；角度不同，范围就会缩小。也可以限定描述的字数，如果问题的条件增多，大家就会在已知的经验和认知中寻找最适合的答案，基本上可以达成统一。

学生2：对于“你看到了什么?”这一问题，同学们是较难达成共识的，因为人的官能存在差异。同学们对于“看到”的内容既有认知上的不同，也有表述上的不同。同学们有的擅于用优美的词汇进行文学性修饰，有的擅于运用科学严谨的数理概念，有的倾向于总结教师的阐释，有的能够引用哲学经典语句。哲学需要一个回到人的过程，同学们在看的过程中能够体现主体意识，发挥主观能动性，在不同的回答中形成对话和思维的碰撞。

但同学们在“你看到了什么?”这个问题上，仍然需要达成共识。这种共识不在于“看到”的内容，而在于“看”的方法。同学们无论看到什么样的内容，在看的过程中一定有一个从感性认识上升到理性认识的过程；在回答“看到了什么?”问题时，一定是一个先发散后收敛的思考和表述过程。

若要达成这种方法上的共识，需要同学们同时回答“你看到了什么?”和“你是怎么看的?”这两个问题。如果有同学回答“我看到了三条白色粉笔线”，则还需说明是“通过视觉感官能力”；如果有同学回答“我看到了一个近似三角形的图形”，则需说明是“通过视觉感官能力以及简单的数学判断能力”。这样同学们的回答是既发散又收敛的，能够在对自我的总结归纳中初步达成共识。

我的疑惑在于老师建议的探讨共识问题的三个步骤。我认为应该先探讨达成共识的可能性，再探讨其必要性，这是事物存在的必要性与可能性的关系问题。如果我们先探讨了是否需要达成共识并给出否定答案，能否达成共识和如何达成共识这两个问题则失去探讨意义。

学生 3：需要达成一定的共识，没用共识就没有讨论的基础；没有交流，无法达到交流层面。

达到最基础的共识。比如，老师在黑板上画类似三角形这件事，我们能达到的共识一定是老师有动作，在黑板上留下了痕迹。这种类似于对“物质”的概括，模糊的认知是一定的。

从主语、谓语、宾语，到添加形容词，逐步缩小范围。比喻说“老师有动作”这个是共识，缩小范围，会有“老师有连续性动作”，这个“连续性”就有可能产生差异。

学生 4：不需要达成共识。在我看来，达成共识的前提是有一个共同的利益目标或者是在其他方的引领教育下形成共同思维认识（譬如，我们是中华民族的一分子，要为祖国争光）。显然，老师的提问，在同学们眼中只是一个问题。这个问题是从未接触过的，没人可以要求我应该对它有共同认识，我可以拥有自己不同的回答，没有对错之分。

可以达成共识。因为我们具有共同利益目标，或者可以形成共同思维。

在老师的引领下，我们可以达成和老师一致的认识，但是不会达成和其他人一样的认识。所以，只能是在具体条件下达成共识。

如何达成共识？在老师的带领下我们可以按照他的思维认同他的观点。老师可以规定我们从某个具体学科思考，将讨论范围缩小，这是达成共识简单方法。还有一个最简单的方式，就是老师直接给出答案，问同学是否有反对意见。两者也可以争辩，一方辩倒另一方，自然达成共识，这也是一种方式。

学生5：我认为不需要达成共识。“你看到了什么?”在大家的眼中是一个充满主观性问题，基于此问题产生的讨论，本身就是具有不同观念的同学间求同存异、思想碰撞的过程。尽管大多数同学的第一反应都是“三角形”，但稍加思索之后，就会得出不同的答案。在得到不同答案的过程中，每个人都可以拓宽原有的思维方式，加强逻辑能力，以达到个人思想的升华。我认为大家可以在此问题上达成共识。正如我在第一个问题中提到的，当我们第一眼看到这个形状的时候，联系“黑板”“粉笔”“三条封闭线段组合”很容易联想到数学上的三角形。而从宏观、微观的角度，大家看到的就会不一样，所以当我们对范围进行限制就很容易把大家引向同样的方向。第二、第三个问题很容易融合在一起。于我而言，“看到了什么?”本身就是对现象的客观描述。如果我们都能抛弃主观，也是从另一种层面上达成了共识，但这永远都无法实现。

学生6：我认为在看到的内容上无须统一。人是独立个体，在思想意识方面存在差异是可以理解的，且从不同的角度看问题有助于我们开拓思维。但通过这个问题启发哲学思维是需要达成共识的，我们应该注重哲学，注重逻辑思维。

若要达成共识，老师可以在措辞上有所改变和限定，有意识地引导同学向某个方向思考，这样可以得到较为符合认知的答案。

学生7：首先，我认为不需要达成共识。在“看到了什么?”这个问题上，“我”作为动作的发出者，用“看”这样一个行为，映射“什么”这个问题的主体。“看”这个行为可以有很多种落实方式，同时“看”的角度、方式不同，答案也会不同；同样，不同的视角具体描述不同，也有多种不同的解释，有的从几何角度进行判断，有的给予文学性解释。同学们可以从不同认识中发现新思路，在思维碰撞中有所思考、有所得。

其次，从同学们的答案来看，有一个共识——“三角形”，没有刻意的引导和暗示。为什么会有这样的共识？这是因为大家虽然有不同的想法，但却受过共同的教育，有一个大致相同的思维模式。只是同学们在通识教育之外还有很多自主学习和思考，加上所处环境等不同，从而造就了不同的人。大家的答案虽然有相同点，但各有千秋。我认为这种程度的共识就已经够了。在进行哲学性问题的讨论时，不拘泥于某一种视角，可以帮助大家更快地进入哲学学习的状态，能让同学们独立思考。

再次，当回答者被引导用一种视角、一个知识点、一种描述方式（数字语言）去回答，那么极有可能所有人达成共识。人具有独立性，我认为很难让所有人达成完全共识；同时，我认为在达成共识的情况下，所使用的描述方式等不同不会影响对“共识”的判定。

学生 8：我觉得在这个问题上我们不需要达成共识。“你看到了什么？”这个问题是针对“我”这个单独个体而言的。由于知识水平、思维方式和个人性格的差异，答案必然是五花八门的。当你问一个没有数学背景的儿童，黑板上的东西可能就是一些线；而对大部分人来说，三角形会是一个普遍性答案；对于一些想象力比较丰富的人，答案也许会更加多样。同样，场景不同，答案也会不同。所以我认为，决定这个问题的因素有很多，完全统一反而违背个性发展的规律。

同学们在这个问题上可以达成共识，但是这个共识是建立在一定条件之上的。在没有前提条件、全凭个人主观判断情况下，答案不可能完全一样，必然会有三角形、线段、粉笔灰等诸多答案。只有设定特定情境，如数学课上，才有可能达成是三角形这个共识。非特定情境下，当然也有可能会达成共识；但这个共识显然是偶然的，并且会随着人数的增多等条件的变化更加难以达成。

我认为需要补充更多前提条件，将问题限制在特定范围之内，使问题有且仅有唯一答案或者唯一正确答案。可以抛开正确与否的考虑，仅仅从辩论角度，驳斥不同观点；同时提供己方观点的支撑论据，从逻辑和心理上使他人认同，当然这种方式具有难度。不排除采用强制性或者诱导性方式，但是这样做的后果往往只是口头或行为层面的共识，内心的共识通常难以保证。

学生9：我认为在“你看到了什么?”的问题上不必达成共识。我们通过感官“看”到的三角形属于我们的主观印象，带有鲜明的个人色彩。虽然大家对简单的三角形这个“看的结果”不会有太多分歧，但无法否认“看”的动作和“看”的结果都受到独立个性的影响。达成共识就要在观点上达成一致，就要消除对立，而对立的消失会消弭前进的动力。因此，无论是对哲学问题，还是其他问题，我们都提倡求同存异、和谐共生、美美与共。

在“你看到了什么?”问题上能达成共识。三条相交的线给我们的第一感觉是三角形，这是经过多年学习积累的自然反应。在这种情况下，我们能达成共识，是因为大家具有相似的生活学习经验和知识储备。

在老师步步深入发问中，我们不断探究看到什么？它的本质是什么？如此，我们才挖得更深、想得更全面。要达成共识，就需要有一个框架来将我们的思维划入一个合适的范围，需要附加条件或标准来规范需要达成的共识。

学生10：“需要”一词在现代汉语词典第七版中的释义为“应该有或必须有”。个人认为“不需”达成共识。有的人看到的是这样，有的人看到的是那样，为什么“需要”在“你看到了什么?”上达成共识呢？正如哲学有不同流派，大可不“需要”让所有流派有共同的认识。

可以达成共识。正如上边所说，不必须有，即可以达成共识也可以不达成共识。

我们往往需要对一个东西“明确化”，对一个东西附加条件，才可以使大家对于该东西达成共识；超出这个条件自然就不属于我们共同的认识了，因为条件是我们提前约定好的。

学生11：我觉得需要。针对“你看到了什么?”这一问题，如果五十多人各有答案，且每一个答案都难以让所有人满意，这个时候讨论如何进行？大家如果不是一个想法、一个共识，怎么可能会有精彩表现？

放大了来说，所有的问题都可以达成共识，有两种思路。一是武力强迫，二是交谈。交谈也分为两种，一种是利用语言技巧，靠语言技巧使结果偏向自己。二是双方平等相待，责任义务共同承担，从而达成双方都满意的共识。

关于共识问题，我觉得首先需要遵循一个规则——事前民主，事后“专政”。此处“专政”不是说一个人说了算，而是说在事前，大家尽情讨论；一旦达成共识，集体的力量必须往一处使，发挥集中优势。需要明确一点的是，达成共识不是仅靠努力就一定可以做到，基础是各方的底线和原则一致或基本一致。基于这个基础，“求大同，存小异”。还有就是妥协，妥协不是一个贬义词，而是一种技巧，适当的妥协才有可能促使共识的达成。

学生 12：我认为需要达成共识。首先，这个问题的对象是客观的。

我们应该可以达成共识，因为大家对图的构成元素已有一定的认识共识。

我们或许可以借助不同的角度，达成共识。例如，物质构成、三角形相关知识等。

学生 13：我认为“你看到了什么?”这个问题强调的是你对世界的认识，是一个认识世界的过程。我认为在认识世界的过程中我们不需要达成共识。因为世界是运动变化的，而且每一个人的认知经验都存在差异，在认识世界的过程中我们不需要也很难达成共识。我们对事物的认识是一个不断接近其本质的过程，而认识事物本质有利于我们更好地改变世界。当我们用认知来改造世界的时候，认知应该与这个时代以及这个时代的大多数人达成共识。所以，从改造世界的角度来看，我们需要达成共识。

在“你看到了什么?”这个问题上，从具体情况及相对时空来说我们是能达成共识的。比如老师在黑板上用粉笔画的图形，很多同学都认为它大致是一个三角形，这样同学们就在一定程度上达成了共识。这是因为相对于老师，问题的解答者，我们是在大致相同的教育背景下成长的；我们对于黑板上的事物有着大致相似的经验从而会得出大致相似的认知，也就是共识。但打破时空，在一定程度上就很难达成共识。因为我们的经验认知会随着时间而发生改变，且随空间改变而产生其他认识，也会与认知经验不同的人产生不同的认识，所以很难达成共识。但当我们着眼于事物本质时，几乎大部分人都能达成共识。

我认为达成共识有两种方法，第一个方法就是对问题加上限制条件，让问题无限缩小，这样我们可在最狭小的层次达成共识。另一个方法是无限延伸与扩大，我们对问题的认识不能只停留在问题上，要以抽象思维，打破时空限制，使问题以无限的可能性与成长性，从而找到对问题抽象唯一的认知，这时人们对这个问题的认识便能达成共识。

学生 14：我觉得应该达成共识。“看”是对客观存在的一种反映，这种反映须正确才有效，而一定条件下往往只有一种反映是客观的、正确的。得到正确的认识是我们要达成的共识，所以我们需要达成共识。

对一个事物形成共识是可以做到的，但这种共识对不同群体是不一样的。比如，针对黑板上的图形，在画家看来是金字塔，在数学家看来可能是三角形，达成共识的过程往往会受到个体主观性的影响，共识应该是在克服这种主观性基础上得出的。

达成共识需要遵循一定的规则，这种规则不是出于限制的目的，而是指导人如何来“看”。首先要立足于历史社会的客观条件，其次是要克服人的主观性的干扰。不能带有立场来“看”，要不断反思，在反思中充分发挥主观能动性。

学生 15：一方面，一千个读者就有一千个哈姆雷特，所以在这个问题上大家不必要达成共识，每个人都有自己独特的见解。另一方面，问题不仅仅是问题本身，它还可能是一种象征，为接下来的讨论起铺垫作用。所以，如果要进一步研究这个话题，同学们需要达成某种共识，以便为深入探讨问题提供前提条件，实际上达成共识也是妥协和契约精神的体现。

我认为同学们是可以达成共识的。有三种情况：一是本身就有这种想法的同学，一是半信半疑有所保留但接受共识的同学，还有一种是持相反意见但出于契约精神而接受共识的同学。至于达成何种意义上的共识，我认为是一种“求同存异”的状态。

可以将问题限制在一定学科背景条件下，如限制为几何领域，则同学们就会从图形的角度来讨论问题并最终达成共识。其次，可以将大家的意见汇总为几个主要观点，再投票决定，少数服从多数。虽然这种方法不尽合理，但也不失为一种高效的手段。再者，可以将大家划分为几大阵营，相互辩论并说服对方，直到得出结论，这种方法较翔实但费时费力。

学生 16：我认为需要达成共识的问题是具有一定公共性和原则性的问题，如考试需要标准答案，国家需要法律，社会需要道德，没有共识会使我们的生活无序且失德。在我认为，“看到了什么?”这一问题不需达成共识但可以达成共识。需不需要与可不可以之间并不矛盾。在无其他条件限制时，无论什么答案都有一定的合理性，其他同学可以接受也可以不接受，毕竟这只是在讨论而非决定；讨论中如果所有人都给出相同的答案，讨论就失去了意义，所以无须形成共识。当对该问题进行“在数学考试中”的条件限定时，我们可以达成“等边三角形”的共识，且只能得出“等边三角形”的答案，此时我们需要且只能形成共识。但听了其他同学认为需要达成共识的观点，似乎也很有道理。于是，不禁有疑问：认为“不需要达成共识”和“需要达成共识”的同学需要达成共识吗?

学生17：我认为在这个问题上不需要达成共识。关于“你看到了什么?”，除了存在于黑板上的客观事物，每个人的感官能力不同、认知方式不同、表述方法也不同。这些都是影响我们回答这个问题的主观因素，我们不应该、也不需要追求在这个问题上达成共识。

我认为同学们在这个问题上能达到一定范围内的共识，即相同或相近教育背景下的共识。若大家有较为相似的教育成长环境，那么大家在认知方式与表述方法上的主观差异就相对较小，就能在这个范围内达成一定的共识。比如，许多同学都回答看到了“三角形”。我认为这种共识是“思维定势”下的一种共识，而不是经过多角度思考后的共识。如果给同学们更多的思考时间，这种简单的“思维定势”式共识就会少很多。

我认为可以通过规定角度、范围，增加条件等方式来缩小同学们的思考范围，从而达成一定程度上的共识。当然也可以通过思辨讨论的方式，以理服人，让对方在主观上认同自己的认知与表述。

学生18：仔细思考第一个问题，我突然觉得“达成共识”跟“需要”两个字有很紧密的关系。我首先想到的是作为“看”这一动作主体的我们的需要，我们的需要不仅仅是回答老师所提出的“你看到了什么?”这一问题，还有就是得到肯定的需要。我们所需要的肯定最好来自这一问题的发布者，也可以是“我们”当中除我之外的回答者。不论答案对错，只要得到别人的肯定便是一种安慰，这种肯定从思想意见延伸到个人价值。所以，从被问主体渴望意见以及价值得到肯定这一需要来看，我们需要达成共识。其次，我认为，抛却那些看起来比较感性的需要，应该还存在较为理性的需要，比如达成共识以增进认知、拓宽眼界、丰富理论……另外，就是提问者的需要，提问者提出“你看到了什么?”这一问题时，存在有对这一问题的理想回答、理想共识，这可以看作是提问者的需要。这一需要被满足之后，才能更深入地探讨，思考接下来的问题。所以，从这一需要来看，我们也应该达成共识。

对于第二个问题，我的回答是当然能。首先，同学们对回答“你看到了什么?”这一问题所依据图形的认知就是建立在共识之上的，还有同学们在认知能力、认知水平、思考方法甚至是回答问题的方式及心态都存有一定的相似性。此外，我们在第一个问题的“需要”上存有共性。综上，我认为我们能够达成共识。至于什么样的共识，从同学们对这一问题的回答就可以看出，达成的共识是浅层次的，是在之前已有的共识基础上浅层次的共识。只是简单、机械的经验的共识，并没有对问题本身和图形本身做出应有的思考和分析，是经验认知的重复。

如何达成共识？要正视自己的“需要”：回答问题的需要、得到肯定的需要、满足理性的需要、提问者的需要。其次，要在已有的共识基础上建立新的所需要的知识体系、思考方式，对问题进行尽可能全面、深入的思考。要注重意见的交互，相互影响，而不是相互敌对；注重理解、包容，而不是强加、替代。

学生 19：同学们在“看到了什么?”问题上并不需要达成共识。就这个问题的回答，每一位同学都可以畅所欲言自由发挥，每位同学回答问题的出发点并非基于维护班级集体意识的前提，而是作为一个相对独立的个体的思考和判断。众所周知，个体与个体之间存在差异性，一棵树上不存在两片完全相同的树叶。因此，从这个问题的出发点来看，本身就是为了开放和活跃同学们的个体思维，并不需要苛求一致、达成共识。

在提问者（老师）对于问题的回答没有限制的情况下，对于问题的回答并不需要达成共识；但是不需要并不代表不可能，也就是说对于这个问题在需要达成共识的情况下，提问者需要做的就是加上限制条件以及思维引导。比如，提示大家从几何角度进行回答，在这种情况下达成共识是理性层面意义上的共识而并不是通过感官获得的感性认识。

基于以上我们可以得知，在感性认识层面，每个个体的认识并不能达成共识；如果需要达成共识，就必须对问题的回答给予限制和引导，引导同学们通过逻辑思维进行严密论证。比如从几何学角度对黑板上的图形是否为三角形进行推论证明。当然这种理性思维能力是建立在大家多年的学习经验及公认的定理之上，只有通过统一、既定、公认的规则，才能引导大家通过理性思考达成共识。我觉得达成共识最有效的手段是交流，当然这个过程有时会相对艰难。

学生 20：我觉得在回答“你看到了什么?”问题上并不需要达成共识。因为思维是多角度的，人和人官能上的差异很大。“百花齐放，百家争鸣”，才能够让一个社会保持活力。

虽然在“你看到了什么?”这个问题上没有必要达成共识，但是我认为在这个问题上是可以达成共识的。这个共识可以是浅层次的，也可以是深度的，甚至是对事物本质的共识。

个人觉得达成共识需要深入交流、探讨和追问，最后形成共识。

学生 21：我认为，在“你看到了什么?”问题上，同学们不需要对看到某个具体的“相”达成共识，也就是不需要对黑板上画的图形到底是一个三角形还是一个希腊字母达成共识。但是需要对老师在黑板上画图到发布作业并讨论整个行为达成一定的共识。

分析需不需要达成共识这个问题，首先需要考虑“你看到了什么?”这个问题提出的背景、提问者的意图，以及问题回答者的身份。因为这个问题是在西方哲学史导论课上提出的，并且所画之物并不是西方哲学的一个专业符号或者术语，所以不同于在一节数学课上或者其他情境，同学们需要对老师所画的具体“相”达成共识。在西方哲学史导论课上老师所画的这个具体“相”是手段而非目的。这就涉及提问者的意图了，老师画“相”并提问的行为是一种启发性教学行为。提出“你看到了什么?”这个问题，首先在于引导同学们反观自身的思维过程，打破常规思维，指引同学们通过对惯性思维的反思，重新认识由“看”这个行为得出某种结论，所经历的感觉、知觉、判断、推理这样一个从感性认识到理性认识的认知过程。因为同学们是第一次上西方哲学史这门课，思维能力和学识水平有限。这个问题可以启示同学们去追问生活中习以为常的现象、不言自明的观点，培养同学们思维能力和概括表述能力。

同学们不需要对具体看到什么“相”达成共识，因为在这个问题上，对“相”的共识不是目的，对“相”的共识也不利于同学们思维的发散。正是同学们对“相”的不成共识，才有了同学们对于此问题精彩纷呈的回答，反映了大家在思维、学识水平、学习态度和表达能力等方面的主体差异性。但是同学们需要对老师这一行为意义达成一定的共识——即老师的行为不是为了考查同学们是不是认识三角形，而是着眼于西方哲学史课程教学意义。如果没有对老师的行为意义达成共识，一是同学们的回答不能很好地向哲学式思考进行发散；二是同学们不能从老师的这一行为和问题中有所收获；三是同学们可能还对老师的行为存在误解。如果同学们没有对老师的行为意义达成一定的共识，老师提出这个问题的目的也就难以实现，也就难以引领同学们进入西方哲学的殿堂。

那么同学们在“你看到什么？”这个问题上，如何才能达成共识呢？这里分两种情况进行分析。第一种情况是达成对“相”的共识，第二种情况是达成对老师行为和问题意义的共识。

在达成第一种共识中，需要对问题设置前提条件，为问题的讨论设定规则，并需要同学们在某方面有共同的知识能力基础。例如，问题加上这样的限定：“从平面几何理论角度，假设所画的是一个由三条长度相同的线段构成的封闭图形，你看到了什么？”这样，接受过基础数学教育，具有几何图形识别能力，了解三角形构成和分类规则的同学，就可以很容易达成“看到一个等边三角形”的共识。而要达成第二种共识，需要设定特定的情境、讨论规则，同时需要同学们具有一定学识和能力水平。即要设定这是在西方哲学史课堂上这一情境，需要同学们运用发散思维和自我追问的方式，并且需要同学们具有一定的自我表达能力、反思能力，以及有关教育学基础知识和识别教育教学现象的能力——才能达成对“你看到什么？”这个问题和行为意义的共识。

学生 22：是否需要达成共识的问题涉及探讨者的实际利益，如人身、财产安全问题。相应的，一个问题能否达成共识的决定性因素在于探讨者们是否存在根本性利益冲突。正如“你看到了什么?”这一问题是基于课堂学习的自由探讨，即使同学们给出的回答不同，也不能称其为冲突。另一个值得思考的问题是许多问题在专业领域内已经达成共识，但社会大众对其仍停留在旧有的认识上，达成共识者的范围应是什么？共识是否需要被普及?

学生23：我认为是否需要达成共识需要分情况讨论。如果是一次对成员的考核，或者是一次严肃的科学讨论，讨论达成的共识是作为下一步科学实验的前提和依据，那么我们就应该尽可能地达成共识。如果仅是一次哲学式讨论或主观性交流，就没必要达成共识，因为这种讨论的最大意义在于交流的过程而不在于交流的结果。通过交流，我们发现不同的观点和依据以及论证过程。交流有利于大家互相借鉴，同时也让我们认识到这个世界还存在与我们想法不同的人，这就是交流的意义。从这个角度看，是否达成共识就不重要了。

达成共识的前提是有一个标准和前提，我们可以在公认的一种标准和前提下达成共识。比如针对这个讨论，如果我们把标准定为数学中的平面几何问题，则可以达成它是个三角形的共识。针对不同的标准和前提，我们会达成不一样的共识。因此，首先要制定一个准确、完备的大家都接受的规则和前提；其次，需要每个讨论者在讨论过程中做出一定程度的妥协；最后，整个讨论是一个思维发散到收敛简化的过程。

第三章

亚里士多德哲学导读

德性是一种选择的习惯，它是相当于我们而言的中道，被实践智慧的理性所规定。

——亚里士多德

亚里士多德提出很多概念，对后来许多哲学流派都有很大的影响。今天读胡塞尔、海德格尔、尼采等人的著作，其中一个线索大家都比较清楚：总是追溯到古希腊哲学源头，但不按照传统的框架去分析评价古希腊哲学。因此，亚里士多德作为集大成者对他之前古希腊哲学的分析评价框架，以及他自己的哲学范式，总是成为现代西方哲学家“活出”各自“道路”的第一选择。“海德格尔同哲学史的关系就在于将希腊的开端与跟随它而来的传统相互对立起来。”① 尼采二十几岁出任瑞士巴塞尔大学古典文化学教授。尼采所谓的古典文化，也包括古希腊文化。尼采把亚里士多德与柏拉图、苏格拉底等量齐观，从而力图把握古希腊理性哲学兴起之前的古代文化脉搏。他把亚里士多德作为近代哲学，特别是黑格尔哲学形成的思想源头，让亚里士多德为哲学理性掩盖生命意志的思想传统负责。由此，亚里士多德成为西方哲学古今之争的一个节点。

① Jacques Taminiaux（比利时鲁汶大学教授）．列维纳斯与海德格尔——接近现象学诸论题的一条后海德格尔道路［C］//列维纳斯的世纪或他者的命运——“杭州列维纳斯国际学术研讨会”论文集，北京：中国人民大学出版社，2008：11.

一、历史批判法

亚里士多德提出求知是人的本性，哲学原意是爱智慧，求知便是爱智慧的体现，所以哲学根植于人的本性。不管哲学有没有用，人都离不开哲学。亚里士多德提出了哲学本性以及我们研究哲学的目的是什么的问题。他的答案是：研究哲学是为了求知，不是为了实用。

亚里士多德提出哲学不是生产哲学。人们因为诧异而研究哲学，人们之所以感到诧异是因为无知，所以哲学是为摆脱无知而存在。亚里士多德认为哲学是唯一的一门自由学问，因为它只是为了它自己而存在。而人存在却受到很多主客观条件的限制，要让思想和行为少一点盲目，多一点理性，就应该自觉研究哲学。哲学价值在于求知，不是为了实用，但亚里士多德并没有否认哲学与生产实用之学的联系。他认为只有在生活福利所必需的东西有保障的时候，人们才开始寻求这类知识。生产的发展为人们提供了必需品和闲暇时间，哲学才得以产生，说明哲学是以生产实用活动为前提的。亚里士多德说研究哲学是为了求知，而不是为了实用。这里的“实用”是指工具上的实用。亚里士多德这里认为哲学是不应该当工具来使用的。西方哲学在这一历史阶段基于对宇宙万物好奇而求知的传统，是一种为求真理而求知的理想主义精神。而后一些哲学家开始寻求哲学的实用性，特别是在工具理性和科学主义盛行的近代。牢记“研究哲学是为了求知，不是为了实用”可避免哲学研究误入歧途。哲学的学术研究应尽可能为求知而研究。

由此可以归纳为以下两点：其一，生产实用性知识是哲学产生的必要条件。亚里士多德提出只有在生活福利所必需的东西有保障的时候，人们才开始寻求这类知识，这应该理解成生产实用知识是哲学研究的必要条件之一。亚里士多德认为哲学神是不需要依赖其他东西的，生产性知识不能成为影响哲学神的条件。亚里士多德提出这个观点，是因为亚里士多德不只重视思辨的探讨，更重视对经验的探讨。其二，哲学对生产实用知识的指导。哲学虽然不是为生产实用知识而产生，但哲学研究最终要达到哲学神的目的，哲学神给予了秩序的信念，明了秩序是否能带来实践效益。生产实用性知识是要以对宇宙自然整体看法为基础的，如酿酒工艺、医学治疗都要以自然科学甚至哲学为基础的，而研究这些最终都是要涉及哲学神的。所以亚里士多德虽没有明确提出哲学能带来实践效益，但从文本上分析可说哲学为生产实践提供了指导。

马克思主义哲学中的形而上学与亚里士多德哲学中的形而上学是否是同一个概念？在马克思看来，形而上学是一种方法论。马克思引用黑格尔对形而上学所做的解释。黑格尔认为以前的哲学家没有认识到理性本原的变化，黑格尔认为理性本身也是在历史中不断变化的，所以他提出三个精神阶段：主观精神、客观精神、绝对精神；在此认识的基础上，提出辩证法。马克思将这个观念应用到对近代机械唯物唯物主义的批判。而在亚里士多德那里，形而上学指的是纯哲学，第一哲学。所以两者所指的形而上学有特指含义。亚里士多德的《形而上学》是奠定西方哲学的重要著作，它提出了哲学中的重要问题，如他所提出的“存在”“实体”等，奠定了西方哲学史的基本问题意识。

亚里士多德的方法论，其中一个是历史批判法：对前人研究的批判与继承。这里的思想体现了亚里士多德对柏拉图的批判、继承和发展。亚里士多德从柏拉图派证明理念存在角度出发，认为他们证明“理念”存在的方法不具有说服力。原因在于按照柏拉图派，无论是存在的事物还是不存在的事物都有理念与之对应，科学存在中被消灭或被否定的东西皆有理念与之对应；而这些在亚里士多德看来，都是不科学的。理念说与它本身的原则已经发生了冲突，产生了矛盾，特别是“分有理念”最不科学。他提出“理念”不是事物实质，也不能帮助人们更好地认识事物。亚里士多德还通过种属关系得出了一个结论：事物不必通过理念而存在。而且事物拥有多种“形式”和“模型”，“理念”同事物无法一一对应，就是说理念不是事物存在的根本原因。

亚里士多德在否定了“形式”后建立了新的体系，所以亚里士多德的解构是一个积极的解构。他的“批判”不是通常意义上的“批评”，不仅有“破”，也有“立”，这为后世学术规范所借鉴。亚里士多德在“立”时，很多时候借鉴前人的观点，如他借鉴了巴门尼德的说法。在柏拉图对话录中，作为苏格拉底对手性的人物往往是作为背景存在的，最后他们往往是同意苏格拉底的。亚里士多德从这些背景中看出了柏拉图自身思想的差异，以柏拉图背景性思想来反驳“理念论”本身。

亚里士多德指出柏拉图他们说明“理念”和具体事物的关系时，实际上“理念”是不能用来说明具体事物的，对于我们认识具体事物没有什么帮助。这里要提到思想史上对柏拉图很欣赏的一种学说：数学。我们把一支粉笔一分为二，能说这个“二”是粉笔的某种元素吗？亚里士多德指出用“元素说”来论证具体事物与理念的关系，是不能自圆其说且没有意义的。说理念“二”是具体事物的某种元素时，“二”这个理念什么时候进入了具体事物？再按照柏拉图的看法，“白色”是粉笔的“理念”，亚里士多德怀疑的就是“白色”是不是粉笔的元素。如果说是粉笔的元素，那么它是什么时候进入这支粉笔的，“白色”和具体事物之间有什么样的关系？把“二”“白色”或其他一些偶然理念说成是具体事物的“元素”是不合理的。

通过分析，可以看出亚里士多德对前人的“破”，那为何又说他同时在“立”呢？反驳时，一方面亚里士多德用前人的思想，让前人的思想相对，如让柏拉图和巴门尼德的思想相对，看似背景性思想其实很有价值；另一方面在批判过程中，探讨个别事物应该如何认识，亚里士多德想提供一种“完备性”，即哲学对于事物的认识要完备，这是亚里士多德“立”的方面。而柏拉图他们却是将偶然性例子归结于一般本质性结论。例如，柏拉图的“洞穴比喻”，从文学意象上来说似有道理，但是这个文学意象需要深入下去。亚里士多德采用论著形式而不是对话式，并提出“逻辑学”和实体上的三种优先。亚里士多德是想说明哲学是完备的关于事物原则、原理的认识。之前哲学史上没有做到的是亚里士多德提出了“逻辑学”，认为哲学是一种完备的认识事物的方法。亚里士多德的“哲学神”已经不同于柏拉图那里的古希腊神话中神的定义。他把“哲学神”当作一种目的，“哲学神”无法定义只能说明。

认识事物就是要去研究其原因。亚里士多德认为如果没掌握一件事物的根本原因，是不能认识事物的。“原因”这个词，是从四个意义上说的，即平常我们理解的“四因”：目的因、形式因、质料因、动力因。如他所说，雕刻术和铜就是雕像的原因，只是一个是动力因，一个是质料因而已。亚里士多德还认为原因作用的方式多种多样，一般要从多种意义上去使用原因。一个原因可以比一个原因更能展现事物的另一方面。也就是说，所有原因都包括固有和偶然原因，他把这些原因都归结起来，可以从潜能和现实两方面来说。如一座正在建筑中的房子，从潜能上看，它的原因是房屋建造者；而从现实上看是正在建筑的房屋建造者。二者的差别在于：从潜能原因上看，房屋和房屋建造者不能同时消失，而现实原因则是他们可以同时消失。也就是说当正在进行房屋建造的房屋建造者完成了房屋建造后就不存在了。认为考查一件事物的原因一定是要寻找最精确、最占先的原因：四因。既然事物有四种原因，那么哲学家在认识事物时就要去寻找这四种原因。

亚里士多德利用四因说，主要展现了自然哲学，也就是他的物理学基本思想。他认为具体科学和哲学是一脉相承的，物理学也是一种智慧，但不是头等智慧。哲学对物理科学是指导性的，不能说物理科学高于哲学。亚里士多德提出在逻辑学上研究实体的具体方法是三段论，即大前提、小前提、结论的格式推理方法。他提出了区分实体与范畴的概念性东西，实体依附于实体存在，而实体是不依赖于属性独立地存在。亚里士多德认为实体在定义上、认识程序上、时间上都在先，如何理解？举个例子，“一张白色的桌子”，依照亚里士多德的观点来看，就会认为桌子是在先，白色是在后的；但日常白色和桌子是一同被感知的。

众所周知，亚里士多德的“有”可以理解为存在，这个“有”用英语“being”来理解更好，把“有”理解为存在只是一个方面。他用的这个“有”是指“中心点”。对于“有”的东西与一个中心点的关系，就要说到亚里士多德如何发现实体。在他看来我们只能通过命题或语言方式考查，在他的考查中有一个“中心点”。这个中心点是“有”，我们说是“是其所是”。其实亚里士多德探究这个问题所用的方法和柏拉图有很大相似性。亚里士多德在《形而上学》中说到“健康”，其他与健康发生关系的东西如“健康的人”

“健身操”等都与健康有关。

亚里士多德用“健康”来比喻，既然有一门科学专门研究所有健康的东西，那么哲学也有个中心点，哲学是研究“有”本身。亚里士多德通过一个命名方式来探讨事物的关系，发现有一个中心概念。既然有这样一个中心概念，就应存在一个中心的“有”，“实体”就是“中心点”。亚里士多德在这里成功地把柏拉图的理念论转化成了实体论。

亚里士多德也有思想上的挣扎。这个挣扎体现在哪里？体现在文本中的“什么”。“什么”指的是第二实体，就是那个“属”。例如，“张三是人”，“人”就是属，“张三”是个别事物。这里存在“第一实体”和“第二实体”之间的张力。这里需要考虑一个问题：“第二实体”或者“属性”是不是相较于“第一实体”来说，“三个优先”都满足？我们举一个例子“这是一双白色的鞋子”，按照亚里士多德的看法，这里的“第二实体”是“鞋”，“白色”是“属性”。“这一双白鞋”，是“第一实体”。时间上优先未必定义上优先。但亚里士多德提出，在定义上实体也占第一位，因为每样东西的定义中都必须出现它的实体定义。亚里士多德所说的“优先”有时是指“第一实体优先”，有时说的是“第二实体优先”，所以说亚里士多德也是挣扎的。当他说“定义上优先”往往说的是“第二实体”，“时间上优先”很多时候指的是“第一实体”。

白色无法独立，我们看到的白色其实是一种物体呈现出来的状态。我们想象不出独立的白色。我们想象白色时总是要结合具体事物，总要结合第一实体“这个”。那么白色的含义是否是清晰的，白色是什么？因为从小就被教育，说粉笔白色的。一支粉笔所呈现出来的是白色属性，我们就有一个明确的定义，说它是白色的。如果我们能对白色下定义，按照亚里士多德的理论，那白色就是“第一实体”。没有对白色下过定义，我们却能判断这是白色，为什么？我们也可以说它是“红色的”，因为没有人对它下过定义，我们就可以说它是红色。白色从存在角度，是不可能独立的，也是很能下定义的。那么我们为什么知道它是“白色”，在柏拉图和亚里士多德那里都没能得到解释。当代哲学解释说白色的含义是不能通过定义法得知，只能通过一种直观呈现“白”。这是当代的本质直观方法对亚里士多德形式实体方法论的替代。

亚里士多德的历史批判法为后世的哲学史方法提供了重要参考。在哲学发展史上，前人否决了一些方法，留下了很多岔路口，后来者只能从岔路口出发。

二、“形上之道”学

亚里士多德在“物理学”条目下所做的研究和概述，属于大量总结前人哲学家的思想，特别是今天我们所评论的朴素唯物主义思想，被归结于所谓的“自然哲学”，就是物理学基础理论的问题。用一种或多种元素来解释世界的生产与变化，最终都可以归属于这种哲学。但亚里士多德所谓的“形而上学”，只有少数在他之前的古希腊哲学家有所涉及。

马克思的博士论文是有关德谟克利特的原子论在伊壁鸠鲁那里的变化。因为伊壁鸠鲁对德谟克利特的原子论有新的研究，提出了原子偏斜说。马克思能够理解并且运用古希腊哲学思想，早年的文法学校的教育使他可以直接阅读古希腊语文本。

“形而上学”在亚里士多德那里是指第一哲学，纯粹哲学。但这个词在马克思哲学中的用法和含义发生了变化，这种变化与马克思所接受的黑格尔哲学影响有关。黑格尔认为之前的近代哲学家致力于从理性中寻找“不变的精神原则”，不懂得理性自身也有历史性展开过程，不理解精神本原自身也在变化和运动。简单地说，之前的哲学家在理性中追求永恒的本原或形式，容易把理性当作某种静态的固化的东西看待，或者把理性当作某种神秘的思想避难所；而黑格尔则认为理性自身也是历史运动的，哲学要描述理性的历史，从中展现绝对精神的自我运动历程。所以，黑格尔把他之前的那些静态、孤立、片面地看待理性的哲学家视为“形而上学”思想家；而他自己的哲学则是辩证、历史的哲学，虽然在马克思哲学看来其仍旧在唯心主义的窠臼中。

笛卡尔认为属于理性的应该是清楚明白的，确定无疑的，所以主体通过理性追求知识的确定性存在。黑格尔则认为确定性存在应该是在历史中展开的。在黑格尔眼里，笛卡尔是用不变的眼光看待理性，试图在理性中发现某种确定无疑的存在。在黑格尔看来，“形而上学”被用来批判在他之前的近代哲学家看待理性的静止、孤立、片面的视角。在马克思那里，“形而上学”作为一种方法论，被运用于对旧唯物主义的批判。马克思特别用“形而上学”这个词来称呼法国启蒙哲学中的唯物主义思想和费尔巴哈的唯物主义思想，即近代机械唯物主义。

回顾“形而上学”一词在哲学史上的运用过程，可以更清晰地理解亚里士多德的被后世赋予“形而上学”名称的第一哲学的学科性质和思想特质：研究最高的存在。

现在人们去读西方的思想家著作，很少有把形而上学当作方法论。一定要注意，反而是“形而上者，谓之道”的中文译文能够在一定程度上反映出亚里士多德讨论的形而上学问题“第一哲学”用法：道，超越于形，而存在。第一哲学相对于物理学而言，研究的对象不是普通的有形的具体事物，而是在此之上的事物。“第一哲学”因此而具有纯哲学意味。所以，中文翻译“Metaphysics”为“形而上学”的思想背景一定不是马克思或者黑格尔哲学，而主要是西方哲学史上如同亚里士多德这样的研究“形上之道”的第一哲学。

《西方哲学史》在当代中国改革开放之初实际上起到了一种人文学科奠基的作用。那些主编“西方哲学”丛书的青年知识分子一时成为学界领袖，其原因在于西方哲学能够为我国长期停滞或者缺位的现代社会科学提供最基本的方法论和概念体系。从这个意义上来说，作为西方哲学史的骨干之一的“形而上学”确实在某种程度上，起到了“第一哲学”的作用。当然，随着对外开放的深入，这样的情形逐渐改变，以这种学科“领袖”或者“桂冠”的方式君临知识界，就显得不合时宜，自然遭到抵制。在21世纪的中国，“第一哲学”变得谦虚了，收缩回它本身的专门领域。回望更远的历史，“第一哲学”的这种轮回遭遇符合其本身的性质：追求“形上之道”。

三、实体的“优先”

亚里士多德的“形上之道”主要围绕存在问题，特别是“实体”而展开。所谓实体，简单地说，是指存在不依赖于其他事物的事物。实体相对于其他属性或者事物具有三个方面的优先：时间上优先、定义上优先、认识顺序上优先。“三个优先”相对于“实体”究竟能发挥怎样的标识性作用?

以马克思主义基本原理物质决定意识为例。很多初学者在理解这条原理的时候，一直坚持：如果在史前地质“考古”意义上能够有效地证明“物质在产生时间顺序上先于意识”，就能为“物质决定意识”提供一个强有力的论据。很多人认为要用考古学的证据来说明“物质决定意识”，有了考古学的证明，“物质决定意识”就自然而然。确实，这条路径很容易适应我们接受的现代科学训练，“物质先于意识而产生”在现代科学中似乎成为不证自明的铁的事实。很多人会自然地描述：宇宙先有无生命的物质，接着产生有生命的物质；从简单的反应刺激，逐步发展到植物的生命感应、动物的心理活动，最终发展到人的意识。在受过良好的自然科学训练的人看来，这是一个当然的历史顺序，体现了物质相对于意识的“时间上的优先”。然而，稍加反思，我们就应该意识到：上述自然而然的“史前考古”描述，其实是截取了当下宇宙的无生命物质、植物、动物、人的特性，将当下宇宙一时性的横向结构当作宇宙历史发展的纵向序列。进一步，如果我们联系到亚里士多德实体的“三个优先”思想，立刻就能感觉到“物质先于意识而产生”与“物质决定意识”二者之间的逻辑跳跃性：时间的优先未必充分地说明实体意义上的优先。对照亚里士多德关于实体的“三个优先”思想，非常有助于我们充分理解马克思主义哲学中“物质决定意识”的多层次丰富内涵；而不要对之进行简单的、常识性、不合理的理解。

“时间上的优先”未必能够产生“定义上优先”“认识顺序上优先”；“时间上的优先”不能有效论证实体意义上“优先”或“决定”。这里要提示一点，“决定”的意味很丰富，其中之一就是认识顺序的含义：认识“物质”构成认识“意识”的前提性根据。这无疑与“物质先于意识而产生”非常不同。

西方哲学史上的唯心主义哲学家，为何会提出“意识决定物质”的主张？看似很荒诞，嘴巴动一动，要什么就有什么，想一想就违反科学常识。既然这么荒诞不经，西方哲学史上的唯心论为什么还层出不穷？那些唯心主义哲学家究竟出于什么样的考虑？“意识决定物质”是否类似上帝创世？

根据“时间上优先”与“认识上优先”的区分，我们能够理性地分辨那些唯心论断的本意，大多并不是指“时间上优先”，而是指“认识顺序上优先”。贝克莱背对牛津大学校园里的一棵树，这棵树对于贝克莱而言就不存在。这样的案例究竟要说明什么呢？不外乎是彻底经验论。如果“这棵树”不进入我的经验世界，“我”是不能在认识上确然地断定“这里有棵树”，赤裸裸的唯心主义。但是要在“认识上优先”层次上反驳它，也需要颇费心思才能做到。这说明，亚里士多德实体“三个优先”中的“两个优先”对于理解实体意义上哲学思想和哲学问题很有启发性。“三个优先”中的第三个“定义上优先”涉及逻辑学上的命题形式，在此不再多叙。

四、形式哲学“神”

关于亚里士多德的形而上学，质料与形式的学说，值得进一步解读。关于质料与形式，可以举例：一个单词，由几个音节构成；音节是质料，按照一定方式把音节组合起来的单词是形式。还可以举例：一个音节由几个字母构成；字母是质料，按照一定方式把字母组合起来的音节是形式。这两个例子很好地说明：第一，亚里士多德质料与形式的学说，存在无限递进上升的情形；第二，亚里士多德的质料与形式，不局限于说明有形物，像音节这样的无形物也适用。所以，我们并不能把“质料”与今天的“物质”概念简单等同。要清楚，对无形物也适用的形式与质料学说必然要走向“纯形式”，走向“哲学神”

亚里士多德的“形式”究竟是什么？为什么说他提出“纯形式”是必然的？对于亚里士多德来说，从存在论上说，他的“质料与形式”思想说到底就是“潜能与现实”的无穷递进的运动。但在认识论上，亚里士多德之所以能够把“形式”拎出来，借助的是对事物的分类能力。分类的前提是区分。很多时候，形式是在对事物进行划分之后才能明确。当我们说“人是理性的动物”，意味着把人从一般的动物中区分出来；当我们说动物有感性灵魂的时候，就把动物从一般的生物中区分出来，因为在亚氏知识体系中，植物的知觉能力仅仅表现于消化繁殖。所以，区分是从类和属中区分出个别性来。从质料到形式，由个别性进而说明类属事物的构成，这是亚里士多德的早期思路。后期亚里士多德的存在论发展为“本质论”，即主张：先有“纯形式”，后纯形式“分化”为具体事物。尽管亚里士多德的这种学说的不完善性是不可否认的，但并不掩盖他的实体学说的丰富性：形式在内容上统摄了质料，“哲学神”是洞悉一切细节的整体本身。植物的灵魂是最普遍的属，进而从植物的属中区分出动物，再从动物中区分出人。但这种依次区分的顺序只是为“形而上学”做准备自然科学意义上才成立的顺序。从实体存在论角度来说，人显然要统摄动物和植物，或者用我们熟悉的“决定论”话语：人的存在要“决定”动物和植物的存在。这是亚里士多德后期的目的论思路：动物、植物为了人的存在而存在。

如同我们在黑板上先画出一个正方形，然后把这个正方形划分为九个小格。从方便教学的角度来看，用小格来说明正方形是比较适宜的顺序；但晚期亚里士多德的目的论思想代表了另一个方向：正方形作为整体，作为形式，它是小格之所以成为小格的前提，是包含统摄每一个质料小格的形式整体。对于亚里士多德来说，他之所以能够游刃于自然科学和哲学之间进行认识路径与存在路径的自由变更，是由于他具备他之前的哲学家所不具备的条件：他与马其顿王室的关系以及亚历山大的征服行动，为他准备了诸多得天独厚的条件。他的学生马其顿帝国的亚历山大大帝每征服一个地方，就把该处的动植物标本以及其他研究素材运回雅典，供他的老师研究。他能够做出很多自然科学意义上的事物分类的一个前提是，他已经对具体事物的特殊性有所了解。这样他的“形式”就不是空洞之物，而是可以在内容上包含质料的整体。

有关“形式和质料”学说的解读，有助于理解亚里士多德从早期的“第一实体是具体事物”，走向最终的“最高实体是纯形式”的思想历程。“最高实体”是“第一实体”的升华和深化，最初的第一实体仅仅是在逻辑句法上探讨出来的。例如，我们可以说，“柏拉图是帅气的”“柏拉图是健壮的”“柏拉图是勇敢的”。按照亚里士多德的早期逻辑句法的探讨方式，柏拉图是一个具体的事物，帅气的、健壮的、勇敢的则是属性类语词，在“是”这个系动词之前是主语，之后是谓语，谓语是加诸主语之上的，这样的谓语还可以继续加上去；但如果拿掉主语，则不知所云了。在这种典型的“是”联结的逻辑语句中，主语的地位被凸显出来了。我们只能承认主语所指代的具体事物是谓语所指代的属性的基质，属性依附于具体事物，具体事物是第一实体。这样的逻辑句法可以采用另外的方式游戏一次：“哲学家是智慧的”“哲学家是自律的”“哲学家是孤独的”，“哲学家”作为主语被加诸“智慧的”“自律的”“孤独的”这样的属性。因此，哲学家是第二实体。这里的“第一”和“第二”的区分是，我们可以再次进行类似的逻辑句法游戏：“柏拉图是哲学家”，反过来则不成立。“哲学家是柏拉图”违反了“是”这个系动词所提供的游戏规则。所有加诸“哲学家”的属性“智慧的”“自律的”“孤独的”，都可以传递性地加诸“柏拉图”；而“帅气的”“健壮的”“勇敢的”三个属性任意一个加诸“哲学家”都可能是非法的游戏方式。从这个意义上可以说，“柏拉图”这个具体事物是第一实体，“哲学家”这样的类属事物是第二实体。

为什么亚里士多德后期要修正上述第一实体和第二实体学说？问题的关键在于，以“是”系动词为核心的逻辑句法游戏还可以继续进行下去。如果让柏拉图自己来挑选，他会认为“柏拉图是哲学家”这个句法非常不同于“柏拉图是帅气的”“柏拉图是健壮的”“柏拉图是勇敢的”。“柏拉图是哲学家”似乎更能够凸“柏拉图”的根本性。“柏拉图是哲学家”在所有以“柏拉图”为主语的句法中具有独一无二性，它似乎指向了一种定义“柏拉图”的方式：将“柏拉图”从无数个具体的人中区分出来，特定对应的“第二实体”提供了“第一实体”的形式本质。按照这个思路，就是上文所解读的质料与形式学说：形式是统摄了质料特殊性的普遍性整体，哲学神是最高实体。

亚里士多德哲学要明晰的宇宙如同大柜子，这个大柜子可以划分为无数个细小的小抽屉。宇宙万事万物之所以能够分门别类地归属于小抽屉中，最根本的原因在于大柜子本身。这个柜子立在那里，并不是一个混沌一体、无所区分的立体物，而是包含了无数小抽屉的立体物。这样的立体物，之所以是柜子，就在于它的明细性、透明性。所以，亚里士多德的形而上学的根本任务和理想目标乃是探讨宇宙，统摄了特殊性的最普遍的整体。亚里士多德要追究一种最普遍的宇宙整体，将之本质性地提升为哲学神，名之为最高实体。所以，我们可以看到亚氏的思想路线是从物理学上升到第一哲学，最后上升到“神”学。这个“神”，是能够规定宇宙本质的形式，也是宇宙运动朝向的目的。本质和目的在这里得到二而为一的汇集。从本质论的角度来说，最高实体是最终的原因、最高的知识、最普遍的原则；从存在论的角度说，最高实体是第一推动者、纯形式、纯思想。

亚里士多德的“神”学是其形而上学的最终形态，与古希腊多神宗教的神学、后世基督教的神学都是不同的。哲学家亚里士多德为何要提出哲学“神”？一般认为，哲学引导人们脱离宗教神学的叙事方式，提升社会认识的水准。既然如此，西方哲学史上的哲学家们为何频频提出哲学“神”？他们的哲学能否不用“神”的名义？这些问题体现中国读者面对西方哲学核心语词时的陌生和疏离。苏格拉底之死事件表明，古希腊城邦的公民心目中有作为偶像崇拜对象的人格神。哲学家亚里士多德也生活在这样的环境，浸泡在这样的文化世界中，他借用社会交往中的中心语词“神”来标志其哲学的最高实体，也就不奇怪了，就如同柏拉图借用灵魂不灭来支撑其知识回忆说。现在的关键问题在于：用“神”来标志“最高实体”有何思想上的特殊意蕴？

第一层意蕴：“神”是创造的原因，在时间上优先，是世界由以发生的本原，是迥异于古希腊早期哲学中世界构成元素的本原形态，在逻辑上成为哲学世界观的最后一块拼图。只要哲学试图解释这个世界的发生，哲学“神”往往是必需的。“神”在西方古代哲学中比较常见，在西方近代哲学中偶有出现，在西方现代哲学中不绝于耳。哲学要杜绝“神”，远离“神”，远离“本原”，就必须远离“完整解释世界”的理论诱惑。马克思提出哲学的主要任务不是“解释世界”，他能成为彻底的无神论者；孔子没有发展“完整宇宙世界观”的理论企图，故而不语“怪、力、乱、神”。现代人如果把“解释世界如何发生”的任务托付给专业的物理学家、天文学家或者其他学科的科学家，则我们借助科学家提供的科普知识也能成为平静的无神论者。亚里士多德的哲学包含了“解释世界”的任务，而且他很不满意之前的古希腊哲学家们的各种解释，试图走出一条逻辑自洽的宇宙论路径。在当时的自然科学知识总体水准下，最终提出哲学“神”，这是可以理解的。

第二层意蕴：“神”是宇宙的目的，在认识顺序上优先，形而上的“神”学是目的论哲学的最终形态，也是得以最终认识宇宙万事万物的本质性前提。亚里士多德说“神”是形式的形式，思想的思想，是事物由潜能走向现实的发展方向。“神”代表了实体的能动的方面，这是古希腊哲学，乃至西方哲学史上的一条颇具骨干性思想线索。法国启蒙哲学试图用精妙的机器图式来解释人的生命机能，马克思批判其为“机械”的唯物主义，忘记了“能动”的方面；列宁批判庸俗唯物主义在哲学理性上落后于精致唯心主义，也是因为他们洞悉了西方哲学史上的这条思想骨干。当然，马克思和列宁所提出的能动的方面与亚里士多德的“神”有本质上的区别。

第三层意蕴：“神”是无法加以定义的，只能说明性地描述，这是真正的“定义上优先”。亚里士多德的“神”一定是定义型哲学贯彻到底才能提出来的。如果把类似“柏拉图是哲学家”这样的逻辑句法游戏坚持到底，最终会发现：一定有个事物无法对之下定义。例如，马克思主义哲学中的“物质”，一般对它这样定义：物质是一种独立于意识的客观存在。如果按照亚里士多德的穷究式的逻辑句法游戏，则需要问：在“物质”定义中出现的“存在”能否定义？有关教材和文献绝少有给“存在”下定义的，因为这是极难做到的。富有穷究精神的亚里士多德恐怕不能满足于此止步于此，他一定会为此提出问题。马克思能理解亚里士多德吗？他会为亚里士多德可能提出的问题而慌乱吗？肯定不会，他自小就学习古代哲学，博士论文研究的是古希腊哲学，他怎么会不理解亚里士多德？这个时候，马克思的“实践”隆重出场了。在马克思的思想中，事物不是通过定义而被最终认识的，“真理”无法在认识流程中完成，事物一定是在实践与认识的螺旋上升运动中被认识、被实现的。“真理”的品性既是认识性，也是实践性；真理尺度和价值尺度是不能分开的。

[原著教学研讨]

马克思主义哲学中的“形而上学”与亚里士多德哲学中的“形而上学”是否是一个概念？马克思哲学里的“形而上学”指的是孤立、静止、片面地看问题。在一般马克思主义哲学教材中，“形而上学”成为一种方法论。马克思引用参考了黑格尔对“形而上学”所做的解释。黑格尔认为以前的哲学家没有认识到理性自身的变化和展现过程，认为理性本身是在历史中不断变化的。他提出三个精神阶段：主观精神、客观精神、绝对精神，在此认识基础上，提出辩证法。马克思将这个观念应用到对近代机械唯物主义的批判中。而在亚里士多德看来，“形而上学”指的是纯哲学，第一哲学。两者所指的“形而上学”都有特指含义。

亚里士多德的《形而上学》是奠定西方哲学的重要著作，讨论的问题基本是哲学中最重要的问题，如他所提出的“存在”“实体”等，奠定了西方哲学的基本概念和问题。该文本总结了亚里士多德之前古希腊哲学的发展，开篇就提出了求知是人的本性，哲学原意是爱智慧，求知便是爱智慧的体现，所以哲学根植于人的本性。不管哲学有没有用，人都离不开哲学。在原著中，亚里士多德提出两个问题：哲学本性是什么？我们研究哲学的目的是什么？他对此的回答是：研究哲学是为了求知，不是为了实用。在《西方哲学原著选读》中，亚里士多德提出哲学不是为生产服务的学问。人们因为诧异惊奇而研究哲学，而人们之所以感到诧异是因为无知，哲学是为摆脱无知而存在。亚里士多德提出哲学是最优越的学科。“神被认为是万物的原意，而且是本原，哲学这门学问，要么只有神才具有，要么是首先为神所具有。”这里体现出他对哲学的认知：从第一哲学到形而上学，再到哲学神。这里的哲学神已经摆脱了古希腊神学意义，转变为亚里士多德所说的形而上学神。亚里士多德认为哲学是一门神的学问，但同时又说哲学是唯一的一门自由学问，因为哲学只是为了自己而存在。而人存在却受到很多主客观条件的限制，所以想使自己的思想和行为少一点盲目，多一点理性，就应该自觉研究哲学。亚里士多德认为哲学价值在于求知，不是为了实用，但他没有否认哲学与生产实用之学的联系。他说："因为只是在生活福利所必需的东西有了保证的时候，人们才开始寻求这类知识。"生产的发展为人们提供了必需品和闲暇时间，哲学才得以产生，说明哲学是以生产实用知识为基础的。

亚里士多德"研究哲学是为了求知，而不是为了实用"。这里的"实用"首先是指工具上的实用。亚里士多德认为哲学是不应该当作工具来使用的。这就证明了西方哲学在这一历史阶段基于对宇宙万物好奇而求知的传统，是一种为求真理而求知的理想主义精神。而后世一些哲学家乐于寻求哲学的实用性，特别是在工具理性和科学主义盛行的近现代哲学的一些思想派别特别明显。牢记"研究哲学是为了求知，不是为了实用"，可避免哲学研究误入歧途。现在的学术研究也应这样，应尽可能为求知而研究。

总而言之，亚里士多德关于"哲学"的观点包含两个问题：一是生产实用知识是否是哲学产生的前提？二是哲学最终是否朝向生产？应该说，生产实用性知识是哲学产生的必要条件。亚里士多德提出，"只是在生活福利所必需的东西有保证的时候，人们才开始寻求这类知识。"这里应该理解成生产实用知识是哲学研究的必要条件之一，亚里士多德认为哲学神是不需要依赖其他东西的，生产性知识不能成为影响哲学神的条件。亚里士多德提出的这个观点，是因为亚里士多德不只重视思辨的探讨，更重视经验探讨。同时，哲学是生产实用知识的指导。哲学虽然不是为生产实用知识产生的，但哲学研究最终要达到哲学神的目的，哲学神给予了秩序的信念，明了秩序是否能带来实践效益。生产实用性知识是以对宇宙自然整体看法为基础的，如酿酒工艺、医学治疗都要以自然科学甚至是哲学为基础的，在研究这些时最终都是要涉及哲学神的。所以，亚里士多德虽没有明确提出哲学能带来实践效益，但结合原著分析可说哲学为生产实践提供了指导。

“哲学研究最后得到的结果却与那些早期探索相反……几何学家在弄清对角线不可约之后就毫不惊奇了。”该如何理解？“所有人都以惊异开始的……太阳到了冬至和夏至会往回移动，正方形的对角线与边不能通约。”“其他科学虽比哲学更必需，却没有一门比哲学更优越。”这里是说哲学研究的东西高于我们的生活，如果哲学研究只满足于生活本身，就不能把世界本原探讨出来。要完善其他科学之前必须要研究哲学，其他科学虽然在时间上优先、是基础，但哲学却是第一性的。

《西方哲学原著选读》中，亚里士多德在对哲学大方向做了界定之后，对哲学的一些具体研究过程进行了解读。首先，“我们必须说明……究竟是一门科学的工作还是两门科学的工作。”然后他得出结论具体科学和哲学是一脉相承的，“物理学也是一种智慧，但不是头等智慧……不应该在听这门课的时候才开始专研”。这里他认为哲学对具体科学是指导性的，而不是说具体科学是高于哲学的。其次，亚里士多德提出研究实体的具体方法是三段论，三段论即大前提、小前提、结论。举例来说明：亚里士多德是个人，所有人都有一个脑袋，所以亚里士多德有个脑袋。第三，他提出了区分实体与范畴的概念性东西，实体依附于实体存在，而实体是不依赖于属性独立的存在。“同一个属性，不能在同一时候，既属于又不属于同一主体。”这里是对赫拉克利特的回应，赫拉克利特提出同一事物既存在又不存在。很多人会疑问，赫拉克利特为什么会说“同一事物既存在又不存在呢”？举个例子，你可以说你是大学生，但历史地看，大学生不能完全界定你的身份，你既具有大学生的属性又具有不是大学生的属性。赫拉克利特是一个辩证论者，但辩证分析是有一个时间跨度的。所以，在任何一个确定的时间点是不能既具有又不具有同一个属性的。但亚里士多德认为哲学神是不能用辩证方法分析的，哲学神是超越时间的，哲学是确定的原则。

最后，亚里士多德对哲学进行了一个界定：“有一门学问……因此，我们必须掌‘有’本身最初的原因。”这里和我们很多哲学教材给哲学下的定义“哲学是给具体科学提供总的方法论指导的科学”有一定联系。亚里士多德认为哲学给具体科学提供了必不可少的指导，哲学有自己的专门研究领域和论题，他给了哲学一个很高的地位界定。

“所有是健康的东西都与健康发生关系……所有是医疗的东西都与医疗发生关系……另一种东西是因为它是医疗的功能。”这里用两种东西类比“有的东西”的含义。“有”分为三种，一种是“实体”，即原著中“某种东西，我们说它‘有’，是因为它们是实体”；第二种是“实体的属性”；第三种是“趋向实体的潜能”。“某种东西，我们说它有……或者‘是’对某一与实体有关者或对实体本身的否定。”怎么来理解这三种“有”。第一层意义是实体，亚里士多德从语义方面确定了“有”。注释中指出：实体意为“所是者”，如“张三是人”，“人”就是实体，“是”就等于有，等于存在。第二层是实体的属性，这是柏拉图与亚里士多德不同的地方，柏拉图认为理念是独立存在的，而亚里士多德认为个别事物是独立存在的，属性因实体的存在而得以存在。第三层是趋向“实体”的过程，亚里士多德认为“存在”不等于现实的既定事物，而是一个需要现实化的过程。他提出，“或者‘是’对某一与实体有关或对实体本身的否定，因为这个缘故，我们甚至对‘非有’也说它是‘非有’。”这体现了亚里士多德对巴门尼德的批判与继承。巴门尼德认为“存在”与“非存在”是绝对对立的。因为存在是可以被思维的，“非存在”是不可以被思维的，它们在逻辑上的转化是不成立的。而亚里士多德认为“存在”与“非存在”是相同的，“非存在”是因为缺乏某种潜能。“可以在好几种意义上说一样东西‘有’，因为在某种意义上，‘有’是指一样东西是什么的那个‘什么’，或者‘这个’”，这里的“什么”和“这个”都是指“实体”。“在另一种意义上，是指一种性质或数量，以及诸如此类可以做谓语的东西”，这里的意思是“属性”。后面所举的例子都说明“存在”包括“实体”与“属性”。“因为我们在说一件东西是什么性质的时候……有的是它的质，有的是它的遭受，有些是它的其他等。”这段话涉及亚里士多德的范畴理论，这里主语指的是“实体”，谓语指的“属性”。“属性”主要分为九个范畴，九个范畴都是“有”。接着原文又用“走”“健康”来证明只有“实体”才能够存在，实体才是独立的存在。“正是靠这个范畴，其他任何一个范畴才‘有’。”这里我觉得这个“范畴”指的是实体，“其他任何一个范畴”指的是属性中的九个范畴。

“我们在好几种意义上说一样东西在先，然而实体在哪个意义上都在先：

在定义上、在认识程序上、在时间上全居第一位。”这里亚里士多德提出了实体定义上、认识顺序上、时间上优先的观点。有的同学不赞成亚里士多德“实体在定义上、认识程序上、时间上都在先”。例如，“一张白色的桌子”，依照亚里士多德观点来看，桌子在先，白色是在后的。但白色已经是存在的或者和桌子同时存在的，尤其看不出这种实体上的先后关系，怎么解释？亚里士多德的“存在”存在很多解释的空间。一般把“有”理解为存在，其实这个“有”用英语“being”来理解更好。把“有”理解为存在只是一个方面。他用的这个“有”是指“中心点”。“但是一切‘有’的东西与一个中心点发生关系”。那么就要说到亚里士多德认为应该如何发现实体。在他看来只能通过命题或语言方式考查。他在考查中发现有一个“中心点”，这个中心点是“有”，我们说是“是其所是”。亚里士多德在探究这个问题时所用的方法和柏拉图有很大相似性。对于原著中提及的“健康”，其他与健康发生关系的东西“健康的人”“健身操”等都与健康有关。也许会让同学们想到柏拉图的“理念”。两者对哲学的理解其实有共同性。在这个意义上，我们可以知道哲学是通过一种概念化的命名方式来认识世界。亚里士多德用“健康”来比喻，“既然有一门科学专门研究所有健康的东西”，那么哲学也有个中心点，哲学是研究“有”本身。亚里士多德借用这样一种命名方式来探讨事物的关系，发现有一个中心概念。既然有这样一个中心概念，就应存在一个中心的“有”，“实体”就是“中心点”。亚里士多德在这里成功地把柏拉图的理念论转化成了实体论。

同学们看《西方哲学原著选读》，似乎出现了亚里士多德的思想挣扎：“个别事物”与“形式本质”。这个挣扎体现在什么地方？体现在原著中的“什么”，“我们在前面讨论词的各种含义的那一卷……那个‘什么’或‘这个’”。这个地方它是摇摆的，这个“什么”指的是第二实体，就是那个“属”。例如，“张三是人”，“人”就是属，而“张三”是个别事物。这里就存在一个“第一实体”和“第二实体”。那我们就需要考虑一个问题：“第二实体”或者“属性”是不是相较于“第一实体”来说“三个优先”都满足？我们可以举一个例子，“这是一双白色的鞋子”。按照亚里士多德观点，这里的“第二实体”是“鞋”，“白色”是“属性”，“这一双白鞋”是“第一实体”。要理解的是，时间上优先未必在定义上优先。但亚里士多德提出，“在定义上实体也占第一位，因为每样东西的定义中都必须出现它的实体定义……也只是知道数量是什么或者性质是什么的时候。”这里我们可以看到亚里士多德所说的“优先”有时是指“第一实体优先”，有时说的是“第二实体优先”，所以我们说亚里士多德在这里可能是挣扎的。当他在说“定义上优先时”说的是“属”；“时间上优先”时，很多时候指的是“第一实体”。在他看来，先有鞋子，再有白色。这里值得我们探讨，洛克也提出了“颜色是什么”。脱离具体事物是否有独立的颜色存在？我们可以思考一下。

学生 A：是独立的。

教师：为什么是独立的，你能列举出独立的白色来吗？

学生 A：好吧，那白色就不是独立的。

学生 B：白色无法独立，你看到的白色其实是一种物体呈现出来的状态。

教师：你想象不出独立的白色，你在想象白色时总是要结合具体事物，总要结合第一实体“此时此地这一个”。

白色的含义是否是清晰的，白色是什么？同学们觉得老师手中拿的这个是白色的粉笔，为什么不说它是红色的粉笔？

学生 C：因为我们从小就被教育，说它是白色的。

学生 D：因为这支粉笔所呈现出来的这个白色属性，在以前我们就有一个明确的定义，说它是白色的。

教师：你说有一个明确的定义，那么请告诉我白色是怎么定义的？

学生 E：我觉得也可以说它是“红色的”，假如是第一次拿出来，没有人对它下过定义，就可以说它是红色的。

教师：我觉得这位同学说得很好，因为我们确实也可以说它是“红色的”。那么我们为什么知道它是“白色”，在柏拉图和亚里士多德那里都没能得到解释。现代有些西方哲学派别解释说白色的含义是不能通过定义法得知的，而可通过一种直观的方法，即人通过直观白的事物的同时，进行意识的转向，从而直接把握到白的本质。哲学史上，前一个哲学家在研究一个问题时否决了一些方法，也留下了很多岔路口。后来者再对这个问题进行研究时只能从岔路口出发，就像我们很难对“白色下定义”一样。

在《西方哲学原著选读》中，提到“柏拉图派设定与事物分离的理念，是不妥的”。也就是说“离开具体事物，理念是什么都不是的”。解读这句话，我们必须要了解一个背景，就是亚里士多德的方法论，就是历史批判法：对前人研究的批判与继承。原著便体现了亚里士多德对柏拉图的批判与继承，当然还有一个发展。原著中的“形式”指的都是理念。“那些设定理念作为原因的人”指的就是柏拉图派，他们将理念作为世界存在的根本来源。亚里士多德认为他们是把“理念”抽象一般化的概念。亚里士多德从柏拉图派证明理念存在角度出发，认为他们证明“理念”存在的方法不具有说服力。原因在于“不管是存在的事物还是不存在的事物都有理念与之对应”“科学存在中被消灭或被否定的东西皆有理念与之对应”“因为根据有科学存在这一事实……因为我们有这些东西的意象”，亚里士多德认为都是不科学的。

原著主要在从各个方面说明柏拉图派将理念被用作事物本身来证明理念存在是不科学的。指出“理念”破坏了事物本身，提出“与理论原则发生冲突的地步”，也就是说理念与它本身的原则已经发生了冲突。接下来提出“理念”必须要以实体作为承载。亚里士多德认为“理念”与“分有理念”需具有共性这一点可能不太科学。他提出“理念”不是事物实质，也不能帮助人们更好地认识事物。“所谓‘偶然地被分有’，我指的是……因为‘永恒’碰巧是可以用来述说‘一倍’的。”后面亚里士多德通过种属关系得出了一个结论：事物不必通过理念而存在。而且事物拥有多种“形式”和“模型”，没有“理念”的东西同样能存在，就是说理念不是事物存在的根本原因。

最后他提到“数”概念。如果理念或形式是“数”，那么人本身就成了数与数的比例；多个“数”对应“一个数”，不等于多个“形式”对应“一个形式”。先前亚里士多德也提到柏拉图分别了一般与个别事物的本质。以上分析的部分我觉得是亚里士多德批判继承的部分，他发展的部分在于后面他讨论本原的问题。他认为柏拉图将几何学原理感性认识化是不科学的，“形式与最初本原是没有联系的”。不能因为偶然例子证明了“形式”是事物存在的根本原因，就认为理念是世界的本原。证明事物存在的元素分为必要性和重要性，需要从不同维度科学证明。得知事物“元素”需要“前提”，而获得“前提”是具有很大偶然性的。最后原著指出：“一个人怎样获知一切事物的元素，而且怎么把它说明白，这是个难题。”如果我们寻求存在事物的元素，而不分清他们存在的各种意义，也不能找到这些元素。这里的分析都说明了亚里士多德认为获取事物本质，依靠偶然例子得出一般结论。最后他提到“感官”和“感官对象”需要通过存在的实物来认识一般规律，找出世界存在的根本原因。

亚里士多德在证明“形式”是否有不妥的地方。首先，他说明了我们引用“形式”的原因，然后论证了在利用“形式”论证事物时所产生的矛盾，说明“形式”的存在是没有什么价值的。亚里士多德在否定了“形式”后建立了新的体系，他提出了“元素”，所以亚里士多德的解构是一个积极的解构。“要收集许多不可克服的驳难来反对这种观点并没有什么困难”，“驳难”指什么？“如果一切事物都由同样的元素组成……我们应当是可以认识那些对象的。”这里表明亚里士多德同意事物由同样元素组成的，是可以认识的。“同样的元素”是不是一个普遍的原则，跟他提出的哲学神是什么样的关系？

原著这部分体现了亚里士多德的历史批判法，如何理解他的历史批判法？他的“批判”不是通常意义上的“批评”，他不仅有“破”，而且有“立”，这为我们写作提供了借鉴。亚里士多德在“立”时，很多时候借鉴了前人的观点，如他借鉴了巴门尼德的说法。在柏拉图对话录中，作为苏格拉底对手性的人物往往是作为背景存在的，因为他们到最后往往是同意苏格拉底的。但亚里士多德从这些背景性任务中看出了柏拉图自身思想的差异。用柏拉图背景性的思想来反驳“理念论”本身，这是我们需要了解的。哲学史上的巴门尼德提出过“存在”只能是一，不能是多。可以用这个观点来反驳柏拉图的“理念论”吗？这是可以思考的。原著中举例：“例如‘白’进入一个白东西的组织引起了这个东西的白性，……要收集许多不可克服的驳难来反对这种观点并没有什么困难。”这里“阿那克萨戈拉”可能是和苏格拉底同时代的人物，他提出了一个“努斯”的概念。有人说是“种子”，他们认为它是一个活动的东西，但哲学史上对这个学说有一种反驳。柏拉图认为自己受到了“努斯”学说的影响，即具体事物和理念之间的关系，这种理念对于具体事物有什么样的价值，以及它怎样分有具体事物。他认为“努斯”学说有利于论证“理念论”，但亚里士多德认为对这种学说哲学史上是有反驳的。当然，对亚里士多德提出来的这种哲学史上的“反驳”路径，我们还有待讨论。

原著中的“元素”是否和“哲学神”有关系？如果要问这里的“元素”是不是“哲学神”，预先要理解“元素”是否是“理念”？在原著中，“一般来说，如果我们寻求存在的事物的元素……都不是正确的”。这里表明亚里士多德是不同意他之前人们寻找具体事物元素的路径的。“而且，我们怎样能够得知一切事物的元素呢?”在这个地方，亚里士多德主要是在驳斥前人思想，驳斥柏拉图将“理念”看作具体事物的某种元素。他认为柏拉图用“元素说”来为理念做论证是不合适的。所以一定要理解亚里士多德在这里要表达的意思，原著中提到，“还有，一个人应该怎样获知一切事物的元素……与我们熟悉的任何一个音都不一样。”这里实际上表明了亚里士多德认为柏拉图混乱了“理念”和具体事物的关系。实际上“理念”是不能用来说明具体事物的，对于我们认识具体事物是没有什么帮助的。这里要提到很多人对柏拉图理念论很欣赏的一个案例：数的观念。我们把一支粉笔一分为二，它分有“二”，能说这个“二”是我们手里粉笔的某种元素吗？当你说“二”是事物“元素”时，具有什么意义？亚里士多德指的就是这个。用“元素说”来论证具体事物与理念的关系，是不能自圆其说并且是没有意义的。当你说这个理念“二”是具体事物的某种元素时，“二”这个理念是什么时候进入了具体事物？再按照柏拉图的看法，“白色”也是这支粉笔的“理念”，而亚里士多德怀疑的就是“白色”是不是这支粉笔的元素？如果是这支粉笔的元素，那么它是什么时候进入这支粉笔的，这个“白色”和具体事物之间是什么样的关系？把“二”“白色”或其他一些偶然的理念说成是具体事物的“元素”是不合理的。

从以上的分析，可以看出亚里士多德对前人的“破”，可怎么又说他同时在“立”呢？他在反驳时，一方面用前人的思想，让前人的思想相对，如让柏拉图和巴门尼德的思想相对，看似背景性的思想其实很有价值；第二是在批判过程中，探讨个别事物应该怎么认识。亚里士多德他想提供一种“完备性”，就是说哲学对于事物的认识要完备，这就是亚里士多德“立”的方面。而柏拉图他们却将偶然性的例子归结于一般本质性。如柏拉图的“洞穴比喻”，从这个比喻的文学意象上来说好像很有道理，但是这个文学意象指的是深入下去。所以，亚里士多德采用的是论著形式而不是对话式，并提出“逻辑学”和实体上的三种优先。亚里士多德是想说明哲学是完备的关于事物原则、原理的认识，而在其之前的哲学家没有做到。亚里士多德提出了“逻辑学”，认为它是一种完备的认识事物的方法。亚里士多德的“哲学神”已经不同于柏拉图那里所用的古希腊神话中神的定义。他把“哲学神”当作一种目的，“哲学神”无法定义只能说明。

《西方哲学原著选读》提出了理念不能认识事物，那么如何认识事物，认识事物是要去研究它们的原因。提出如果我们不掌握一件事物的根本原因，是不会认识它的。接下来亚里士多德开始论证，首先说明了“原因”这个词。是从四个意义上来说的，就是我们平常理解的“四因”：目的因、形式因、质料因、动力因。如他在文中提到的，雕刻术和铜就是雕像的原因，只是一个是动力因一个是质料因而已。接下来就是为解释这四个因举例子。再接下来部分，亚里士多德提出了一个看法：“原因作用的方式是多种多样的，我们一般是在很多种意义上去使用原因，一个原因可以比一个原因更展现另一方面……”也就是说所有原因都包括固有和偶然的原因。他后面也提到，“在那些与这些原因为原因的东西当中，也能做出类似的区别。”笔者对这里的理解是，亚里士多德把它归类于特殊原因和一般原因也是有区别。他把所有原因归结起来一共有六种用法，每种都有双重用法。之后他又指出这六种用法是可以从潜能和现实来说的。如文中提到的，“一座正在建筑中的房子，从潜能上看它的原因是房屋建造者，而从现实上看是正在建筑的房屋建造者。”二者的差别在笔者看来，从潜能原因上看房屋和房屋建造者不是同时消失的，而现实原因则可以同时消失；也就是说当这个正在进行房屋建造的房屋建造者完成了房屋建造后也就不存在了。他提出考查一件事物的原因一定是要寻找到“最精确、最占先的种，或者是特殊的结果也应当相对于它们相应的因”。亚里士多德提到了原因是存在，它的数目就是他提及的四因。既然事物有四种原因，那么哲学家在认识事物时就要去寻找这四种原因。

有人对这节内容有疑问，即“认识了他们的本原之后，我们就可以试着拿这些本原来解决我们的每一个问题了”。本部分的标题是“哲学的任务在于研究原因”，这里的“本原”和亚里士多德在文中提出的四因说能否画等号？

普遍意义上事物的本原或者是亚里士多德提出的三本原“质料、形式、缺乏”与他的“四因说”，我们认为是不能完全相等的。上面这个问题实际上是关于原因和本原的对应关系。本原和原因，值得我们去探讨。我们通常所说的原因，是如可使用的？如我们感觉早上很冷但中午又有点热，原因是什么？对于亚里士多德来说，他的问题不是这样的。他不会问热的原因是什么，他会问太阳存在的原因。A 是 B 的原因，就是说 A 存在的原因是因为有 B 的存在，这就是亚里士多德所追问的原因。他往往追问的是某种事物为什么会存在，我们今天追问的原因往往是某种现象的原因。当他这样追问时，“本原”往往成了原因。这表明了亚里士多德对于原因认识是有发展的。因为传统询问原因往往是问事物产生的本原，但亚里士多德认为原因应该有其他用法。

第四章

奥古斯丁哲学导读

不要到外部去寻找，要转入你自身。

——奥古斯丁

一、奥古斯丁的思想渊源

奥古斯丁的思想渊源是新柏拉图主义哲学，特别是普罗提诺的思想。普罗提诺论证说以太一、理智和灵魂为三个首要本体。本体指最高的、能动的原因，并不是抽象的原则，超越存在和本质，因而可以决定存在和本质。太一之所以没有任何肯定性的特征的主要理由是，它不具备多样性，是不可分割的原初的一。另外，一切能够肯定的东西都有它的对立面，都是区分和分割的结果，只能归属于“多”，而不是“一”。他用柏拉图的“通种论”进一步说明了适用于心灵的范畴，即思想和存在、异和同、动和静六个范畴；而通种只适用于第二本体心灵，而不适用于不能被区分的“太一”。如果按照普罗提诺的思路，太一是不可分割的，那么到心灵这个地方类似于创造过程中的天地分开，天和地有分别了。在太一那个地方天地混沌，没有天和地的分别，到了心灵这个阶段就有类似天和地这样的分别了。分别之后天和地还可以统一，还是在宇宙的整体中，只不过是宇宙整体可以分成几部分了。那么普罗提诺这里所讲的“思维是一和多的统一”实际上就是从太一的本原一步步分裂，本原哲学观的展现。

基督教哲学家往往认为，神学和哲学有着共同的对象，它们的区别在于研究的方式。那么究竟如何区分哲学和神学呢?

哲学和神学在基督教哲学家看来是两门学科。这两门学科似乎都具有各自的科学性。哲学靠理性，神学靠启示。神学是科学并且要论证神学是科学，这个时候他要说明神学靠启示来研究对象。那么靠启示来研究对象是不是说就不是科学呢? 神学是以神存在为大前提的，如果神不存在后面的都不用说了。神学虽然假定了前提，但他仍然是科学，基督教哲学家害怕你说神学不是科学。基督教哲学家认为虽然神学有这个前提，但是神学所说的教义理论还是合乎推理和证明的学说的，还是按照演绎推理的证明路径来做。尽管神存在的大前提是靠信仰靠启示给予，但它诠释了生命，解释了人生中很多要义。

奥古斯丁所借用的学说为何不能是亚里士多德呢？这个问题，可以用简单的世界史知识来解释。中世纪的阿奎纳为什么能接触到亚里士多德，而奥古斯丁不能？从文献学的角度来看，他为什么能接触到亚里士多德？为什么奥古斯丁接触不到？世界史告诉我们，古希腊的文明，在马其顿帝国之后遭到了灭顶之灾。所以，他们大量的文献在中世纪早期。什么人呢？一个是拉丁世界的人，另一个是中世纪早期的条顿人、野蛮人。他们其实没有挖掘到亚里士多德的文献原本，他们只接触到柏拉图学院所教授的知识。亚里士多德因为与马其顿帝国的王室关系太好了，所以在马其顿帝国遭到雅典人的驱赶，亚里士多德的逍遥学派就没有传下来。但是柏拉图学院流传了700多年。世界史告诉我们，阿奎纳为什么能接触到亚里士多里，是因为阿拉伯人扩张占领了爱琴海周围，阿拉伯世界发掘到了亚里士多德的文献，并带回阿拉伯世界翻译成阿拉伯语。有些人研究这些东西，中世纪的阿奎纳才得以接触，他对亚里士多德的学习，其中一方面是同时代人对亚里士多德著作的翻译，文献的发掘和整理为阿奎纳创造了条件。

二、教父的历史任务

基督教哲学就是一般教科书中的中世纪哲学，有些文献也叫中古时期哲学，分为两个时期：一段叫教父哲学；另一段叫经院哲学。奥古斯丁是教父哲学的代表，托马斯阿奎纳是经院哲学的代表。在奥古斯丁之前，已经有些出名的基督教教父哲学家，如德尔图良。奥古斯丁是这些教父哲学家中最具代表性的一位。

要确定教父哲学出现并发展的时期并不难。当然，这种分期在微观时间上只能是大概，因为哲学史跟世界史不完全一致。柏拉图的学院存在了很长时间，有700多年。柏拉图的哲学思想，由柏拉图创立并延续传授700多年，因而这些哲学思想的发展就和中世纪基督教哲学的第一段即教父哲学在时间上有了并行的可能性。故不能严格地说古希腊哲学历史结束之后才出现将基督教教义理论化的教父哲学。哲学史的分期与世界史不一定完全对应。如果一定要对应世界历史，大体上可以说，教父哲学对应于古希腊晚期和古罗马时期，即罗马共和国和罗马帝国时期。而经院哲学大体上对应于世界史上西罗马帝国解体以后，即我们通常所谓的欧洲封建社会，经院哲学持续的时间大概1000年。在有的文献中，这个时间段比较短，而有的文献中则比较长。这主要由于欧洲哲学史中的中世纪与世界史上欧洲封建社会时期不完全对应而造成的出入。我们只要理解其划分的依据是基督教哲学思想的变化发展，就不会出现大的时间方面的谬误。

奥古斯丁又是如何面对和改造包括普罗提诺哲学在内的古希腊哲学，从而为基督教教义理论化工作服务的？

我们先来看看奥古斯丁作为教父的基本任务即当时基督教信仰所面临的急迫的神学问题是什么，再来回答上述哲学史性质的问题。从神学教义理论化的角度来看，奥古斯丁要解释基督教中“督”的内涵是什么。在新约圣经的故事叙事中耶稣的作用是提供了人神沟通的中介。但在基督教刚刚创立的时候，特别是奥古斯丁把基督教教义理论系统化之前，人们并没有很好地解释基督的“中介”地位，甚至对于有没有其他天使或者先知能够取代这种“中介”地位都没有明确的认识。

在中国古代封建社会，如清朝，设有“总督”官职。南京曾经是两江总督驻地，这个两江总督的权力有什么特征？两江总督是京官还是地方官？两江总督既具有京官的地位和权力，也具有治理地方的职能。总督作为京官的一个表现就是其可以直接上书皇帝，有专门的通道可以直达天庭，把地方的情况通报给天子即皇帝。因此，从原先的政治设计来看，清朝的总督是皇帝委派到地方来的，出身很荣耀，具有闪光的身份。其和皇帝直接勾连起来，代表皇帝来治理地方。有些不负责的总督其实常年居住在京城，从他们自己的身份认同来看，京官的身份是第一位的。至于清末政治生态中总督越来越向地方割据者演变，那是内外政治形势和生态促发其向守土卫民地方父母官的角色转变。总之，总督具有连接天子和地方民众的中介性质，并且其随时要回到中央朝廷中去，他的权柄来自中央，体现皇帝对地方的“牵挂”。列举中国古代政治案例，是便于我们理解“督”的内涵。其实奥古斯丁的听众和读者熟悉的是古罗马扩展过程中的行省总督制度，在细节上虽有差异，但是“督”的政治设计内涵大体是一致的。奥古斯丁表述耶稣作为人神中介的同时还强调耶稣之“督”的唯一性。

在奥古斯丁时代，基督教虽然逐步成为罗马帝国的国教，但是罗马帝国晚期发生的一系列事件，特别是入侵洗劫罗马城市事件，让民众产生了怀疑、非议基督教的情绪和言论。奥古斯丁自皈依基督教，特别是升任主教以后，就面临着这样的问题：如何向非基督教信徒和信仰不坚定的基督教信徒解释教义从而坚固信仰捍卫基督教？

三、三位一体一元论神学

奥古斯丁护教理论把古希腊哲学的光照说和罗马帝国政治设计中总督的“中介”性结合起来了，以重点说明基督教教义中耶稣作为“基督”的特点和功能。简单地说，耶稣是上帝派到人间，体现上帝对人间的“牵挂”，如同太阳之“光”。那么，人间民众能否依靠承载这恩泽，借着太阳之“光”坚守真理的坚固信仰呢？古希腊时代如何把握本原和实体这一哲学问题，在奥古斯丁这里转变为如何认识神并信仰神的神学教义。很显然，他借用了古希腊哲学的光照说。很多教材中都有所涉及，在这里简单复述一下：太阳之光照射着，激发人类灵魂回忆已有的理念从而形成了知识。这个理论有突出的柏拉图主义标签。奥古斯丁借用这个理论来说明理性需要信仰的启示才能获得真理。

奥古斯丁为对这个问题做进一步说明引出了“印章说”和“恩典救赎说”。后一个说法比较宗教化，这里不做探讨。而“印章说”具有很强的哲学意味，应成为哲学史关注的课题：“一切真理的规则都铭刻在这里，并从这里移植到正直的人的心灵；但这种转移是无形的，犹如印章的图形压在蜡上而无损图章自身，这些规则在人的心灵上留下自身的印记。”① 按照前面的解释，耶稣来到人间并复活升天的过程是上帝的设计，是上帝之光照射到人间的恩典。上帝之光照射到人的心灵中，体现上帝的仁慈，这个过程如同印章压在蜡上无损于自身，并且这个“盖印”的过程是无形的、看不见的。“印章说”体现了“关照说”和“分有说”，带有很强的古希腊柏拉图主义的哲学色彩。

古代基督教脱胎于犹太教，在这种传统中往往具有多位“天使”思想倾向，在向地中海西部传播的过程中易与古希腊罗马的宗教传统结合而走向多神教的“异端”。奥古斯丁的教义解释突出了基督教神学教义的一元性。在奥古斯丁看来，耶稣基督具有独一无二性，在神与人的沟通当中，基督的作用是无法取代的。在奥古斯丁之前的新柏拉图主义提出的三类本体学说中，“心灵”既可以上通“太一”又是可以下达“灵魂”，普罗提诺的哲学思想仿佛是专门为基督教准备的。奥古斯丁所利用的柏拉图色彩的哲学传统，其实是在柏拉图学院传统中得到发扬的古罗马普罗提诺的新柏拉图主义。新柏拉图主义哲学提出三类本体：第一类是太一；第二类是心灵；第三类是灵魂。奥古斯丁把它简单改造一下就可以对应于他的基督教哲学。普罗提诺的三个本体，被运用最多的是心灵。心灵可上可下，上可以通达太一，又可以下降到灵魂。太一是无所谓数量的，它是最原始、最完满的。太一流溢出心灵，心灵则体现了本原六个方面的基本区分与统一，相当于柏拉图哲学中的基本理念；而灵魂本体则更加多元庞杂了。但是灵魂的能动性是很突出的，它既可以向上回应太一和心灵本体，也可能继续下坠至更低等级事物所在的深渊之中。普罗提诺哲学本体的要义在于最高本体“太一”的唯一性和最高本体流溢出其他本体的过程性，这被奥古斯丁用来说明上帝牵挂人间并表现其仁慈之爱的性质。普罗提诺哲学也可以从下位本体即灵魂的角度来看，如果不去

① 参见奥古斯丁《论三位一体》第14卷第15章第21节。

主动回应心灵特别是太一的方向，则可能下坠而不是持留；在这个过程中，人的灵魂无法持留。

四、哲学解读信仰的奥义

奥古斯丁的时间学说“时间是心灵自身的延伸”，而且这个心灵专指上帝的心灵，如何理解？为何不是人的心灵的延伸？而是上帝心灵的延伸？我们用归谬法来理解这个问题。如果奥古斯丁说时间是人的心灵的延伸，肯定会遇到挑战。相对于时间，人反而不如时间永恒。从归谬法的角度来说，在奥古斯丁那这个心灵不可能是人的心灵，因为他有一个神学的东西，人相对于神肯定不是永恒的。说是神的信念的延展，是比较合乎逻辑的。因为他要说的是超越于时间的，在时间之前的东西。或者说，时间本身是神创造出来的。他自然不能说时间是人的心灵的伸展。但到了近代以后，就有人这么说。近代时间观有两种，一个是自然科学的时间观，跟运动有关；另外一个时间观，跟人的主体性有关，认为人的主体性产生了时间。这方面，因为缺乏物理学的训练很难获得有益的帮助，只能用归谬法。在奥古斯丁那里只能说时间是上帝心灵的延伸，说是人的心灵的延伸，肯定不行。

能反映奥古斯丁借用古希腊哲学的地方还有身体与灵魂在哲学中的地位和意义。相比人的灵魂，人的身体更易被情感欲望所控制，所以柏拉图哲学中的人要控制感性的身体，需要通过灵魂回忆来获得关于理念的知识。奥古斯丁同样认为人的身体需要在哲学中是没有地位的，无论是对照神性，还是理性，身体需要往往是罪的化身和外显的符号。在这个问题上同样可以看出奥古斯丁神学哲学与古希腊理性哲学主流的情缘关系。对于奥古斯丁来说，既然借用了柏拉图哲学，特别是直接借用了转化的新柏拉图主义哲学，自然就特别倚重灵魂的超感性功能。上述两个理论可以用来向非信徒或者基督教信仰并不坚定的人解释：为什么有的人可以跟上帝顺畅沟通而另外一些人则沟通不畅？因为你不“爱”在你之上的本体，则会“堕落”至在你之下的深渊。以上可以看出奥古斯丁的改造是十分清楚的：三位一体以及基督作为中介的唯一性。

基督教在创立之初，很多信徒并不清楚教义的理论化表述，而且福音的多个来源也加强了这种分歧的可能性。新约有四大福音，理论上耶稣的故事可以有四种讲法，那让早期的信徒相信哪一种说法呢？最初写下基督教新约圣经的人们，并没有想到，也不具备条件和动机去利用古希腊哲学来进行系统化言说。这就留下了解读中的“症候”，即当书写言说的有限性面对书写对象的无限性时必须遭遇的问题：虽然受到那唯一本体的激发和启示，但是写出来说出来的行为本身总是一种有限的表达方式；而且在宗教信仰上，还要求这种表达方式的有限性和不完满性不能伤害表达对象的无限性和完满性。这种要求很高，是早期圣经作者的学识和素养不能达到的。基督宗教的这项历史任务则落入了类似奥古斯丁这样学富五车的教父哲学家身上。任务要求教父不仅信仰坚定，而且要通晓当时地中海周边区域的文明成果，古希腊哲学就是其中不可或缺的重要部分。他必定熟悉古希腊哲学之延续的新柏拉图主义哲学，他从修辞学校毕业又曾经教授修辞学。修辞学发端于古希腊城邦公民的论辩活动，是古希腊的文化遗产。所以，奥古斯丁不仅通晓古希腊的哲学传统，而且掌握并擅长论辩的学问和技巧。因此，他就可以面向原先古希腊文化区域的非基督教信徒和信仰不坚定的基督教信徒进行教父式的“论辩”和“说服”工作了。

一定要清楚，在基督教创立之初，新约福音是耶稣去世后他的第一代弟子，即使徒言说的产物。新约圣经里《使徒行传》记录了耶稣第一代弟子的活动，特别是彼得、保罗等人的创教活动。这些活动包含两个方面：书写福音和传播福音。福音就是早期的教义，是以历史故事的文本形式呈现的；福音的传播工作包含了对教义的宣扬。有一个说法，彼得是教会的奠基者；而保罗则把基督教传到罗马，做了把基督教信仰扩散到代表西欧文明的古罗马帝国的核心即拉丁文明区域的工作。但是，这些早期的教会顶梁支柱在与各个初创地方教会进行书信来往的过程中，要面对的一个议题：教义内容的不一致性，以及基督教教义切割于各地原本宗教教义的不明确性和不彻底性。教义内容的不一致性严重加剧了切割区分的困难，让基督教的传播事业面临反复坍塌不断重建的危难局面。尽管在圣经新约上保罗等使徒做了大量的工作，但是从方式方法上来看，他们还是用新的故事叙事代替旧的故事叙事，用记忆的战争来占有历史的记忆。这样的方式相对于其目标任务来说手法显得高超但有点不堪重负，特别是缺乏对新的历史事件的解释效力。随着第一代使徒生命历程的结束，这个问题就更加凸显了：单靠记忆的争夺能否打赢这场宗教信仰的战争？

奥古斯丁本人早年就在摩尼教信仰的笼罩之下生活着，学识的增加并未立即促发其对信仰的改宗，却奠定了其日后信仰改宗后思想方法的特质：用哲学来说明信仰的奥义。

[原著教学研讨]

学生 A：“如问我们在宗教上所信仰的是什么，那么，我们不必如希腊人所说的物理学家那样拷问事物的本性”这句话好像是问宗教信仰什么，但后面又说我们不必不需什么什么，这里是问我们在宗教中所求的是什么。“我们无须唯恐基督教徒……以及哲学家们所发现或以为发现了的其他千万事物。”这里并不是说我们无须去探求事物的运行规律，还有这有个词“以为”，如果翻译准确的话，我觉得这个词含有微妙的意义，即奥古斯丁认为以前哲学家所发现的事物的本质或世界的真相，并不是事物的本质或真相。“这些哲学家们……不是确定的知识”，表明奥古斯丁认为以往的学说并没有把世界上的所有真相寻求出来，以往的许多发现都是不可推测，不能成为流传下来的确定的经验性知识。“我们基督徒不必追求别的……都因为创造主的仁慈而受造。”这里，其实奥古斯丁并没有完全反对前人所有的科学观点，他肯定了一些天文学家、哲学家发现的一些现象和规律，但是他不认为这些规律是世界的本原。因为在他看来世界的本原是“主：上帝”。我们看到的现象只是上帝呈现出来的表象；而他们发现的规律也只是现象所表现出来的规律而已。本质在于“上帝”，他认为对于基督徒来说这就够了。联系“我们在宗教总所求是什么”，就是物质的本原上帝。“宇宙间除了上帝以外，没有任何存在者不是从上帝那里得到存在的。”是说所有的存在者都是从上帝那里得到的，包括时间、空间。在奥古斯丁看来，时间是上帝的延伸，也来源于上帝。这里我们可以得出，在奥古斯丁看来，上帝是个无中生有的创世者，它无须材料和工具，仅凭语言就可以创造世界。《忏悔录》也提道：“上帝创造天地，不是在天上，也不是在地上，不是在空中也不是在水里，因为这些都在六合中，你也不在宇宙中创造……你是以你的语言来创有。”奥古斯丁学说有两个大前提，一个是上帝存在，因为他认为一切都由上帝存在来构成，这是一个最高神的学说。关于“上帝创造一切”，奥古斯丁有一个论证，“我们一切可变之物是可变的，同样凡是可接受形式之物都是可形成的，一切可变之物都是可形成之物。任何事物都不能自己本身给自己一个形式，因为它不能把自己没有的东西给自己，只有在接受这个形式之后它才有形式。”么这个形式从哪里来呢，我们本身所有东西都是没有形式，那在所有东西存在之前必定有一个先存在的东西，这就必须要引入上帝这个概念。“上帝是三位一体的，即‘父’，由父而生的‘子’，和从父出来的‘圣灵’，这圣灵就是父与子之灵。”这个三位一体应该是沿用或继承了柏拉图的思想。但是我们认为“三位”应该是平行存在的。“父”“子”“圣灵”可能都是上帝；但是父生子和由父和子之间的爱生出来的圣灵，从时间上构成了一个等级关系，时间先后并没有影响到他们的地位等级。综上所述，这里主要讨论了上帝、上帝创造了一切以及上帝是什么。

学生B：原著提及“甚至连他们所夸说的各种发现仍有许多是推测，不是确定的知识”，那么我想问的就是，在奥古斯丁看来，前人的认识哪些是确定的知识，哪些是推测？第二个问题是在“三位一体里面”，刚才前一位同学说他们没有任何等级高低之分，但是“子”是由“父”所生，父与子的爱产生圣灵，圣灵是他们同质的系带，这个同质的系带是什么含义？既然“圣子”和“圣灵”都是由“圣父”所发，那么为什么又可以说他们本质相同、地位平等？

教师：先问两个问题，第一个问题，奥古斯丁是怎么评价古希腊哲学家的？第二个问题：他认为古希腊哲学家的思想完善吗？显然是不完善的。他认为古希腊哲学不完善，既然不完善为什么又要用这个哲学？奥古斯丁并没有完全依赖前人的哲学思想，只是用他们的概念和方式来表达自己思想。虽然不完善，但他还是认可了其中的一些道理。这里是借用，不是完全照搬。那么他为什么要借用古希腊哲学家思想呢？第一，现实中如果有更好的学说他还会不会借用古希腊、罗马哲学呢？也就是说古希腊、罗马哲学是奥古斯丁在现实中所能接触到的最好世俗学说。第二，奥古斯丁的学说主要是给异教徒看的，要注意奥古斯丁所面对的异教徒主要是相信古希腊哲学的异教徒。就是我们说的以彼之矛，攻彼之盾。用异教徒们所相信的思想来反驳他们，来为基督教的一神教做辩护。

对于B同学的问题我们可以举个简单例子。在柏拉图的“灵魂回忆说”中，这个灵魂的存在总是存疑的。按照基督教的解释其实更简单，永恒的不是人的灵魂，而神才是永恒的。按照“光照说”，光源是永恒的。奥古斯丁针对的主要是柏拉图，包括苏格拉底哲学的不完善。他提到物理学家，他特别了解古希腊的自然哲学，认为自然哲学发现的某些知识也是存疑的。至于“三位一体”，主要问题在于同学们认为它们具有时间的先后关系。从原文来看，这里的“生”和“出”能不能理解成人生的这种“生”？这里是不能从这个角度来理解的，这里的问题不是时间差异的问题，我们已经用“本体”和“三个位格”说明了。为什么本体有三个位格呢？这实际上是因为本体要展示，在展示过程中体现三个位格，三个位格是由比它低的灵魂看出来的；另一个是在本体的进一步显现过程中出现的。所以这个“生”和“出”应该理解为本体的显现。

学生A：“一切事物都是由那具有至上、同等、永不改变的三位一体的神所造成的。”这里是说万物都是由这样一个三位一体的神所创造，并且认为他所创造的一切都是好的。“至上、同等、永不改变的善”代表的是上帝，在奥古斯丁看来，上帝是纯善的。“一切事物虽然没有至上、同等、永不改变的善，但它们也是善的。”上帝创造的东西虽然是善的，但是它们无法达到像上帝一样纯善。《创世纪》第一章讲上帝如何造物，在最后一日终于建好了这个世界。“天主看了他所创造的一切，认为样样都很好……如此在第六天终于造出了世界。”《上帝之城》中说：“当柏拉图论及创世时，他想到的是上帝赋予的那些形象的原始物质，亚里士多德也是……与此相反，奥古斯丁像正统的基督徒一样，主张世界不是从物质中创造出来，而是从无中，是上帝创造了物质实体，他不仅仅是进行了整顿和安排……”因为奥古斯丁首先是神学家，所以他的哲学是以基督神学为线索的。他的观点都是用一些高度神学化的语言表达的，是以上帝存在为基础和前提来进行哲学讨论的。在当时他的思想具有进步性，但在现在看来是有一定局限性的。

学生B：这里主要谈了两个观点，一个观点是不用任何东西就创造了整个世界，另一个观点是上帝所创造的一切都是好的。我有一个问题，既然上帝所创造的一切都是好的，那撒旦的恶是从哪里来的？

学生A：之前讲过，上帝所造的一切都不是纯善的，只有上帝具有善的绝对性，所以上帝造出来的事物是有一些缺点的。撒旦作为上帝创造出来的，他不具有上帝善的绝对性。上帝像赋予人一样赋予他自由意志，这个“恶”是他自由选择的结果。

教师：创造者本身是纯善的，并且创造出来的东西也是善的。创造了什么？不就是我们所在的这个世界，就是“this world”。从本原上来说是善的，而且本原是纯善，这里好像存在“善”和“纯善”这样一个区别。按道理如果是善的就应该没有“恶”的存在。刚才同学们也已经解释了“纯善”和“善的事物”的差别，就像柏拉图说美本身和美的事物是不同的。还有一个问题值得注意，说所创造的事物也是善的，是就全体而论，是基督教给我们的一种理念：我们现有的世界是上帝所认可的，我们是不能寄希望于世界的再造。基督教哲学思想虽然是唯心的，但存有积极因素。基督教实际上是在协调现有世界和公平世界的关系。那么“恶”是怎样产生的？基督教有没有很好地解决这个问题？同学们一定要注意这个“恶”并不仅仅指道德上的“恶”，也不是人间法律上的恶，最严重的“恶”不是违法。他所说的最大的“恶”是人有可能背离上帝本身，就是人的自由意志。他说全体而论是好的，但“恶”涉及全体事物中一类特殊的存在，那就是人。因为人是唯一模仿上帝而造的，其他的都是为人所造的。我们把世界分为“人”和“自然”两类，就是由基督教神学的创世说所提出。在人被创造出来前，其他事物已经存在了，他们是为人所准备的。库萨在《尼古拉》中提到，只要人试图去认识神，他就有可能背离上帝。“恶”的最本源就在于人有背离上帝的可能性。通过自己的认识来决定我与上帝的关系，这就是原初的“恶”，其他一切伦理的、法律的“恶”都是由它产生。

学生A：我想提个问题，既然神学认为世界不可再造，为什么会有挪亚方舟这样的故事？

教师：你觉得《圣经》中的挪亚方舟事件算不算再创造？

学生A：我觉得算，它算是对世界一个重新再造。

教师：你觉得挪亚方舟里放了什么东西？是不是还是以前的花鸟虫兽？包括人，也是以前的？

学生C：神学关于人的自由意志是怎么说的？

教师：你说的主要是这个人的自由意志是吧？要理解神学的这个“自由”，不能以现当代的政治哲学中的“自由”来理解。“自由”从最本体的角度来讲，如果一个事物按照固定的路线和轨道来发展，说明它是按照既定秩序走。“自由意志”是奥古斯丁最早总结出来的，在圣经中并没有直接说人具有自由意志，所以说是“神学当中人具有自由意志”。上帝原来为人设立了一个既定的秩序，但发现人有走岔路的可能性。奥古斯丁这里的自由意志可以用伊壁鸠鲁的“原子偏斜说”来理解，人具有偏离上帝给人设置的既有轨道的可能性。

学生C：老师，即使是偏离轨道，也是在上帝的安排中啊。

教师：这里涉及一个问题，在神学哲学中，上帝的安排是总体的，还是细节上的？

学生C：创世说说上帝创造了一切秩序。

教师：这个秩序应该是从宏观上来说的，你认为上帝的安排是由所有细节所决定的？

学生C：人的自由意志也应该是上帝安排的啊！

教师：这个问题涉及“恶”的产生是不是也是上帝的安排。如果偏离轨道也是由于上帝的安排，那么就会导致把“恶”的根源归结到上帝。如果人因为具有自由意志而作恶的话，根源就会归结到上帝。后世的宗教神学有一个论证，上帝创造了世界，给世界设定了既定的秩序；它最后怎么样，上帝可能很长一段时间是不管的。

学生C：那上帝就不是全能的了！

教师：按照神学哲学的观点，上帝只是不管而已，它还是存在的。它如果管理，不知道下次什么时候来管。这种选择体现了上帝既可以造福，也可以不造福世界。后世的神学是不会认可你这种说法的。如果认可你的说法，便会影响神的纯善性。

学生A：我看到它有一种辩证法思想。“因为善和恶比较，就显出更有价值，更可羡慕。”他的观点就是：恶的存在是为了凸显善。“事实上我们所谓的恶，岂不就是缺乏善吗？”这里就有一个独立的观点“不恶不善”。这里讲的不恶不善就是恶，因为不恶不善也是因为缺乏善。原著提到“不是有意做的事既不是恶，也不是善”，并涉及“不恶不善的标准”。“疾病和伤害并非什么实体，而是实体在肉身中的缺失；肉身既是实体，也是善的。”按照这个逻辑，也可以说：“贫穷并非什么实体，而是实体在我所获得的金钱中的缺失；金钱是实体，所以是善的。”我觉得这个逻辑有点问题。他通过“健康”和“心灵的罪恶”来表明“恶”是“善的缺失”。如果恶弥补了，善就回来了。

学生B：对于A同学提出的这个问题，我有一点想法。“贫穷”和“金钱”是不能简单地和“善”和“恶”来做类比的。我认为，因为它是善的，它才是实体。疾病和伤害是恶的，所以不是实体。“恶”是因为“善”的缺乏，是实体中缺失的部分。

学生C：“若是他不能从恶事中结出善果来，他就绝不会让任何恶存在于他的事业中。”如果一个人品行端正，却身染疾病，医治无效而死，这样一个人他的善果体现在哪里？

教师：奥古斯丁说的“疾病”与“健康”、“善”与“恶”，是一个“正态”一个“非正态”。“非正态”是因为“正态”的匮乏，进而说到人在试图认识神的时候有可能背离上帝。奥古斯丁在阐述时，很多时候面向的都是非基督徒，不能从认识神方面去宣传。让基督徒先去认识神，然后再信神，这在他看来是行不通的。但神学是讲论证的，他怎么来论证，只好用了类比法。“疾病”与“健康”能不能等同于“善”与“恶”？我们用柏拉图的理念论来说，如果说“善”和“恶”都是理念，那同学们认为它们是在同一层次上吗？哪一个更接近本原，肯定是“善”对吧。身体的健康相对于善来说绝对不是永恒的，身体的健康相对于善来说是可以抛弃的。这是奥古斯丁在针对非基督徒宣传时，为了使他们的信仰纯洁化，而不得以采取的一种方法。刚才A同学举的例子也是采用了类比法，相较于“善”与“恶”，是很难本体化的，只是在某种程度上具有一定教育意义。A同学举的这个例子，证明了A同学看到了奥古斯丁的类比法。这个例子是否合适我们需要思考；同时它所产生的含义及两者之间是什么样的关系都要明晰。其实例子和我们要证明的知识本身是有一定距离的，例子只是为了贴近听众而采取的方式。

总体来说，奥古斯丁把神学哲学化以后，张力是很强的。他知道自己应该往哪个方向走，不应该往哪个方向走，它所采用的任何方法都是为神学做论证的。这里要特别强调一点，不要忽视奥古斯丁哲学思想的宗教唯心主义本质。

第五章

笛卡尔哲学导读

严格来说，我只是一个在思维的东西，也就是说，一个精神、一个理智或一个理性。

——笛卡尔

笛卡尔强调“我思”是思想的第一原则，“上帝”是实在的终极原因，从思想的第一原则到上帝存在，建立了主观与客观的联系。他把思想与物质归结到两个不同的对象领域，从思想如何产生，追溯到个体如何反思和怀疑。这两者是不同领域的主导者，两个世界并不交叉混合，而上帝则统领两个世界。

一、良知何以理性

笛卡尔的普遍怀疑和古希腊后期的怀疑派，有什么不同？笛卡尔的怀疑是一种方法论，而怀疑派是一种相对主义。笛卡尔不是相对主义，笛卡尔反而是绝对真理论者。相对主义否认有真理存在，否认有唯一的实体，把这些东西都否认了。否认有实体，有的人否认有唯一的实体，有的人干脆否认有实体存在，有本体存在。怀疑论绝大多数否定本体本原是不可被认知，或者是不可以完全被认知的。所以，怀疑主义在知识论上走上了相对论，不认为我们可以彻底地认识本体，如柏拉图意念上的理念本体，亚里士多德的实体。怀疑派认为这些东西都无法彻底认知，或者干脆就不能成为认知的对象。笛卡尔则把普遍怀疑当作通向形而上学的方法，是达到“清楚明白”的预备环节。

“我思故我在”有何内在真理性意义？一般认为，“我思故我在”不是推导关系，而是本质和实体的必然关系。“推导”对应中文的“故”，但笛卡尔不认为整个过程是推理。最直白的说法：你思的内容是什么？是值得怀疑的，即思想的内容未必正确；但思想这种活动是存在，这种活动的存在是不容置疑的，毫无争议的，而活动存在必然有活动着存在。从这个角度讲，“我在”相对来说是比较空洞的，只是说具有一种能动性。这个“我”具有某种能动性，如说它是可以去看，去听，去想。至于看、听、想的内容，我们不确定。“太初有为”，就是指最初的能动性。“我”是一个能动者，就是我在，所以这个“我”实际上还是比较空虚的。但是先有这个“我”在，就可以进一步展开各种角度的认识，并逐渐涉及物质和精神的存在。“我思故我在”的“我”是一个空泛的能动者，看者、听者、想者、思者，说白了是从逻辑优先来看。哲学的起点就是类似于仅仅被确认为思想者的空虚者。如果按照这种说法，一个盲人能不能搞哲学？一般情况，没有时间也没有动力去探讨这个问题，但对于笛卡尔来说，盲人没有视力影不影响哲思，是个问题。对于笛卡尔来说，“我”虽看不到什么东西，但“我”视觉的损失对我来说是不是最整体性的打击？不是。视力的缺失，我就不是“我”了？不是。我视觉损失了，我听力还在，很多盲人听力更好。笛卡尔“我思故我在”说明了没有视力也可以成为“我”。你看霍金，不能走，照样成为科学家。这个命题最初讲的是能动者，这个命题很有力量，会冲击任何一个阅读者。从霍金角度来说，笛卡尔的命题给予了他原则性信心。处在霍金那样境遇，对笛卡尔这个命题的感受是不一样的。

总之，从常人的角度看，像霍金这样的人，许多能力都丧失了，却不影响他从事科学研究。“我思故我在”就是这样一种对人之为人的一种最重要最核心的东西的讲述：“我”的其他能力退化了或者丧失了，但不影响“我”成为一个人。人之为人，最主要的是我思，只要能思想就行。只要有“我思”，一切就都有了。“我思”就是笛卡尔所谓人共有的“良知”，是理性的能力。

良知是一种人本来具有的向善的理性，是人区别于动物的重要方面。动物之间互相残害，我们不加以善恶评判，而人类就不一样了。为什么？因为人类有主动的能力，这就是我们的自由了。人类的自由性是不断发展的，我们的文明是不断前进的。随着文明向前推进，人类自由是扩大和发展的，其发展前进的方向是真、善、美。而当我们有了更高层次，更接近真、善、美的选择的时候，我们认为这种高级的选择是善，而之前的选择是愚昧或者是恶。其实，“善”的发展就是人性自由的不断发展。也就是说，作为人我们有良知，但是良知的唤醒必须要人性的自由。

二、意识哲学设计

笛卡尔提出天赋观念论，“天赋观念”是一种观念还是能力，或是两者都有？洛克认为，笛卡尔的观念“是不必要的假设”。有没有必要？笛卡尔没能说明白，很多经验论者认为“天赋观念”这个问题是无意义的，不值得讨论。从哲学的角度来说，这种处理是否严肃？洛克为什么反对“天赋观念”，反对的依据是什么？应该说，如果笛卡尔所谓的“天赋”是现成地提供给我们人类的，是要被攻击的。如说上帝，前提是什么，是基督徒。但是现实中，很多人未必是基督徒，而且他们的上帝又不是基督教的人格神，他们利用了西方存在基督教的现实。在他们的理解中，上帝是一个无限完美者，他们只不过是巧妙地利用了这样的文化。所以，这个地方，就像我们说的，笛卡尔的正确和他的错误一样鲜明。这个地方不好处理，后人也不好处理。很多人采取了另外的论证途径，把这个去掉了。但是可以说笛卡尔的天赋有几种含义。这个天赋可能指原本潜在的，后又显现的能力。

能力是不是天赋的？从康德的角度说，是的。从我们自己反省的角度来说，也得承认能力是天赋的。唯理论者说的天赋，对于理智健全者来说，一点也不神秘，很具体。具体到什么程度？具体到只要你以你的意识，就可以以一定的程序主动去操作。就像做数学题一样，你只要知道解题的步骤是什么，这个时候你的能力就显示在解题步骤中。如果你找不到操作意识的能力和方法，你就看不到这种能力；但只要你找到操作的程序和方法，你的能力就在这当中呈现出来了。我们曾经在霍布斯那里提了一个问题，感性观念派生理性观念，是如何派生的？一旦把派生的过程说出来以后，你实际上就是在承认，人有某种能力，能够把人的感性认识提升到理性认识。所以能力这个东西我是承认的。但一定要注意，能力不是像笛卡尔讲的那样均等，能力是很不均等的。但是从一个大概的、平均的，或者说案例的角度来讲，能力应该是基本能力，否则我们的教育基本上难以进行。只不过现实中很多人没办法去挖掘，没有把这个能力挖掘并显示出来，并主动去利用这个能力。西方哲学家就挖掘了这点。而中国哲学讲的是心性能力，就是说，我们本质上有心性能力的倾向和素质。我们认为天赋观念，就是能力，天赋能力。这个能力，在西方哲学家看来，有共同的东西。能力未必是均等的，不过人之为人应该有一些基本的能力。如果一个人丧失这样的基本能力，我们就认为他不会承担什么责任了；如果一个人仍有能力，那他一定是要承担责任的。法律上有一个“无民事行为能力人”。

笛卡尔认为观念就是一种能力，要把“天赋观念”结合在一起，不要把它分开。实际上“天赋观念”讲的就是一种能力，人的基本能力，基本能力的活动。至于“天赋的”就是“先天的”“现成的”的观念，在笛卡尔这里，最终还是要舍弃的。后来康德发展为“天赋能力”，包括莱布尼茨也发展了这个。经验论者和唯理论者争论到最后，把天赋观念动名词化，不是一个具体的知识、不是一种具体的观念，而是人的一种具体的能力。

贯穿笛卡尔《第一哲学沉思集》的六个沉思主线，是对意识内容的反省和明晰。

第一个沉思的意识检查目的是为科学（包括哲学）找到确然可信的基础，检查的方法论依据是笛卡尔在《方法谈》中提出的“清楚、明白”原则。检查的结果是对知性对象和上帝的存在的存疑，既不能否认也不能确信其存在性；感觉是不可靠的；物理学、天文学等研究复合观念（知性对象）的学科是不可靠的；几何学、算学比较可靠，因为它们的研究对象是纯粹的广延性；但人类的理智可能出错，没有一个至善的上帝来保证我们的理智的正确使用，故而几何学、算学、神学都有值得怀疑（但不是否认）的理由。物体的本质属性是广延性，但广延性是怎么得出来的？人的理智。人理智有无错误？有。所以，首要的问题必须讨论人的理智的正确使用，这在形式上已经有了所谓“清楚、明白”的方法论依据；但要真正实施又必须找到确然的“自我”。

第二个沉思的目的，对于个人来说，“我思”这种活动先于任何其他的自我属性：“我思故我在”。“我思”是一个单词“cogito”，“我在”是两个词“ergo sum”，中文译文中的“故”对应于中间的逗号，中文译文是加上去的。“我思故我在”这个命题按照笛卡尔的自我设计，是哲学和科学的原初公理，是思维自身直接认识的，而不是通过推理得出来的。哲学和科学的其他命题反而由此得以推导出来。第二个沉思首先问，“我是什么?”这是笛卡尔的主体性哲学的起点问题，代表着不同于中世纪哲学的路径。其次反省，精神的具体内容可以是错误的，但“我思”作为一种思维活动是不可能被否认的。所以，我思故我在。最后，提出精神的认识叫内感知，对于外物的认识叫外感知，内感知比外感知更容易进行。

第三个沉思考察几种层次不同的观念，其正确性受到怀疑的程度逐次减轻。人经常犯错误，人自身认知的正确性受到自己的怀疑，表明人认识到自己是有限的，不完善的，而只有和“完善”相比才能得出“不完善”。人在认识到自己是有限的、“不完善”之前，已经潜在地有了一个“完善”的观念做对比。人内心潜在地拥有的这个“完善”的观念不可能是那些“不完善者”存在的后果，只能是那个“完善者”存在的后果

第四个沉思试图从上帝那里获得真理。理由为：只有上帝不骗人，上帝授给人的判断可靠，人仍然会有错误与上帝无关。凡是“我”领会得清楚、明白的东西，都毫无疑问的是实在的、肯定的东西。“我”之所以在某些东西或观念上领会得清楚、明白，是因为必然有上帝作为它的作者，上帝是至上完满的，他保证了科学真理的原初基础。认识真理的重要策略是把注意力充分地放在凡是“我”领会得清楚、明白的事物或观念上，把其余的、“我”所理解得糊里糊涂的事物或观念剔除，这样“我”就会认识到澄明的真理。

第五个沉思讨论具有广延性（有边界）的物质存在及其可认识的内容，提出了无对应的具体物体的物质存在的观念及其可认识的内容，如三角形的

自在性。使用类比法说明："上帝的存在"的结论如同"物质性事物的存在"的结论那样，是通过"断言凡是我清楚、分明地认识到是属于这个东西的都实际属于这个东西"而得出的。因此，只要承认物质性事物的存在，就要承认上帝的存在。

第六个沉思提出人的肉体性相对于人的意志等精神性的独立性；意志等精神活动相对于肉体性的逻辑上的独立性；人的灵魂是和肉体完全不同的，各自独立而存在的。

笛卡尔的心生二元论表现为"心灵实体"和"物质实体"的对应，但笛卡尔认为，它们在地位上是不一样的。对于心灵来说，它是通过"我思故我在"来得出我是存在的，而作为"我"的本质是思想，只真不假，是一种本质的存在。他举例说物质的气味、大小、颜色等这些普遍属性都是可以去掉的，物质的本质是广延；但广延是特别观念，不能通过想象来完成，只有通过心灵才能彻底了解事物。物质即使是模糊不清的或者并不存在的，都不能影响思想心灵作为本质的存在。心灵比物质更容易认识。原著以"蜡"为例，是一个"思想实验"。感官总是能看到蜡的变化，但这些变化都不是蜡最本质的东西的变化。作为一个物体，笛卡尔认为它的最本质的东西应是广延，但广延不是感官能够看到的，只有通过心灵。如此便可以推断，这个蜡是有形体的，而心灵是没有形体的；但是从外感官来看，我们是看不到它的本质的。而心灵是内感官，更容易认识物体本质的，这与一般的认识刚好相反。

那么，认识一个事物首先是由于感觉，才能进行接下来的深入认识，和笛卡尔这里"心灵比形体更容易认识"是不是相矛盾？笛卡尔把心灵与形体对立起来，把"心灵"看作一个认识对象，"思想"在笛卡尔这里更多的是一种主动的认识活动。唯理论者认为人的主动性主要体现在认知上的主动性，而后来者认为人的主动性不仅仅在思想上，如苏格拉底派认为人的情感和情欲也体现了人的主动性。心灵和形体如果不涉及本质，好像形体更容易认识。但在笛卡尔看来，如果两者不涉及本质，哪个更容易认识对他来说是无效的。在把握本质的层面上考虑这个问题，形体的本质是广延，广延最终还是需要主体的心灵去理解。所以，笛卡尔认为形体的本质最终还是需要那个正在思考的主体的思想活动去认识。作为那个正在想、正在思的作为认识对象的心灵也是需要思想活动去认识的。思想要跨出精神的界限才能认知形体，而心灵本身就在主体内部，相当于自我认识，形体认识相当于外部认识。在笛卡尔看来，认为自我认识比外部认识更容易。

天赋能力在笛卡尔看来一点也不神秘，表现为一种具体的思想操作活动，按照某种程序、规范来操作意识，即意识哲学的运思设计。

三、思想临时住所

笛卡尔为什么一定要引入上帝？如果笛卡尔不引入上帝，就会像我们所批判的那样成为唯心论中的极端唯心论者。如果他不借助上帝，物质这个观念的实在性就出不来，笛卡尔就推导不出物质的实在性，我思就是一个纯粹的、精神上的东西，就推导不出物质实体的存在来。对于笛卡尔来说，他的哲学思想是要为自然科学的发展奠基的，他还是要承认自然界中物质实体的实在性。这个存在是在什么意义上承认的？自然科学要尊崇形而上学，它有这种学科见解的含义。就是说自然科学家要听形而上学家的，形而上学家的“我思故我在”提出了第一公理；而自然科学家是迫切需要物质的客观存在的，没了这个，自然科学就不能展开了。自然科学家的这种需要是要靠笛卡尔哲学来满足的，但他又不能像前人那样，搞神秘主义。他认为自然科学要建基于形而上学之上。但笛卡尔认为单靠“我思故我在”不够直接，上帝这一理念的运用是笛卡尔认为比较巧妙的设计，对于现实中的人们具有说服力。上帝是“无限完满者”，它的这种无限完满的性质决定了它不能在观念中存在，它需要在现实中存在。如果在观念中存在，它就不是无限完满者了。笛卡尔这个地方至少在我看来，逻辑是有漏洞的。他运用上帝这一理念也是迫不得已的，不这样做就引不出物质的存在。我们可以看到，他这个路径不单单是纯唯心化，在笛卡尔眼里，自然界是按照规律演进的。他说是先有上帝这个无限完满者才有自然界的，上帝是可以完善的认识，它自身的运转也是有一定秩序的。所以，笛卡尔引入上帝这一概念为自然科学注入了秩序。牛顿用数学公式来标识万有引力，可能在他看来这就是自然界完美的体现，后世自然科学的成就便是笛卡尔这些理念的展现。他加入上帝这一环节并不是一点意义没有。没有上帝，自然界就没有规范了。如果没有理性的信念，那世界就是杂乱的、混乱的。笛卡尔认为我们的世界是有秩序的，只是还没有完全揭示出来。

像数学一样，哲学的各类思想都有自己的命门，后来的哲学就是通过对这些命门的突破来实现哲学思想的升华。所以，很多人说哲学其实没有进步，哲学只有创新。哲学不一定时时刻刻在进步，如尼采认为智者比苏格拉底更实用。苏格拉底强调绝对的理性，那人的情感呢？人是有情感的，这点毫无疑问。苏格拉底的情感在哪里？他认为情感是需克制的对象，情感是身体的欲望，笛卡尔也是这样。后人尽管认为笛卡尔的哲学理论比较完善，但还是从整体上推翻。人们不一定按照我思故我在的顺序，因为人是有情感的，而思这一活动可能是情感性活动。人如果没有欲望、没有需求，那也就不是人了。

为什么笛卡尔要引入“无限完满者”这个环节呢？笛卡尔为什么设立“无限完满者”这个对象呢？在这一方面有何考虑？阅读原著之后，我们知道他是要说明物质实体的状态。他之所以设定“无限完满者”，就是为了说明物质实体。如果不是为了说明物质实体，笛卡尔就没有必要引出上帝了。我们理解笛卡尔的“上帝”，应该把“上帝”理解为无限完满者。这意味着什么？它无处不在，无所不能。它既是客观实在的，又是主观精神；它既可以在精神中存在，也可以在精神之外存在。如果它在精神中存在，那就是一种精神性的上帝观念，就是完满的观念，美善的观念。如果它在精神之外存在，那就意味着“无限完满者”会和我们沟通，让记事在我们心里存在；同时，意味着它在心灵之外存在。如果上帝这一“无限完满者”的存在被证实了，那么它就会和主客观有一个联系，因为它是绝对完满性质的。

在学习笛卡尔知识的时候，我们需要考虑原因事实与结果的现实性关系。如说我们心中有一个完美的观念，无限完满者的观念，这是结果。既然有结果，也就有因。原因在哪里？对于笛卡尔来说，这是上帝概念引入的环节，包括他的证明方式，笛卡尔提供了一个因果性范例。主观客之间，由于符合绝对完满者这样一种需要，而这样一种需要催生了一种保障。这个保障是什么？简单来说，这个就是上帝来保证物质存在的真实性。上帝是无限完满的，绝不可能欺骗我们。上帝在人类心目中造成广延的天赋观念，必定与外部事物的形状和运动相符合。

我们心中已经有所谓的物质观念，这种物质观念是如何产生的？这不得不和广延性连接在一起。笛卡尔认为我们心目中有广延性，我们内心有广延性就应该有心灵之外的实体。这种心灵之外的实体不是我们可以直接接触到的。心灵之外的实体如果能够直接接触到，笛卡尔的思想就成了心灵和物质两类实体相互联系的学说了，笛卡尔的理论就不能说是二元论了。因为笛卡尔主张精神和物质是二元存在的，物质与精神之间没有相互作用。对物质实体的存在，笛卡尔开始这样发问：为何我们人类内心有广延的观念？为什么有广延的观念就有具有外部客观实在性的广延性的物质实体？笛卡尔表示这不是我们人类所决定，到底是由谁决定？笛卡尔解释道：是由上帝决定，上帝给我们做好了这种安排，上帝不会欺骗我们。因为上帝在我们内心植入了广延观念，所以必有广延性的物质实体的存在。上帝这一无限完满者的存在成为广延观念和物质实体之间的因果关联的必要一环。虽然听起来好像笛卡尔植入上帝不够合理，但是它的意义和价值很大。

笛卡尔哲学有其复杂性。笛卡尔从“我思故我在”引出“我”的存在，后人给他这一思想的标签是主观唯心主义。主观唯心主义从自我来确认其他事物的存在。笛卡尔关于“无限完满者”的观念的推导逻辑在于：自我的观念只有有限的完满，自我不可能提出“无限完满者”这个观念，所以“无限完满者”是客观存在的。既然他主张靠自我的认识来承认客观事物的存在，为什么到了上帝观念这里，就要通过这个逻辑来证明它的客观存在？这些问题关联到哲学史上的“笛卡尔的循环”，在很多人看来这是一个论证的循环。如前文分析，“我思故我在”讲的就是自我确定存在以后其他事物才能确定存在。这里要再次重申，“我思故我在”中这个“我”其实很空泛、很空虚。这个时候的“自我”它有什么属性？我们在解释“我思故我在”的时候讲得很清楚，也许你看事物看错了，但是看本身这个还在，并且肯定是存在的。这个时候的“我在”仅仅是一个空泛的、能动的思想者、思考者，或者宽泛地说就是在进行一种精神活动。这就是“我在”的这个“我”。

我们会发现植入了“无限完满者”这个环节，笛卡尔的哲学就挺“完备”。如果说他是唯心论，他承认物质存在；如果说他是唯物论，他又提出上帝和我思故我在。所以，“无限完满者”是他思想的临时住所，是他的形而上学的梯子。

笛卡尔哲学构思很巧妙，如同上文解读的“上帝”环节导致“心物二元论”，这是他思想的荒诞之所在。但这种荒诞，自有其深意：为各门科学划定界限。他的哲学统领了自然科学，比如心理学是研究心灵的，生理学是研究身体的。这两门科学有关系吗？它们之间虽不能直接沟通，但是在某种程度上我们不能够否认它们有关系。由于时代局限，当时有很多神秘化的东西不难理解，人们经常用一些神秘的精神性东西来说明物质性东西。笛卡尔认为近代自然科学在这方面有混淆，所以他要把各种知识分门别类，不能随意地做这种跨界说明。

思想史上，笛卡尔非常突出的一个成就是开启近代学科分立的历程。每一个学科的问题是什么，具体所言对象属于哪个领域？每门科学都要清晰地进行这种划分，才不至于导致混淆，彼此交叉不清。笛卡尔通过说明物质和精神的二元性尝试完成划分科学领域的工作。而古代哲学，无论是柏拉图、亚里士多德还是苏格拉底都没有进行明确的划分。笛卡尔时代，自然科学虽已在很多方面取得一定进展和成果，但自然科学的精确性还不够，各种研究相互之间的关系仍不清晰，科学研究对象以及相应的研究方法还不明确。

对自然科学领域进行划分，这本身就是一种哲学工作。笛卡尔说物质的存在是由上帝的关系来保证的，实际上是要进一步说明近代人相信自然总是以完美的方式、有秩序的方式、有规律的方式，尽管它自身是不够完美的，但至少它是比照那个完美的标准构建的。笛卡尔设置“无限完满者”这个环节，在这里是为了联系主观和客观，联系物质和精神。两者之间必不可少的一个中间环节就是“无限完满者”。我们研究笛卡尔的思想，探讨他的因果性哲学观点时，一定要通过“无限完满者”来讲。

在笛卡尔看来，自然作为自然科学的研究对象一定是有规律的。牛顿用数学的方式表达万有引力，这是自然完满性的一种体现，只不过我们没有完全彻底把握这种完满性。自然本身一定是有规律的，有秩序的。自然本身不是杂多，笛卡尔借助“无限完满者”这个中间环节，提供了一个对自然科学研究的保证和信心。如果自然没有秩序，那自然科学研究什么？如果自然本身一定是有规律，一定有秩序，那么自然科学就要发现并表达这种秩序和规律；而科学研究与科学对象的相应性要靠“无限完满者”来保证。

四、哲学转向的意义

笛卡尔将哲学从受人格神启示转向塑造一个哲学神：“无限完满者”。

笛卡尔在《第一哲学沉思集》中写道：“我是从谁那里得到我的存在呢？‘我’当然不是来自父母，它来自一个更高的存在，这个存在是完满而自为的。”他印证了“无限完满者”的存在，“无限完满者”作为无限完满者存在于世间却又没有具体的人格和形象。尽管笛卡尔的哲学神和拥有形象的人格神都是唯心主义的信仰，但二者的内涵各不相同。

对人格神和哲学神之间的关系产生疑惑主要原因是缺乏信仰。我们坚定地信仰马克思主义，尽管承认宗教的存在具有一定合理性，但对宗教哲学中的信仰了解不深。在中国，人格神主要存在于佛学理论体系中；在西方，人格神主要表现为基督教的“无限完满者”。在虔诚的基督徒眼中，神无时无刻不在他们的身边；每当提到神的名字，人们对神的感情就像火苗一样被点燃。神是无所不能的，是善良且纯真的，但神不是无法触及的。神陪在信徒的身边，与信徒共同生活，神能看到信徒的一举一动，洞悉信徒内心的欲望。神也愿意满足信徒的欲望，通常是通过信徒身边的朋友、亲人使其变得合理。人格神的存在并不是遥不可及的，就像手边的一个物品，像家庭中的成员，像最亲密的伙伴，但又拥有不可思议的力量。“人格神”虽只有三个字，但它所指代的形象却远远没有这么简单。

哲学神与人格神不同。哲学神没有具体的形象，也不需要具体的形象。每个普通人只要相信世界是完满的，就已经达到哲学神的境界。不妨问一问自己，现实世界是完满的吗？什么是完满？完满的标准会变吗？成长的过程中，随着人生阅历的增加，我们看待问题的眼光也会发生变化，对完满的看法和评定标准亦会产生偏移。小时候认为世界是完美的，但随着年龄的增长，越来越觉得未必如此，但到更高层次好像又回归到最初的想法。每人对于宇宙、社会，对于周遭的理解很具体，不能简单地用完满者来规范。笛卡尔信奉天主教，认为每个人都要拥有一个清楚明白的“无限完满者”的理念。哲学神就是一个理念，这个理念给予笛卡尔指导，指明他人生的目标：这个世界目前虽然有许多不完美，但笛卡尔相信它会按照秩序规律走向完美。

笛卡尔的天赋观念理论，让人很难理解，“无限完满者”理念更添费解。笛卡尔哲学的意义在哪儿？为什么人们称他为“现代哲学之父”？笛卡尔的哲学贡献主要在于一种思维方法，一种针对中世纪神学哲学知识论上的超越，这个主题可以用“转向”这个词来标识。笛卡尔哲学的主要意义是提供了转向，直接来讲，他的意义就是主体论。之前，虽然苏格拉底有“人的转向”，但是没有明确主体。“人的转向”只是让我们关心道德和善的问题，没有说是主体，没有谈个体性主体。笛卡尔的哲学就是发掘个体性主体，就是说个体是主体，这个转向可以结合文化断裂和中西在近代的差异来谈，“断裂”指古代和现代之间的断裂。笛卡尔之所以为近代哲学之父，就是因为这个原因。这个转向导致他的哲学和中世纪哲学有了断裂。虽然笛卡尔的转向很不完善，如“无限完满者”使其哲学好像四不像。

笛卡尔的转向是哲学史上的一个重要事件，在笛卡尔之后，主体转向知识论，以明确的方式要求哲学变得更为“科学”。

当然，现代哲学并不认同笛卡尔哲学转向的“科学性”，从柏格森的生命“绵延”学说可以得到现代哲人对笛卡尔的反馈。柏格森的绵延与直觉，是突破主客分立关系的现代尝试。他认为由于人与自然之间，尤其是人与自身的绵延之间，隔着一层厚重的外壳，或悬挂着一道无际的帷幕，使观照主体不能深入到生命之流中去，观照到客体对象的生命本体之美。如何才能打破这层厚重的外壳或揭开这道无际的帷幕，直接认识和把握到内在生命本体？柏格森认为唯有直觉。因为在直觉体验中，“我将不再从我所处的外部来了解运动，而是从运动所在的地方、从内部，事实上就是从运动本身之中来了解运动”。①

在专注于这样一个主题时，首先呈现给我们的是记忆，其次是绵延，最后才是直觉。记忆保护和存留着过去的真实部分，是纯粹的精神活动。记忆活动既是时间上的过去，又能将过去融入或者渗透于当前和未来的思绪之中，最能反映绵延的特征。记忆是沟通空间的自我与绵延的自我的关键，是物质世界与精神世界的切合点。正是记忆将在场与不在场融合为一。有记忆才会有时间，时间即是柏格森所说的“绵延”。绵延是真正的实在，是不可分割的质的变化流，是变化本身。绵延是一条无底、无岸的河流，它仅可以标出的是流向一个不能确定的方向。它是一种状态的连续，其中每一个状态既预示着以后，又包含着以往。这种流动和变化意味着内在的生命，是以直觉的方式通过深刻的内省才能达到的深层自我状态。因此，要真正做到对生命的理解，对自我的把握，只有从生命的内部，即从“绵延”出发。“绵延”是柏格森思想的核心概念，他关于自我的思想正是由此延伸而来。处于绵延状态，即心理时间中的自我，是体现最基本的自然生命力的本真的自我。而与客观时间相对应的则是空间的自我，或曰社会的自我。两种自我既是统一的又是对立的。现实生活中，它们体现在同一个人身上，第二种自我是第一种自我在外界的投影，是第一种自我在空间的以及在社会的表现。空间的自我是外在的、凝固的、确定的，具有社会的和文化的属性。但这并不妨碍柏格森对一直以空间性作为当然研究对象的自然科学一定程度上的肯定。

直觉是动物的天性、本能的智性进化，本能的最佳状态称作直觉。直觉体验“不从任何观点出发”，本能地直接与客体对象合而为一，认识和把握客体对象的内在生命本体。柏格森说：“我所说的直觉是指那种已经成为无私

① ［法］柏格森．形而上学导言［M］．北京：商务印书馆，1963：1-2.

的、自意识的、能够静思自己的对象并能将该对象无限制扩大的本能。”①

直觉体验是一种内在的生命体验，它不借助任何一种符号和媒介，我们必须放弃转述，直接掌握原物，用理性分析的方法去观察、认识、把握现实事物的习惯应该被抛弃。分析就是把一件东西用某种不是它本身的东西表达出来，所以，任何一项分析都是一种转述。分析是实证科学所固有的方法。人们用可见符号的东西去研究各种生命机能，怎能不导致认识主体与客体对象相对立？概念总在概括，使一个特殊属性为无数事物所共有，从而把它化作符号。唯有直觉体验不依赖任何符号，也不进行任何转述，打破抽象思维这层外壳，直接认识和把握本体。

因此，无论如何也不能同意柏格森有意用非理性哲学去对抗理性哲学的说法。任何时候，突破传统主客关系去树立新的形而上学是柏格森哲学的基本意图。

古代哲学认为概念的不变性是事物变化的终极原因，而近代的笛卡尔则在机械论和自由意志论之间摇摆不定。康德虽然开启了新的方向，但仍然是对绵延的忽视。柏格森对笛卡尔为代表的近代哲学的批评集中在以下四个方面：

先验地承认知性及其范畴的存在，而不问其起源；不承认除感性直觉的任何其他类型的直觉的存在；运用一种无真正时间的理论建构方法；不承认有“认识”实在的可能性，而将形而上学的重建置于伦理学领域。②

在康德那里，时间是人的心灵或意识先天具有的一种形式，用来整理经验材料以形成知识，同时产生现象。柏格森接受康德把时间说成心灵的先天形式的观念，但批评他把时间弄成纯一的媒介，仍然是用时间的象征物代替真正的时间。知性、直觉、实在都涉及自我，而自我是传统形而上学的根本问题。

柏格森的自我，通常是指人的精神方面，即由感觉、知觉、观念、思想、情感、情绪等意识因素构成的一个总体，他称之为意识、主观生活、人格等。

---

① ［英］罗素．西方哲学史（下卷）［M］．北京：商务印书馆，1982：349.

② ［法］柏格森．创造进化论［M］．北京：商务印书馆，1997：128.

他把自我区分为两个不同的层次：一个是表层自我，这是一个由一些清楚、明确的意识因素构成的意识领域。它处于自我的外层，在与外物的接触中，它的各个因素受到外物的规定，同时为适应社会生活的需要，它们又受到语言的规定。因此，它们有确定的轮廓、彼此能区分开，相互外在，可以像空间中的事物那样并排置列。表层自我没有绵延。柏格森认为，表层自我是不真实的，是真实的自我即深层自我在空间中投下的阴影。深层自我是自我的另一个层次，它又叫真正的自我、基本的自我，它是自我内里或深层的处于纯朴状态的意识。它的诸因素是不清楚、不明确的，彼此没有分明的界限；它们是混杂紊乱的，变动不停的，不可言状的。

他曾把自我或意识比喻为河流，表层自我是河流表面的冰层，深层自我则是冰层下面的水流。绵延也是深层自我的存在方式，它是一个不可分的、没有间断、绝对连续的流。由于深层自我与绵延有着如此密切的关系，有时柏格森也直接把深层自我称作绵延。自我包含着记忆，记忆是意识的基础，记忆之舟能把过去发生的事情载到现在。于是，过去与现在便融为一体了。

柏格森试图用自我的层次区分规避笛卡尔二元对立的窠臼，但这是否能成功呢?

外物没有绵延是柏格森的一个基本观点。柏格森注意到，通常人们有一种观念，认为外物是有绵延的。柏格森认为，这不过是我们把自己的绵延加到外物身上而已。外物作用于我们，我们心中产生了一系列关于外物的意识状态，有时我们不特别注意它们之间的区别，而是特别注意它们的联系。这时，这些意识状态便开始相互渗透、融合，不知不觉地把自己组成一个整体，并通过这个联系过程把过去跟现在联在一起，这就是绵延。由于这一系列意识状态是关于外物的，我们便误认为外物是绵延的。其实，所谓外物的绵延，不过是我们在想着外物时，把自己心灵中的绵延加到了外物身上。事实上，绵延和陆续出现并不属于外界，而只属于具有意识的心灵。但“外物有没有绵延”是一个有意义的或者重要的问题吗？任何一个理解贝克莱的著名命题“存在就是被感知”的人都不会问出这样的问题。问题的关键是柏格森用“直觉”终极了意识的自我询问。直觉是最高的，同时又是最原始的本能的智性进化。或许，无须通过传统形而上学的努力，作为生命冲动的我们只要拥有自由，投身创造进化也能达到生命最高形式。

现代哲学对笛卡尔哲学转向的批判，并不意味着笛卡尔哲学无意义。因为，正是有了这样的转向，才有了更为“科学”和“谦逊”的突破主客分立关系的现代哲学尝试。

[原著教学研讨]

学生 A：“良知是世界上分配最均匀的东西，因为每一个人都认为自己在这一方面有非常充分的禀赋。”一开始读到这句话的时候并不明白它的意思，为什么良知在每个人那里都是均等的？良知是否能够被衡量？我现在都不是特别明白。后看到原著翻译者王太庆解释“良知”：良知是一种良好的官能，不同于中国人所说的分辨善恶的能力，是指分辨真假的能力是理性的，认识论意义上的，而不是伦理学意义上的。根据笛卡尔的“良知对于每个人都是均等的”，从而会得出这样一个结论：“那种正确做出判断和辨别真假的能力……是人人天然均等的。”既然每个人的良知都是均等的，为什么每个人会对良知有不同的认知，那就是笛卡尔所提出的“我们意见之所以不同，并不是……而只是由于我们通过不同的途径来运用我们的思想，以及考察的不是同样的东西”。原著谈了笛卡尔并不认为自己的心智比别人有更完善的地方，他这样描述：“并且愿意在这一方面遵从哲学家们的共同意见……他们所具有的形式或本性则并无多少之别。”我认为他这里所指的“形式或本性”就是指良知，其所说的偶性应该是亚里士多德所谓的不是本质属性的那种。这里他的意思是每个人或许对良知的认识和理解有区别，但我们被分配到的良知是一样的。“从青年时代以来，就发现了某些途径。”这里的途径我认为指的是数学，因为这一时期笛卡尔的思想开始于数学和公理结合。“所以虽然我对自己所做的判断总是倾向于不相信的方面而不倾向于自负的方面。”这也体现了笛卡尔的普遍怀疑原则。总体来说，笛卡尔运用了通俗而不晦涩的语言。

学生 B：我想补充一个疑问，笛卡尔说，人与人意见分歧不是谁比谁更理智，而是各自有不同的途径引导自己的思想。找到正确的路慢慢走，要远胜过那里离开正确道路走在前面的人。“虽然我用哲学家的眼光去看一切个人的各种活动和事业时，觉得几乎没有一样不是空虚无用的。”当时哲学盛行辩证法，但笛卡尔认为自己到目前为止还未发现没有疑问的东西。笛卡尔认为他通过研究自己的经验找到了正确的途径。我想问的是，我们常常说集思广益，而笛卡尔说要通过研究自己经验来得到真理，两种方法哪种更好，如何认识？

教师：笛卡尔说每个人都是具有健全理智的人，他用的是“分配”一词，而没用柏拉图使用的那个“分有”，也没用基督教的“创造”。作为人，我们的类本质就是“理智”，也就是译文所用的“良知”，英语对应的是“conscience”。其实这里的“良知”就是“共知”，但这里的“良知”不同于汉语的“良知”。在笛卡尔看来，良知先是作为一种认知能力，它在每个人那里是一样的，在这基础上我们的道德判断才有可能达成共识。

人们肯定疑问，既然良知在每个人那里是一样的，我们要通过认知自己获得知识，为什么要集思广益呢？其他人的认知对我的认知有什么作用？在哲学上，他人的认知对我是怎样的，这是值得我们思考的。在苏格拉底哲学那里，他人对他来说是什么呢？是不是既可以是老师也可以是学生？同学们可以看到，在苏格拉底那里，他人是非常重要的，要么是对话者，要么是启发者。在笛卡尔那里，他人对我在哲学思考上的作用下降了，只留下了我们都是健全的理智者。学习当代人文科学时，总有人提出要打破“主体中心”，提倡“交互主体”或“群主体”，英语表述为“inter-subject”。在笛卡尔那里，和“我”相比，他人的地位是否卑微下降了？

学生 C：我觉得并没有降低，本质上他们的理智能力都是相同的，可能是没有找到正确的方法或途径去开发他的潜能。他这里主要是要强调他人应该寻找到正确的方法与途径去发掘自己理智的潜能，笛卡尔说他自己很幸运找到了这样的方法。

学生 D：我觉得在笛卡尔那里，他人其实是作为一个方法的补充。他说：“所以我很愿意认为它在每一个人身上都是完整的，并且愿意在这一个方面遵从他们的共同意见。”这个“共同意见”就是那些用正确方法运用了自己理智的人所选择的正确的东西。

教师：相对于动物，人的本质就是良知；人具有良知，在本质上就具有道德上的超然性。这里潜在蕴含，对待他人我们应有一个基本的尊重。我们承认他人跟自己一样是可以被认知的主体，并且这里有个假定，他人高于动物。人虽然有健全理智，但是运用理性得有一个正确的方法。“而只是由于我们通过运用不同的途径来运用我们的思想，以及考察的不是同样的东西。”就是说运用理性的方法和途径不同导致我们意见不一致。我们考察的东西是不同的，指很多人不能站在哲学的高度去考察事物，如自然科学和哲学考察的对象和方式是不同的。自然科学是一门有待奠基的科学，形而上学是根，物理学和数学则是树干，哲学是为自然科学奠基的。自然科学的研究方式相对于哲学的研究方式来说更加具体形象；但从观念准确性来说是不够严格的，而形而上学是最严格的。如何更加严格完善准确地思考自然科学，要依靠形而上学，形而上学在这里首先从知识论上说的。专业性就在于研究的方法和对象的不同，不是简单将一切都拉入研究中，而是要在学科范围中树立对象。总之，在笛卡尔那里，人与人考察对象和考察方法的不同导致人的观点的不同。

近代，一方面人是远远高于禽兽的，人人都有天赋理性，但是运用理性的状态是不一样的，所以要启蒙。社会上那一部分找到正确方法运用理性的人要对另一部分人进行启蒙。这就使西方不仅发展出一种主体中心论，甚至是西方中心论。最早发展起来的西方人，在面对非洲、亚洲人时，觉得有必要给这些还没发展起来的“蒙昧人”以启蒙，因为他们虽然有理性但他们没有运用。在笛卡尔那里，他人既可以是启蒙对象也可以是启蒙者。启蒙的对象笛卡尔倒不是说他自己，凡是找到正确途径运用理性的人都可以成为启蒙者。在研讨过程中还提出了“哲学家的共同意见”，说明近代以来存在这样一种群体；他们没有达到笛卡尔所说的理性程度，他们在一部分问题上达成了共识但还有一些问题并没有达成共识。笛卡尔寻找了一条在他看来是正确的在后世看来影响重大的方法，所以，笛卡尔被称为“近代哲学之父”。

学生A：在逻辑方面，亚里士多德的三段论和其他大部分逻辑规条都是在向别人述说已知的事物，而不能发现未知的东西。几何和代数作为方法论也存在局限性。笛卡尔在文中说：“几何局限于考察各种图形，……则使人受某些规则和某些数字的约束，以致使人们由它造成了一种混乱、晦涩、淆乱心智的科学，而不是一种培养心智的科学。”接着提出做的四条原则：“只是把那些十分清楚明白地呈现在我的心智之前，使我无法根本怀疑的东西放进我的判断之中。”可以看出迪笛卡尔的普遍怀疑的思想。“绝不能把任何我没有明确地认识其为真的东西当作真的东西加以接受。”这里是说要分析以达到无可怀疑。还可以看出他的分析思想，分析结果要尽可能细致，直到解决为止。同时，体现了他的秩序思想也就是从简单到复杂，“对于不存在先后次序的对象，也要给他们设定一个秩序”。而他的全面思想，是说尽可能地全面普遍审视，防止遗漏。

对于行为准则，他用房子的例子为类比。“因此，为了使我在受理性的驱使对我……我很愿意把他们报告给各位。”我认为这里笛卡尔将“思想”与“行动”看作两个独立个体，体现了他的二元论思想。“思想对应心灵”，“行动对应物质”，思想持怀疑态度，行动便不能犹豫不决。接下来他提出了四条暂行的行为原则，第一条回答了如何规范自己及服从法律和习惯，并通过笃守宗教信仰，在其他事情上遵守合乎中道的一些意见来规范自己。第二条回答了如何行动，即行动要坚决果断，即使可疑，也要加以遵守。第三条回答了如何处世，就是做好我自己。人只能掌握自己，控制自己的思想，运用自己能动性尽力而为。

对于笛卡尔的思想，我赞同但有一些疑问。首先他提出的认识原则我是赞同的，就是从整体到部分，不仅要认识复杂整体，还要关注细小部分。解决问题要从易到难，从简单到复杂，这都符合我们的认知习惯。疑问是守则第二条：当我一旦采取某些意见之后，即便这些意见极为可疑，我也始终加以遵守，就像它们是非常可靠的意见一样。既然思维清楚明白，接受的东西为什么是可疑的？既然可疑，为什么还加以遵守？

学生 B：笛卡尔的方法论原则有一个逻辑的呈现。他想建造普遍学问，于是想到了这四条普遍方法。但是要重新建造普遍的方法是很难的，他不能将已有的全部推翻，重新再建。他便提出一个临时行为准则。在第二条中，笛卡尔提出了普遍怀疑，接下来，他要么继续原来的认识，要么搁置而不去解决。

教师：B 同学第一个问题联系到前面采用的房屋建造例子，我们后面讨论。对于第二条原则，我们要联系第一条和第三条。第一条说要遵守法律和习惯，笃守宗教信仰，对于我们来说，今天也是要遵守法律的。笛卡尔虽然要求在哲学上找到确定无疑的起点，但他又非常稳妥。一方面谈我的哲学原则，另一方面给公众心理按摩，用稳妥方式推进哲学变革，就像我们古人所用的“春秋笔法”。再者，“当我采取……”这里的意见是我自己采取的。联系第一条，我遵守法律，遵从这些信仰，只要我采纳了它们，我就会毫不犹豫地遵从。这里大量采用“春秋笔法”，这些信仰一定是我所遵从的。“始终只求克服我自己……只求改变自己的欲望……”第三条读起来感觉笛卡尔是一个很温和、稳妥的人。但是仔细阅读：“相信除了我们思想之外……凡是我们不能做到的事，对于我们来说，就是绝对不可能的。”他大量强调了“我”，他人的意见是需要我接受的，以我接受的意见来规范自己。

学生 A：对于“普遍怀疑的原则”，“曾经把大量错误的意见当作真的加以接受……重新开始从根本做起。”可见他采取了“普遍怀疑”的方法，“打击那些旧意见所依据的原则”。他提出怀疑三部曲：周围世界、我的身体以及观念。“我一向当作最真实可靠的东西加以接受的一切事物，都或者是由感官得知的……可是我有时候发现这些感官是骗人的……对于那些骗过我们一次的东西不要完全相信乃是谨慎行为。”这体现了他对周围世界的怀疑。笛卡尔用自己睡觉做梦来做类比。“我们假定我们是睡着了，在梦中我们也有感觉，梦中感觉和现实中的感觉是一样的。”这是他对自己身体的怀疑。可是他依旧认为我们身体的“一个头、两只手、一个身体这些一般东西”是存在的。接下来他提出算术、几何等这些及其简单一般的东西总是确定无疑的。这里他举例子，“那么，那么我们的推论也许是不错的：因为不管……二加三总是等于五，正方形不会有四条以上的边……看来绝不会有任何虚假或不确实的嫌疑”。但是他又对此提出怀疑：“既然有时候认为别人在自己以为知道的最清楚的事情上骗自己，又怎么知道二加三……不是在骗自己呢?”他在对世界、身体、观念提出普遍怀疑基础上提出了这样的结论：“凡是我信以为真的东西，没有一件我不能加几分怀疑……小心翼翼避免那些东西，同避免相信虚妄的东西一样小心。”

学生 B：从后面的内容来看，笛卡尔对之前提出的普遍怀疑有了新的认识上的变化。

教师：也不能说是新的看法，“普遍怀疑”只是他哲学思考的一个阶段，他把怀疑的东西又树立起来了。如说数学的某些观念“圆的方”，听起来好像是数学观念，其实是一个虚假的观念，并不存在一个圆的方的东西。他把之前怀疑的学科又重新建立起来了，只不过是在更严格的基础上，并不是推翻了原来的东西。在“我思故我在”的严格基础上，再把像医学、生理学、数学等学科树立起来。意识哲学是有操作程序的，之前的程序是一个起点，为后面的工作奠基。

学生 A：第一，“我思故我在”是哲学的第一原理，他指出：“并且察觉到‘我思想，所以我存在’这条原理是这样确实，这样可靠……把它当作我所研求的哲学的第一条原理。”第二，文中提及“由此我认识到，我是一个实体的存在，这个实体的全部本质或本性只是思想……也不依赖任何物质性的东西”。这里他认为“我思故我在”中的“我”是同一个实体，“我思”与“我在”之间不是两个实体的因果关系，而是本质与实体之间的必然联系。最后一点是对其他资料的补充。笛卡尔认为“我思故我在”的“我思”包括一切意识活动，无论是理性的还是感性的，更重要的是它也是以意识活动为对象的自我意识，就是反思。

教师：在解读“我思故我在”时，要注意“我思”与“我在”是一种因果关系，还是一种必然推理，还需要进一步解读。

学生 B：笛卡尔说，“由于我们感官有时候欺骗我们，我就很愿意假定，没有一件东西是感官使我们像我们想象出来的那个样子。”既然感官是骗人的，“我思”会不会也是感官欺骗我们的表现？

教师：“感官欺骗我们”指的是感官有时候会出错，用的是术语，一种文学手法。但从我们的理解来说，就是感官它会出错。B 同学的问题是不是感官既然会出错，怎么会得出“我在”？这就要理解这个“我在”。举个例子，你虽然看到东西错了，但是你的眼睛是存在的。“我思故我在”就是说我思考的内容可能是错的，但是我的感官、思想、机能是存在的。既然“感官、思想、机能”在，那么必定有一个发出“者”，这个“者”就是“我”。每一个活动都有一个活动者，是思想活动与主体之间的必然联系。“我思故我在”可以这样理解，“我思”可以说是我怀疑，即我怀疑一切东西是否存在，但“我在怀疑”这件事是不可怀疑的；“我在怀疑”必定有个承担者，这个承担者就是“我”。这就是笛卡尔的思考路径。我们在评价一个哲学家时，首先要理解他的思维路径之后才能进行评价。可以看到笛卡尔的成就与他的错误一样伟大，因为笛卡尔的这个观点很可能导致后世所说的“主体中心论”。从“交互主体”的路径看他的观点会觉得有问题，那是因为你经历了笛卡尔的哲学，你才觉得“交互主体”很有价值；否则就不会有“交互主体”的提出。

学生 A：笛卡尔的二元论表现为“心灵实体”和“物质实体”的对应，但笛卡尔认为，它们在地位上是不一样的。对于心灵来说他是通过“我思故我在”推断出“我”肯定是存在的。而作为“我”的本质是思想，是只真不假，是一种本质的存在。他举例说明物质的气味、大小、颜色等这些普遍的特性都是可以剔除的。物质的本质是广延，但广延是特别大的，不能通过想象来完成，只有通过心灵才能彻底了解事物。物质是模糊不清的还是并不存在，都不能影响思想和心灵作为本质的存在。所以，心灵是比物质更容易认识。

教师：原著中梦的例子，包括你说的“蜡”都是一个“思想实验”。感官总是能看到蜡的变化，但这些变化都不是蜡最本质的的东西。作为一个物体，英文用的是“body”，其最本质的东西应是广延。但广延不是感官能够看到的，只有通过心灵。如此便可以推断，这个蜡是有形体的，就是“body”，但是这个“body”从外感官来看，是不能看到它的本质的。心灵是内感官，是没有形体的，更容易认识到本质，这与一般的认识刚好相反。

学生 B：认识一个事物首先是由于感觉，接下来才能进行深入认识。这和笛卡尔的“心灵比形体更容易认识”是不是有矛盾？

教师：首先我们要搞清楚一个问题：“心灵是不是思想”？当他把心灵与形体对应起来，他把“心灵”看作一个认识对象。“思想”在笛卡尔这里，更多的是一种主动的认识活动。唯理论者把人的主动性主要体现在认知上的主动性，而后来者认为人的主动性不仅是在思想上，如苏格拉底派认为人的情感和情欲也体现了人的主动性。心灵和形体如果不涉及本质，好像形体更容易认识。但在笛卡尔看来，如果两者不涉及本质，哪个更容易认识对他来说就是无效的。在把握本质的层面上考虑这个问题，形体的本质是广延，广延最终还是需要主体的心灵去理解。所以，笛卡尔认为形体的本质最终还是需要那个正在思考的主体的思想活动去认识。作为那个正在想、正在思的认识对象的心灵也是需要思想活动去认识的。思想要跨出精神的界限才能去认知形体。心灵本身就在主体内部，相当于自我认识，而形体认识相当于外部认识。在笛卡尔看来，自我认识比外部认识更容易。

第六章

霍布斯哲学导读

虽然有自然界的规律，如果没有树立起权力来，或者权力不足以保护我们的安全，那么任何人就会并且可以合法地倚仗自己的能力和技术防御别的一切人。

——霍布斯

作为经验论者，霍布斯并没有排斥理性；相反，他在一定程度上受到了笛卡尔的影响，十分重视理性。在他的理论体系中，无论是自然观、认识论、人性论都体现了理性的核心地位。霍布斯由于受当时自然科学尤其是数学、物理学、几何学发展的影响，其机械论的“理性主义”成为当代哲学，特别是政治哲学的重大议题。

一、理性与自然

霍布斯在其认识论中直接指出理性推理是一种加减计算，科学知识要借助这种理性推理才能获得。

霍布斯认为感觉不仅是认识的开端，而且是一切知识的源泉。没有什么天赋观念，一切知识和观念都是后天形成的，而经验实际上就是各个感觉影像的总和。霍布斯非常注重经验以及经验基础上的预测计算对人们认识和活动的指导性。他说：“有时人们想知道的是一种行为的后果，于是他便假定类似的行为会造成类似的后果，然后逐一地思考过去的类似行为及其产生的后果……这种思想就叫预见、慎虑或神虑，有时也称智慧……一个人对过去事物的经验比一个人多多少，他也就比另一个人谨慎多少，其预测失算的情形也就少很多。”①

当然，由于受到唯理论的影响，霍布斯也认识到感觉经验并不是认识的唯一形式。感觉经验只能把握有限的东西，提供事实知识，而理性运用正确的推理方法却能获得具有普遍必然性的科学知识，揭示事物的因果关系。

理性的计算性、精确性特征还明显地体现在霍布斯有关理性认识三步骤——概念、判断、推理的学说中。首先，霍布斯认为，概念的形成过程，就是对事物进行命名。这不仅是运用人类特有的语言给事物确定一个名称，而且要揭示名称的含义，给予精确的定义，这是获得科学知识的开端。因为事物在“加上这些意义范围或大或小的名词之后，我们就把心中构想的事物序列的计算变成了名词序列的计算”。② 这样就有了推理的可能性。“举凡可以列入或进行计算，并可以相加而成为和或相减而留下差的一切都是名词的主体。”③

其次，理性认识的第二步是判断的形成。这在霍布斯看来，就是把两个名称连接起来组成一个命题。理性认识的最后一步，也是最关键的一步，就是推理。霍布斯对“推理”的理解也是最能够体现理性特征的。在霍布斯看来，“推理就是一种计算，也就是将公认为标示或表明思想的普通名词所构成的序列相加减”。④

霍布斯认为，当一个人进行推理时，他所做的不过是在心中将各部相加求得一个总和，或是在心中将一个数目减去另一个数目求得一个余数。这种过程如果是用语词进行的，他便是在心中把各部分的名词序列连成一个整体的名词或从整体及一部分的名词求得另一部分的名词。如同算术家和几何学家、逻辑学家在语词系列、两个名词相加成为一个断言、两个断言相加成为一个三段论法、许多三段论法形成一个证明以及从一个三段论证的总结或结论中减去一个命题以求出另一个命题等方面，也同样可以看作加减运算。

霍布斯受当时自然科学发展的影响，把当时最新的数学、力学、几何学

---

① ［英］托马斯·霍布斯．利维坦［M］．黎思复，黎廷弼，译．北京：商务印书馆，1985：15.
② ［英］托马斯·霍布斯．利维坦［M］．黎思复，黎廷弼，译．北京：商务印书馆，1985：21.
③ ［英］托马斯·霍布斯．利维坦［M］．黎思复，黎廷弼，译．北京：商务印书馆，1985：23.
④ ［英］托马斯·霍布斯．利维坦［M］．黎思复，黎廷弼，译．北京：商务印书馆，1985：28.

成果引入他的哲学体系中，形成了他极具特色的自然观。在这种自然观中，可以度量计算、具有机械运动的物体构成了整个世界，“组合”“分解”“总和”等体现计算性的字眼经常出现。这体现了理性面对经验世界，把经验世界中的一切事物作为认识的对象，并运用数学把它们加以量化和精确计算，分解、整合的特点，以及把世界万物总体化、统一化的倾向。

“物体”是霍布斯自然哲学最核心的范畴。所谓物体，霍布斯说：“就是这个东西，由于它有广袤，我们一般称它为物体；由于它不依赖于我们的思想，我们说它是一个自己存在的东西；它也是存在的，因为它在我们以外，……可以为感觉所知觉，并且为理性所了解。所以，物体的定义可以这样下：物体是不依赖于我们思想的东西，与空间的某个部分相合或具有同样的广袤。”①

可见，在霍布斯看来，物体具有客观实在性，是不依赖于我们的思想而独立存在的东西；物体的根本特性是广延性，即占有一定的空间，有形体，具有长、宽、高三向量；因而可以加以组合和分解，也就是可以加减。这一根本特性保证了物体的可知性，我们只要充分调动感性和理性，运用数学对可度量、可分解组合的物体加以精确计算，就能认识它们。这体现了理性把一切量化并加以精确计算的特点。在霍布斯眼中，自然界不存在没有量的东西，即使一个点也是有量的。没有形体的东西，就无法量化计算，是不可知的，就不是物体。所以，霍布斯很自然地把物体视为自然哲学研究的唯一对象。他说：“哲学的对象，或者哲学所处理的材料，乃是每一个这样的物体：这种物体我们可以设想它有产生，并且可以通过对它的思考，把它同别的物体加以比较，或者是，这种物体是可以加以组合与分解的，也就是说它的产生或特性我们是能够认识的。”②

当霍布斯进一步研究物体的特性，也就是他所谓的“偶性”时，霍布斯

---

① ［英］托马斯·霍布斯．论物体［M］//十六—十八世纪西欧各国哲学．北京：商务印书馆，1975：83.

② ［英］托马斯·霍布斯．论物体［M］//十六—十八世纪西欧各国哲学．北京：商务印书馆，1975：64.

又强调说："除了大小或广袤以外，其他一切偶性都是可以产生和消灭的。"①

可见，霍布斯始终是从量的方面来考察物体，把能直接用数学方法度量的广延和形状等看作物体的根本属性，以利于人们认识事物，体现了一种工于量化计算以服务于人的理性。除了广延性这一物体的根本属性外，运动也是物体的重要属性。霍布斯认为，运动是物体既可以产生，也可以消灭的偶性，而各种运动形式又都可以归结为能直接用数学进行度量的机械运动这一种形式。按照他的观点，机械运动是唯一的、普遍的和绝对的，除了机械运动以外，根本不存在任何其他运动形式。"我们就把运动定义为连续地离开一个位置，又获得另一个位置。"②

实际上，霍布斯所谓的运动变化，就是物体的组合与分解，只是量的增加或减少和场所的变更。霍布斯这种可以度量和精确计算的机械运动观，无疑是理性的体现。宇宙是物体的集合，运动是一切事物变化的原因。霍布斯把世界万物都统一于物体，指出宇宙是所有物体的集合。

这样一来，经验世界中的一切包括人和国家在本质上都是物体了。除了把宇宙统一于物体以外，霍布斯还把一切事物变化的原因统一于运动。霍布斯把当时的机械运动原理引入哲学，作为构建其哲学体系的指导原则，试图用运动去解释世界上一切事物和现象。在他看来，一切事物和现象包括人都遵循着机械运动的规律，都可以用运动的原理来加以解释。各门科学的任务在于研究事物的运动。几何学研究物体本身的简单运动；力学研究一物体对另一物体的推动；物理学研究物体内部物质微粒的运动；伦理学研究由于人的情感、欲望造成的运动；政治学研究人们之间的相背和相向运动，等等。

霍布斯把物体的偶性之间的因果关系理解为主动与被动的关系。他说："一个原因，就是主动者和被动者双方中所有的这样一些偶性的总和或集合，这些偶性会合起来产生所提出的结果。"③

---

① ［英］托马斯·霍布斯．论物体［M］//十六—十八世纪西欧各国哲学．北京：商务印书馆，1975：86.

② ［英］托马斯·霍布斯．论物体［M］//十六—十八世纪西欧各国哲学．北京：商务印书馆，1975：76.

③ ［英］托马斯·霍布斯．论物体［M］//十六—十八世纪西欧各国哲学．北京：商务印书馆，1975：73.

“一切结果的原因，都在于动作者与被动者双方面之中的某些偶性。这些偶性全部出现了的时候，就产生结果；但是如果其中缺少了任何一个，结果就不产生。”①

原因和结果相互依赖、相互转化。因果性就是必然性，整个世界是原因和结果必然联系的锁链，不仅自然现象受到因果必然性的支配，人也要受到因果必然性的支配。在霍布斯看来，人们所做的任何抉择都是有一定原因的，都是人们权衡利害得失的结果。这里，有两点工具理性的体现：一是原因和结果仍涉及偶性的集合和分解；二是霍布斯肯定因果必然性的客观存在，并且看到了人们根据因果必然性可以做出一定的预测。权衡利害，通过手段的优化达到预定的目的，这恰恰是理性的重要表现。值得注意的是，霍布斯虽然强调因果必然性，否定自由意志，但他不否认人的自由存在。他说：“自由一词就其本义来说，指的是没有阻碍的状况，我所谓的阻碍，指的是运动的外界障碍。”②

对于人来说，自由人是指在其力量和智慧所能办到的事物中，可以不受阻碍地做他所愿意做的事情的人。自由与必然是相容的，自由就是遵循必然性而无阻碍地活动。③

二、自然与人性

近代，霍布斯是最早在理论上对人性做出系统而详尽的论证和阐释的人。他的人性观建立在自然观和认识论基础之上，又为其国家政治学说提供了理

① ［英］托马斯·霍布斯．论物体［M］//十六—十八世纪西欧各国哲学．北京：商务印书馆，1975：87.

② ［英］霍布斯·利维坦［M］．黎思复，黎廷弼，译．北京：商务印书馆，1985：162.

③ ［英］霍布斯·利维坦［M］．黎思复，黎廷弼，译．北京：商务印书馆，1985：163.

论基础和逻辑前提，是一种以理性为本的人性观。霍布斯所谓的人性包含许多方面的内容，但理性是人的本质所在。霍布斯说："人的本性是他的各种自然能力和力量的总和，像营养、运动、生育、感觉、理性等能力。这些能力，我们都一致地称为'自然的'，它们在'动物的'和'理性的'这些语词之下包含在人的定义中。"①

在霍布斯看来，人不是上帝的创造物，而是自然的组成部分；人是物体，有其运动，遵循机械运动规律。从人的运动和感性方面来说，人总是倾向于趋利避害、自我保存。但这并不是人性的全部内涵，也不是人的本质所在。霍布斯认为，具有理性是人的本质。他说："人是一个物体，它是活的，有知觉的，有理性的。"②

"活的""有知觉的""有理性的"这三个定语分别把人与无生命的物体、植物、动物区别开了。因为有理性，人才能与动物相区别，人的趋利避害和自保才能在性质与层次上有别于动物的趋利避害和自保。理性是人的本质所在，是霍布斯人性观的本质内容。而霍布斯所谓的理性，实际上体现为一种工于计算推理，权衡利弊，强调手段对目的的作用，又内含价值的理性。他说："人类有一种优于其他动物的能力，这就是当他想象任何事物时，往往会探询其结果，以及可以用它得出什么效果。"③

人类可以通过语词将自己所发现的结果变成被称为定理或准则的一般法则。有了定理或一般法则，人就可以在一切方面进行推理或计算。霍布斯肯定了人人平等的理性推理能力，认为即使是儿童，在掌握语言，学会计算后也都会运用推理。

善恶问题是近代人性论的中心问题，霍布斯也不例外。霍布斯所谓的善恶不是简单的伦理上的善恶，而是与理性相联系的。霍布斯认为，欲望和嫌恶归根到底都是人的感官接受外界物体的刺激所产生的运动。人总是欲求能促进生命运动、引起快乐的东西，厌恶阻碍生命运动、引起痛苦的东西。人

---

① Hobbes, Thomas: The English works of Thomas Hobbes of Malmesbury; now first collected and edited by Sir Wiliam Molesworth, Bart. Aalen, Germany: Scientia Verlag. 1966 (4): 2.

② ［英］托马斯·霍布斯．论物体［M］//十六—十八世纪西欧各国哲学．北京：商务印书馆，1975：77.

③ ［英］托马斯·霍布斯．利维坦［M］，黎思复，黎廷弼，译．北京：商务印书馆，1985：30.

所欲求的对象就是善，人所嫌恶的对象就是恶。霍布斯把善和恶分为三种：第一种是未来的善或恶，即预期希望方面的善或恶，谓之美；第二种是当前的善，即效果和目的方面的善或恶，令人高兴或不快；第三种是手段方面的善或恶，谓之有利、有效或无利、有害。可见，霍布斯已经看到了人的预期、目的的合理性以及手段的有利、有效性，并把它们与善恶价值观念相联系。这就使人在行动中必然要权衡利弊、趋利避害、合理预测，采用有效的手段达到各自认为合理的目的。按照霍布斯的观点，最大的善必然是保全生命，而最大的恶必然是死亡。人必然会在理性指导下权衡利弊，在自我保存的基础上，进一步趋利避害，寻求幸福的生活。在霍布斯看来，“今生的幸福不在于心满意足而不求上进。旧道德哲学家所说的那种终极目的和最高的善根本不存在。……幸福就是欲望从一个目标到另一个目标不断地发展，达到前一个目标不过是为后一个目标铺平道路”。①

人不仅要获得幸福的生活，满足现在的欲求，而且要争取幸福生活的保障，获得终生的幸福，这就离不开人的权势。霍布斯说人的权势普遍来讲就是一个人取得某种未来具体利益的现有手段。自然权势是身心官能的优越性，获得的权势则是来自诸种优越性或来自幸运、并以之作为取得更多优势的手段或工具的权势，如财富、名誉、朋友以及上帝暗中的相助等。由此可见，霍布斯特别强调手段对实现人的现实利益，获得现世幸福的有效性。这体现了理性对有效手段的强调和讲求现实性、实用性的特点以及早期理性对价值因素的包含。

霍布斯反对亚里士多德关于“人是天生的政治动物”的观点。认为在国家产生之前，人类是单个的、孤立地生活在“自然状态”中的。在自然状态中，没有国家，没有统治，没有私有财产，没有“你”的和“我”的之分，没有善恶之分。自然使人在身心两方面的能力都十分相等。

自我保护、趋利避害是人类共有的欲望和感情，所以，每个人都享有平等的自然权利，即“每一个人按照自己所愿意的方式运用自己的力量保全自己的天性——保全自己的生命的自由。因此，这种自由就是用他自己的判断

① ［英］托马斯·霍布斯．利维坦［M］．黎思复，黎廷弼，译．北京：商务印书馆，1985：72.

和理性认为最适合的手段去做任何事情的自由”。①

也就是说，在自然状态下，每个人都能凭借自然权利，采用一切他认为必要的和有效的手段实现自我保护、趋利避害，做对自己有利的事，追求个人利益的最大化。这体现了每个人的利己性，但这种利己性和由此产生的理性行为，在霍布斯看来本身并不是罪恶。因为它是出于每个人的本能和判断，都是经过计算、权衡利弊的，对每个人自身而言都是合理的。如霍布斯所说："如果为实现这一目的而采用必要的手段的权利被否定，那么实现这一目的的权利也就失去了意义。"②

每个人都有采用一切手段以自保的权利。这体现了理性建立在原子式的个人基础上，立足于自我，带有一定功利倾向的特点；但同时，这种理性也在一定程度上体现了人的生而平等和自由。

在自然状态下，能力几乎相等的人们，为了满足自己无穷的欲望，都自由地去争夺、占有，彼此就会成为仇敌；人对人就像狼对狼一样，互相疑惧，互相争夺，互相残杀，人人都生活在对死亡的恐惧中，自然状态成了战争状态，没有对公正的诉求。这使人们迫切想摆脱它，寻求和平与安全，以保障自身利益。这时，人的理性凸显出来，为人们摆脱自然状态指明了道路，提出可以使人同意的方便易行的和平条件，这就是自然法。

"自然律是理性所发现的戒条或一般法则。这种诫条或一般法则禁止人们去做损毁自己的生命或是剥夺保全自己生命的手段的事情，并禁止人们不去做自己认为最有利于生命保全的事情。"③

最重要的自然法有三条：一是求和平和尽可能地保卫自己。二是在自保需要时，可放弃一切权利，而满足与他人相等的自由权。三是所定信约必须履行，这包含着正义的源泉；信守契约就是正义，反之就是非义。自然法还包括感恩、体谅、宽恕、谦逊等。为了使人们更好地理解他的各条自然法，霍布斯把所有的自然法归结为一条，就是“己所不欲，勿施于人”。在霍布斯看来，自然法是有理性的人都能发现的正确指令，是永恒不变的；而它一旦

---

① ［英］托马斯·霍布斯．利维坦［M］．黎思复，黎廷弼，译．北京：商务印书馆，1985：97.
② ［英］托马斯·霍布斯．论公民［M］．应星，冯克利，译．贵阳：贵州人民出版社，2003：8.
③ ［英］托马斯·霍布斯．利维坦［M］．黎思复，黎廷弼，译．北京：商务印书馆，1985：97.

被人的理性所发现，就具有了道德规范的意义。自然法就是道德法，研究自然法的科学就是真正的而且是唯一的道德哲学。这是因为，所有自然法都是以谋求和平、保全生命为最终目的的。凡是符合自然法的就是善，就是道德；反之就是恶，就是不道德。这样一来，先于国家而存在的自然法最早规定了道德的内容，成为人们必须遵守的道德准则和理性法则，成了判断行为善恶的尺度。人们若都出于理性，按照自然法行事，就可以变野蛮为文明，变无序为有序。自然法的重要性在于它是人们获得和平，趋利避害，达到利益和幸福生活的条件和有效手段；它对人的行为有内在的约束力，使人们在行动时权衡比较，尽量使结果既有利于自身，又不伤害他人。这在体现理性计算权衡和强调对有效手段的利用等特点的同时，更多地体现了价值、道德因素对理性行为的规范和引导。

三、人性与契约

社会契约论可以划分为传统的和康德主义的。传统社会契约论者包括霍布斯、洛克和卢梭，后者包括康德和罗尔斯；亦有按照是利益本位还是权利本位来划分社会契约论的，本书这种划分是想强调社会契约论从政治义务向正义的转向。霍布斯并不是第一个社会契约论者，最近的研究表明，托马斯·阿奎纳等人在阐述君主和臣民的关系时已经提道：只有上帝是绝对的统治者，而君主不是；如果君主不履行义务，臣民有权利不把他视为君主。但霍布斯在《利维坦》中所推演的是超越所有前人的一个系统且坚实的主张。所以，我们从他开始谈契约论也是合适的。同时，霍布斯的主张也被后来的社会契约论者激烈地反对，尽管他们采纳了他的术语和问题。

在西方政治哲学史上，霍布斯是率先反对“权利来自自然法和神法”古老传统的哲学家。霍布斯使权利成为一种“事实”，拥有权利实际上等同于享有自由的状态。因为这个原因，霍布斯被看作自由主义的奠基人之一，是“个人权利优先于公民社会的形成”观点的首倡者之一。

他认为自由和真理是两种相互冲突的状态，在自然权利状态中不可能有唯一正确的政治认识。这个问题实际上涉及霍布斯政治哲学中的知识和政治之间的关系问题。在自然状态中，个人主宰自己的感知，“对和错”全由自己来决定。但是，公民社会的形成要求转让权利和个人权威，这包含了如下含义：通过转让，使共同的或绝对的知识标准以及关于权利内容的共同理解成为可能。这体现了一种政治认识论为政治科学奠基的方法。

自由在霍布斯的理论中是一个基本概念，它以最简洁的方式被解释为一种缺乏或者不在场，特别是指对运动的没有妨碍。但既然作为一个基本概念，问题就不会这么简单，它是一个贯穿霍布斯所有著作的基础性概念。

霍布斯在其政治哲学中提供了关于自由的若干种定义：在《论公民》中，霍布斯把自由定义为“运动的障碍和妨碍的不在场”。① 在《利维坦》中，自由被“原初上准确地”理解为“外部妨碍的不在场”。②

霍布斯使用自由的概念去说明权利。他说“权利”就是“去做或者避免做某事的自由”。以此定义为基础，很多人把霍布斯的权利概念定义为一种事实上的运动的自由。例如，在没有其他人坐的情况下，我有坐在一个特定的椅子上的权利，任何人不能阻碍我去坐。这种类型的权利在任何时候都可能因运动停止而终结。如果运动已经有效地被制止，这种权利就不存在了。如果霍布斯想以一种权利的概念作为政治哲学的核心或者基础，那么这样的关于自由的物理学定义是不能充当这一角色的。因此，自由的概念所表述的“权利”不能作为道德理论的基础，只能是一种偶性的事实；它指向一种为纯粹而粗暴的现实主义政治辩护的努力，而这并不是霍布斯政治哲学的主旨。

这样的自由概念本身并不能为一种权利说奠基；但是，当自由的概念和“理性推理”，而不是“审慎推理”的概念相联结的时候，它就可以被表述为权利的基础。

---

① ［英］托马斯·霍布斯．论公民［M］．应星，冯克利，译．贵阳：贵州人民出版社，2003：6.
② ［英］托马斯·霍布斯．利维坦［M］．黎思复，黎廷弼，译．北京：商务印书馆，1985：97.

任何一种社会契约论都隐含一个前提，同意是公正地限制人们自由的唯一途径，也可以解释为同意是唯一公正地使人们成为一个服从政府的公民的原初途径。只要有人同意了某种限制，那么在这种限制施之于身的时候，这个人就没有理由抱怨。理性的人们将会同意限制他们的自由以获得某种利益，如安全、更大的自由、财产权等，社会契约被假设为对这种同意的描述。在霍布斯的阐述中，人们放弃在自然状态中获得的权利以获得安全。如同许多其他的社会契约者一样，霍布斯设置了一种前契约的状态以便于比照缔结契约的益处。对这种“自然状态”的描述是缔结社会契约的第一步，同时提供了理解社会契约的一把最好的钥匙。

霍布斯在《利维坦》中把自然状态描述为“单个的、贫穷的、肮脏的、野蛮的和短缺的”。这种描述源自自然状态是一个没有工业、农业、科学和任何其他成就的状态，因为这些活动的成果是不确定的。成果不确定的原因在于所有人在心智和身体上是自然地平等。在自然状态中，没有对和错、正义和不正义的概念。按照霍布斯的说法，这些主张对于理解社会契约的必要性是根本性的。

“所有的人都是平等的”在霍布斯那里意味着人们当中没有自然的权威。每一个人，无论能力和天赋的多寡，都对所有其他的个人构成威胁，每一个人都惧怕另外的人。在这种人与人之间的战争状态中是没有对错之分的，这表示正义和权利是公民社会的产物。自然状态中的个人都努力做他们的欲望所指引之事，即生存，除非有一个他们都敬畏的公共权力。传统的宗教权威尽失，既然破败到不能使人在政治上敬畏，也就不能承担公共权力的职责。一个没有道德、没有正义、充满死亡威胁的状态，很自然地促使人们感到必须缔约。自然状态是霍布斯反推的结果，我们姑且遵循霍布斯原初的写作思路去理解他的自然法则。

霍布斯描述了一种人们将会体验到的恐惧状态，同时指出必须有一个在所有人之上的公共权力才能结束这种人人为敌的状态，困难在于和平是如何建构的。霍布斯肯定不会同意任何和平条款都是有效的，如果任何合同都是有效的，那么公民社会的规则就不是理性的产物；不是科学，而只是幻想。霍布斯必须一方面表明与自然状态的关联；另一方面必须寻找基于理性的公民社会条款，来为他的政治安排做证明。因此，霍布斯在他的书中安排了两个重要概念去联结自然状态和明确的社会—政治秩序：自然权利和自然法。

自然权利是保存自身的自由，这种自由直接导出自然状态中对错不分的情形。这并不是说不分对错的状态是应该的，而是说必然的。因为自然状态中的人们的知识能力不够，只能是审慎的知识，故而不可能达成关于正义的统一观念。

当一个人必须生存下来的时候，他可以做任何事。这种自由是做任何不择手段的事以求生存的自由。本质上，自然权利不是一种权利，而是一种前契约社会的战争状态的声明。我们可以把自然权利描述为战争状态和缺乏道德限制。与其说它允许一个人做任何生存所必须之事，还不如说没有任何规则可以用来反对保存自己生命的活动。

另外，“自然律是理性所发现的戒条，这种戒条或一般法则禁止人们去做损毁自己的生命或者剥夺保全自己生命的手段的事情，并禁止人们不去做自己认为最有利于生命保全的事情”。① 自然法的重要性在于它允许霍布斯联结自然状态中恐惧的人和一个特别的公民社会安排。

霍布斯提供的自然权利和自然法的定义都集中于生存，第一个联结自然状态和一个明确的社会动作做出了。既然法则和权利都建立在理性之上，那么和平地生存便成为理性的产物。确实，自然法的第一条律令就表明：既然每一个人都有获得和平的机会，那么个人就应该去寻求它，而自然权利则与之相反不应该去追求它。这样，恐惧不再是寻求和平的重要原因，理性成为追求和平的基石。自然法的第一法则主张：无论我们是否真正地惧怕别人，理性都要求我们追求和平。如此论题转换了，不再是源于生存威胁的激情而是理性的考量促使了迈向政治社会的这一步。因此，自然状态和契约之间的一种联系已经找到：理性要求人们应当寻求和平。

自然法的第二法则表明和平的途径是人们在所有他人都如此做的情形下，放弃绝对自由。第二自然法则表明理性告诉人们获得和平的一个途径是人们放弃自由以获取安全。这是一个经验的观点，但霍布斯却认为它是理性的产

① ［英］托马斯·霍布斯．利维坦［M］．黎思复，黎廷弼，译．北京：商务印书馆，1985：97.

物。如同上文所述，恐惧已经被置换为理性。于是，自由被契约式地放弃便是理性的而不是恐惧的产物。通过自然法，霍布斯已经在寻求和平和理性要求缔结契约之间实现了成功过渡。我们现在已经获得一个基于理性的介于自然状态和放弃绝对自由之间的联系。我们已经从自然状态上升到“利维坦”的国家状态。

最后，关于社会契约理论，我们需要考察的方面是这些自然权利是如何以及向谁提交。霍布斯区分了断绝权利和转让权利。当一个人以上述任一种方式被剥夺了某种权利，这个人就失去了阻止他人追求这一权利的权利。如霍布斯所表明的，一个人不可能给那拥有自然权利的人更多的权利，而只能作为一个障碍去停止他对这一权利的实施。断绝权利和转让权利之间的区分是：前者是剥夺自身而不论这种剥夺对谁有益，后者是一种你不会成为他人权利实施的障碍的保证。霍布斯把契约定义为“权利的共同转让”①，把信约定义为“信守契约”。于是在讨论了信约的属性之后，霍布斯就从第二法则引出了第三法则：人们信守他们做出的约定。

在第三法则之后，一个问题立刻涌现：这个共同转让自然权利的信约是和谁作出？权利转让给谁？霍布斯说信约是在每一个人之间做出的转让统治自身的权利给某一被任命的人或者一群人。这一个人或者一群人是仅有的不参加缔约者。这意味着拥有权力的这一个人或者一群人可以带来和平。每一个人的意志于是被联合在一起，那就是共和国或者利维坦，那行使权力的人就是统治者。既然统治者的意志是人们的意志，那么人们就是统治者的所有行为的始作俑者。最后，既然第三法则要求个人必须遵守信约，那么共和国内就没有反叛，缔约者有义务去遵守共和国的法律。

关于自然权利的共同剥夺存在文字上的争论。一派认为保留自然权利意味着只有统治者拥有先前在自然状态中拥有的权利；另一派则认为权利的转让表明统治者拥有他先前本不具备的权力。这些观点被归纳为弱势统治者和强势统治者。霍布斯认为统治者必须强大到没有任何限制加之于他，但这不

---

① ［英］托马斯·霍布斯．利维坦［M］．黎思复，黎廷弼，译．北京：商务印书馆，1985：100.

能看作是上述所谓的强势统治者的观点。强势统治者的观点忽略了霍布斯对于“转让”的定义，如此统治者被设想为公民的权利的储蓄库。如上所引，霍布斯对于“转让”的定义包含了剥夺权利是为了清除因这一剥夺而受益的障碍。转让权利即意味着你将不会妨碍那特定的个人行使他的权利的行为。转让权利是一种储蓄权利的方式，当一个人转让权利的时候，别人并不能获得一个权利，他只是不再被妨碍。

最后，如上所引，统治者并不是缔约的成员，因此他没有途径去接受这些权利。于是，弱势统治者的立场是唯一与霍布斯的论述相吻合的立场。

当霍布斯使用“理性”一词的时候，并不总是意味着理性的能力。霍布斯把理性的能力视为对于一系列普通名词的计算。一个名词系列，或者思想系列，是从一个思想到另外一个思想的继续。于是，理性伴随着思想系列。有两种思想系列：规则的和不规则的。不规则的系列如同思想的随机后果，而规则的系列则被某种欲望所规律化。伴随一串意识流的可能是不规则的思想系列，而规则的思想系列类似于扔一个皮球到窗户上去的后果的思想。的确，这里有两种类型规则的思想系列：由果及因的和由因及果的。欲望刺激我们思考能够引起欲望之物的原因，思想系列的规则就是以满足欲望为目的的思想系列的探寻。计算可以被理解为寻找所有能够引起我们欲望之物发生的原因，于是推理就是对未来可能产生和如何产生预定情形的活动。

霍布斯还说自然法是基于理性建立的，但是为自然状态中问题提供方案似乎并不是霍布斯所描述的那种纯粹的理性推理所能及的。基于理性建立的必定是思想系列的结论，困难在于没有任何一种规则的思想系列符合这种情形。自然法既不是基于一种结果的原因，也不是一些原因的进一步后果。如果它们是，那么自然法就可以基于它们的结果理性地建立起来。然而，没有任何结果可以引出这些法则。自然法不可能以由因及果或者由果及因的方式推导出来，自然法被设想为来自理性的而不是从某些后果反推出来的。

这里我们有必要指出霍布斯所运用的“理性”的地方，实际上属于“合理性”范畴。理性是一种天赋的能力，而合理性则是一种被视为对理性行为的合适收益的知性理解。霍布斯基于一种合理性而不是理性的概念联结自然状态和政治社会，以此提供解决自然状态中问题的方案。如果人们寻求避免死亡，那么理性可以合理地寻找到那种达此目的的手段，并或许能够达到如霍布斯所描述的自然法。他力图使我们相信通过他对自然状态的描述以及在其他地方他所强烈声称的那样每一个人将向往和平。每一个人都会寻求保存自身性命的声明是一个合理性宣示，不寻求自我保存的人在霍布斯看来都是不合乎理性的。

四、契约与国家

在三本主要政治哲学著作（《法律的要素》《论公民》和《利维坦》）中，国家始终是霍布斯要探讨的中心议题，这是我们了解霍布斯政治哲学理念的一个前提。在这里，“国家”不是柏拉图的“republic”，而是“commonwealth”，是“利维坦”。“利维坦”在《圣经》中的原意为“海中怪兽”，是只有神才能掌控的“强力”象征。① 在霍布斯的笔下，其被赋予了“人格化的国家”含义，有着斯特劳斯所竭力强调和突出的人文色彩。在《利维坦》中，霍布斯试图以一种简约的方式向公众及统治者合乎逻辑地阐述这一“人格化的国家”的结构及各部分的职能和权限，以至被认为是一次建构理性主义的尝试。

为了达到保护人民安全的目的，国家必须被赋予绝对的权力以对抗威胁他人安全的个人权力。这种权力的绝对性表现在以下三个方面：

首先是国家权力力量的至上性。对国家力量的强调是霍布斯理论中国家权力绝对性的第一个方面。国家权力力量之强大，在于它集结了国家之中每一个人的“权力和力量”，并通过国家（主权者）表现出来。“人类权势中最大的，是大多数人根据自愿同意的原则联合起来，把自身的权势总合在一个

① 参见《圣经》（约伯记 41：1-34），《圣经》和合本将“Leviathan”译为“鳄鱼”。

自然人或社会法人身上的权势。”① 人们所能转让给个人的最大权力，被称为“绝对权力”。这个权力是人们能想象得到它有多大，它就有多大，根本不存在超越现存国家的权力。因此，国家权力必然是不受限制的。如果国家拥有的主权或绝对权力受到限制，那也是受国家力量的限制，而不受别的东西的限制。如果这种权力是受限制，那么它就是由一种更大的力量所带来的，因为施加这种限制的权力一定得比被限制的权力更大。因此，这种限制权力的权力或者是不受限制的，或者它又是被更大的权力所限制的。依此类推，最后的权力除了全体公民加在一起的力量之外就再没有别的限制了。这就是所谓的主权权力。由国家权力之大，推出其行为的不受限制性，这在另外一方面表明了国家权力在各种团体之中是最高的。对于当时英格兰的王权与教权之争，霍布斯做出了非常明确的倾向于前者的解释。

需要注意的是，任何联合体单纯的人数优势并不等于力量上的优势，这里涉及意志统一的问题。群体再大，如果大家的行动都根据各自的判断和欲望来指导，也不能期待这种群体能对外抵御共同的敌人和对内制止人们之间的侵害。关于力量怎样运用最好的意见发生分歧时，彼此就无法互相协助，反而会互相妨碍，并且由于互相反对而使力量化为乌有。统一在一个国家中的人绝不是一群乌合之众，而是实现了真正的统一。这种统一是由于代表者的统一而不是被代表者的统一性。一群人经本群人中每一个人个别地同意、由一个人代表时，就形成了单一的人格，也就是国家。在保卫公共和平方面，每个人都使自己的意志服从主权者的意志。因而在国家里，人们是有统一的意志、判断。“国家按其定义是这样一个人格，即它的意志通过若干人的协议被看成是他们大家的意志，它可以为共同的和平和防卫而运用他们的力量和资源。”②

其次，国家权力范围的广泛性。按约建立国家的制度，其目的是为了全体的和平与防卫，任何对这一目的具有权利的人也就具有对于手段的权利。为了保持和平与安全，对内防止混乱，对外对付敌人，霍布斯赋予主权者以

---

① ［英］托马斯·霍布斯．利维坦［M］．黎思复，黎廷弼，译．北京：商务印书馆，1985：63.

② ［英］托马斯·霍布斯．论公民［M］．应星，冯克利，译．贵阳：贵州人民出版社，2003：58.

极大的权力来达到这一目的。在他列举的主权者的十二项权利中，前五项与后七项性质截然不同。前五项权利使主权者获得了绝对的、不可侵犯的身份与地位。这五项权利与成立国家的目的无关，完全是从契约的性质、主权者在契约中的地位推导出来的，其目的仅在于维护主权者的地位；只有主权者地位稳固了，才可以运用他的实质性权力。

霍布斯赋予主权者以广泛的积极权力。一是他赋予主权者以立法权，即订立规章，使每个人都知道哪些财物是他所能享的，哪些行为是他能做的。在霍布斯看来，自然状态之所以成为一种战争状态，是因为人们对一切事物都具有权利，这是一种不确定状态；每个占有者只有在他能够占有该物时，才是它的真正所有者。主权者可以通过制定法律，来定分止争，使人们明确自己对哪些事物拥有权利。二是司法权也属于主权者，即听审并裁决一切有关世俗法与自然法以及有关事实的争执的权利。因为不裁决争执就不能保障臣民不相互侵害。为此，法官任免权、案件终审权、法律最终解释权都归主权者所有，主权者在涉及其自身的案件中也是法官和裁判者。

主权者是最高行政首脑，一切参议人员、大臣、地方长官和官员的甄选权，征税权，颁布荣誉爵禄权，施行体罚权和罚金等权利，都属于主权者的权利范围；与其他国家宣战、媾和的权力也属于主权者，因为他是全国所有人的最高统帅、全民的代表。主权者还拥有学说审查权，包括审查哪些学说和意见、演讲、书籍有害于和平，哪些有利于和平。因为人们的行动来自意见，“良好的管理人们的意见也就是良好的管理人们的行为”。①

这些积极的权力都是主权者的实质权力所在，霍布斯认为它们是构成主权要素的权力，同时也是识别主权存在于哪一个人或哪一群人手中的标志。这些权力是不可转让、不可分割的。如果对这些权力进行分割，那将是“国分则国将不国”的分割，将不能保证主权者拥有保卫臣民安全的权力。因此，这些权力是构成一个国家的绝对要件。霍布斯把这些绝对的权力交给主权者，并不是他对其有什么好感，也并未指望其能为人民做出多少惊天动地的伟业，

---

① ［英］托马斯·霍布斯．利维坦［M］．黎思复，黎廷弼，译．北京：商务印书馆，1985：137.

只是因为这些权力是组成国家必不可少的。从这个意义上来说，绝对的权力是“在个人中任何确定的结合的最低条件”。[①] 同时，霍布斯认为主权者有职责保持其权力的完整，否则整个社会将返回到每一个人对每一个人的战争状态，这对每一个人来说都是“今生可能发生的最大的弊害”。因此，主权者要将这些权力的根据（自然法）经常地教给人民，这不仅是他的义务，还是他的利益所在；同时也是一种安全保障，可以防止叛乱对他的自然人身所带来的危险。

再次，国家权力在统一人的思想认识中的绝对性。霍布斯所描述的自然状态是混乱的，除了一切人反对一切人的斗争之外，还表现为人们思想意识的混乱。“认识上的意见分歧也甚为关键，因为那种分歧不可避免地会引发最恶性的冲突。”[②] 意识形态上的混乱表现为相对主义善恶观。霍布斯认为，凡是能够使主体产生快乐的，有利于主体保存的就是善的；反之则为恶的。善与恶并非来自事物的本质，事物本身并无善恶，而只以人的个体感受为标准。由于人的欲望总是处于不断变化之中，所以同一事物不可能在同一个人身上永远引起同一类欲望和嫌恶；而所有人对任何同一事物都具有相同的欲望就更不可能了。所以，善恶并无定性，每个人都有自己的善恶标准。

这种意识形态上的混乱还表现为人们对自然法的认识和理解上。自然法是理性所发现的一般法则，“在共同体之外，在无人能区分正确理性与错误理性的地方，每个人自己的理性一定不仅会被看成是他自己在面临危险中的行动尺度，而且会看成是判断其他人在这种情形下的理性反应的尺度”。[③] 也就是说在自然状态中，每个人都以是否有利于自我保存作为行为正确与否的标准。正确理性与私人理性之间是无法做出区分的，理性所揭示的自然法则也就不可能统一，自然法不可能成为普遍无疑的规范。因此，人们在自己的理性指引下的行为可能对自己有利，也可能对自己不利。

根据霍布斯的理论，只有主权者才能澄清这种认识上的混乱。人们的行

---

① ［英］奥克肖特．利维坦导读［M］//应星，译，渠敬东．现代政治与自然，上海：上海人民出版社，2003：229.

② ［英］托马斯·霍布斯．论公民［M］．应星，冯克利，译．贵阳：贵州人民出版社，2003：7.

③ ［英］托马斯·霍布斯．论公民［M］．应星，冯克利，译．贵阳：贵州人民出版社，2003：24.

动来自意识，意识上的冲突必然引起行为的冲突，使社会的和平与安全受到妨碍；而主权者正是以公共和平与安全为己任，虽然主权者也是一个与其他人没有区别的自然人。但在霍布斯理论中，人们在签约时即已约定，大家都使自己的意志、判断服从主权者的意志、判断。也就是说，以一个私人理性作为正确的理性，以主权者颁布的法律作为行为的准则，使自然法的抽象原则具体化。以此来引导人们的行为，从而消除自然状态中思想认识上的混乱，使人认识到哪些权利是他可以享有的，哪些行为是他可以做的，从而明确人们之间的权利界限，达到定分止争的目的。在这个意义上，主权者是人们认识上的终极界定者。

不同解读方式的冲突根源于方法论上的争议，这里的关键在于：被后人冠之以“建构理性主义”的近代科学思维在霍布斯政治哲学思想中占有怎样的权重？斯特劳斯指出，在转向近代科学思维范式之前，霍布斯曾经有一段人文主义时期，正是早年霍布斯的“前科学”人生观，而不是近代科学，才是他政治哲学的真正基础。① 斯特劳斯的解释以霍布斯思想体系内部科学与政治的张力为前提，把早年霍布斯关于人和人类生活方式的观点描述为“前科学”的。

然而，霍布斯本人可能并不同意对“科学”这一概念做如此的使用。

在《利维坦》第5章和46章，霍布斯分别对科学与哲学下了定义。“科学是关于结果以及一个事实与另一个事实之间的依存关系的知识。”其价值在于“根据目前所能做的事情，推知在自己愿意的时候，怎样做其他的事情，或者怎样在其他的时候做类似的事情；当类似的原因处于我们能力范围以内时，我们就知道怎样使它产生类似的结果”。② 与此相应的是，“哲学就是根据任何事物的发生方式推论其性质，或是根据其性质推论其某种可能的发生方式而获得的知识，其目的是使人们能够在物质或人力允许的范围内产生人

---

① ［美］列奥·斯特劳斯．霍布斯的政治哲学［M］，申彤，译．南京：译林出版社，2001：前言4.

② Thomas Hobbes. The English works of Thomas Hobbes of Malmesbury［G］//Sir Wiliam Molesworth, Bart. Lundon. John Bohn, 1839-1845（1）：7.

生所需要的结果”。①

对于霍布斯的这两个定义，有两个方面值得考虑。其一，如此这般的严格定义在修辞学上就排除了不属于科学和哲学讨论范围内的各种疑难杂症式问题。这些问题往往以荒谬的方式存在于教授哲学者中，并因此得以传播，所以要特别加以提示。在霍布斯年代，这样的问题陷阱大量地存在，并且居于各个阶层的话语中心，大量地消耗人们的精力。由于问题本身的原因，它们根本不可能在科学和哲学的层次得到一致的答案。谈论这样的问题各方，除了浪费脑力和体力之外，还极易引起国家内部的骚乱，甚至战争，所以要竭力加以避免。

其二，对个体人生和国家整体实践的关怀是霍布斯学术活动的旨趣所在。这在哲学的定义中说得更清楚，即有利于获取“人生所需要的结果”是哲学的目的。在古代，科学和哲学是两个没有得到明确区分的概念，即使在近代，它们的共同点也多于相异点。它们都是通过推理而得来的普遍的正确的知识。在写给未必受过专业哲学训练的知识大众和统治者的《利维坦》中，霍布斯没有将“科学”作为哲学的一个分支学科——自然哲学来对待，而是有意地将其内涵扩大；同时，他又推出了一个与“科学”内涵相似的“哲学”概念。在以拉丁文形式出现的写给“哲学家共同体”的《论物体》中，霍布斯则以清晰的思路区分了“自然哲学、几何学”与“道德的以及公民的哲学”。我们不能说后来完成的《论物体》的说法是对《利维坦》里的概念使用的修正。这里，不存在概念的混淆。《利维坦》的主题是公民哲学，而《论物体》则主要涉及更具理论性质的哲学问题。尽管有各自不同的写作意图，但它们之间在理论上的衔接是不成问题的。这样的概念错位只能以下述说法加以解释：“自然哲学”和“道德的以及公民的哲学”虽然有相对区分的领域，但它们自身的价值得以证明的途径在根本上是相同的，即是否能够有助于产生预期的有益结果，或是否能够有助于防止可能的不利结果。② 自然哲学和公民

① ［英］托马斯·霍布斯．利维坦［M］，黎思复，黎廷弼，译．北京：商务印书馆，1985：564.

② Thomas Hobbes. The English works of Thomas Hobbes of Malmesbury ［G］ //Sir Wiliam Molesworth, Bart. Lundon. John Bohn, 1839-1845 （1） 8.

哲学都是以人生的结果而论其价值。用更夸张的说法，它们在一定意义上都是“实践的哲学”，而“道德的以及公民的哲学”作为应用于人以及人格化的国家的学问更接近这样的哲学内涵。

霍布斯认为，稳定是国家生存和发展的保障。在他的政治哲学著作里，很少提及国家的外部威胁。内乱如同疾病，内战则意味着死亡。国家主权的分割和不当转移都是内部骚乱的根本表现，它们都会潜在地导致内战。内乱是内战的原因，国家分裂的根源首要地来自内乱。为防止内乱，自然要诊断它的诱因。什么导致内乱呢？不满直接导致内部的骚乱，贫穷是产生不满情绪的重要因素。贫穷导致反抗，反抗会有牢狱。在更为广泛的讨论中，霍布斯把对未来可能的贫穷和牢狱的畏惧，而不是对贫穷和牢狱的体验本身，当作在国家内部大范围蔓延的不满情绪的决定性成因。畏惧是激情的一种，激情理论在整个近代英国的道德和政治、法律思想中占有重要地位。无论是霍布斯还是后来的休谟等人都对此极为重视。斯特劳斯甚至把自负和畏惧的对立看作霍布斯决断各种政体的优劣的基本依据。① 然而，畏惧本身并不必然导向反抗和争斗的意志决断。问题的关键是包括畏惧在内的各种强烈情绪之间的对立或平衡的势态。在畏惧的情绪中隐含了对现实状况发生作用的各种条件的认识，同时也包含了对未来的预期。在下文我们将会看到，为国家的稳定而考虑，公民有适当的畏惧不仅是可以容许的，而且是必要的。

霍布斯的政治生命短暂且并不辉煌。贵族和王室的教师以及培根的秘书的经历，未为他留下曾被采纳过富有成效的制度性建议的记录。甚至，他是否有热情去向上层提出这样的制度性建议也是一个问题。不过，我们不能因此就说霍布斯生性胆怯、保守，天生倾向君主政体。② 对骚乱和内战问题根源的追问把我们带向心智和制度的层面。霍布斯认为国家内部骚乱和内战发生的根本原因内在于个人的心智，而不是制度。所以政治哲学的教导是必要的，也是首要的。

绝大多数公民既是普通人又受人管制，他们既不是哲学家，也没有伟人

① [美] 列奥·斯特劳斯. 霍布斯的政治哲学 [M]. 申彤，译. 南京：译林出版社，2001：134.

② 张博树.《利维坦》导读 [M]. 成都：四川教育出版社，2002：11.

的灵魂。不同于柏拉图，霍布斯的政治哲学的教导面对的可以是智力最平庸的人。但是，我们不能说他们就是他唯一的学生群体。霍布斯主张公民社会中的所有阶层都必须接受教育；而且，教育的内容也不能因阶层不同而有差异。政治共同体的某些疾病可能对它各自的成员来说更为趋同，诸如富人的虚荣、穷人的宗教热情，但诊治的方式是一样的。① 这说明霍布斯政治哲学的教导具有极大的普适性。

但是，政治哲学教导对象的广泛性并不意味着鼓励每个公民都按照自己的理性去对政治现象做出反应。相反，霍布斯认为让广大范围内的个人都做出政治判断是危险的，因为他们所得出的结论是不可能一致的。自然状态中的每一个公民都有一套相互冲突的利己观念，这样的利己观念是所有政治问题的根源。公民会基于这样的利己观念搁置对行为对错与否的判断。霍布斯认为理性是人们与生俱来的能力，但是教会人们如何在政治问题上正确地运用理性是政治哲学教导的目标。这是一项艰难的任务，霍布斯抱着知其不可而为之的心态在进行这项工作。因为，听任公民一己的政治判断会带来政治的纷争，甚至会导致文明社会的毁灭。

政治哲学不是大众的学问，只有少数人经过刻苦而又系统的训练才能正确运用理性去学习它。霍布斯声称自己是“近代政治科学第一人”，他努力地按照任何可以正确使用理性的人都会如此的方式推演出自然律。

霍布斯描述了两种类型的推理和知识，即审慎的和科学的。审慎的推理和知识并不能为消除自然状态中的痛苦和不利提供某种确定的方案，审慎的知识本质上是偶性的。当我们从审慎的推理中导出知识和正当性的基本理论时，这种理论和它的救济对于确保和平和便利的生活来说是不充分的。认识到它的缺陷，霍布斯提出了科学的推理和知识的理论。

如同任何彻底的哲学考察一样，霍布斯从探讨我们能够知道什么和如何知道它入手，他通过主张感觉经验是知识来源来介绍他的哲学观点。在这一点上，他根本上就是一个经验主义者。霍布斯描述了从这两种认知方式得来的两种知识：一种是感觉或者叫知识起源；另一种是命题含义的科学或知识。

① Geoffrey M. Vaughan. Behemoth Teaches Leviathan [M]. Lexington Books, 2002: 44.

所有这些都是经验，前者是对于刺激我们的结果的经验，后者则是正确使用语言名词的经验。他同时指出经验的知识和科学的知识分别指关于事实的知识和真理的知识。事实的知识是指一个人对某种物理状态的经验，而真理的知识则来自语言。霍布斯的主张是针对物理世界的感觉经验使审慎变得可能，而语言使科学变得可能。

霍布斯从描述经验现象开始分析审慎。重复的感觉经验不能为将来的经验提供某种确定性，但是它却是审慎知识的基础。一个人关于世界的观察是审慎推理堆积起来的，一句话，审慎推理建立在现在和过去的事实之上。

尽管感觉经验不能提供某种确定性，但对于人类和动物来说还是有不可或缺的价值。审慎的基本任务就是从过去的经验中找到实现未来目的的正确方法。如果能够回忆起过去的经验，无疑会增加实现目标的概率。在审慎中，无法发展关于个人目的的客观正当性的统一观念。霍布斯意识到自然状态中的个人关于其自身目的正当性的观念冲突肯定会引起战争，而避免战争是霍布斯哲学工作的主要的实际目的。因此，从字面上看，霍布斯认为审慎的推理和知识显然不能构成政治哲学的基础。

有许多哲学家把霍布斯看作一个长于审慎的思想家。对于这样的思想家来说，目的为手段提供证明。这样的断语因为霍布斯如下的主张而似乎更加坚实：在自然状态中，利益是权利的尺度。审慎推理是自然状态中唯一存在的推理类型，它引导一个人为了行为的成功或所谓“正确”而作最好的猜测或者经验参考。

但霍布斯本人却一直声称他是奠定认识论上牢固的政治科学的第一人。他崇拜几何学，把它视为科学的范本。几何学的推理提供了某种演绎推理的确定无疑性。与在自然状态中我们通过一个特别的行动计划的收益判断是否“正确”不同，科学推理只允许通过推理过程本身来证明某人的结论或者确保它们是“正确的”。因此，霍布斯理应不满足于审慎推理所赋予的猜测性质。

霍布斯在 40 岁左右才得以偶然地读到几何原本，并最终迅速地喜欢上了这门科学。如果他能够以几何学的方式建立政治和道德的演绎科学，那么他就可以从理论上消除或者最大限度地减少政治上的纷争和由此爆发的战争。

霍布斯致力于发展出一门政治科学，创制和平政权的观念模式，促进人们接受必要的限制使共和国得以产生和维持，审慎推理提供的“最好的猜测”是不够的。为了寻求某种保证确定性的方法论，霍布斯提出了一种与归纳科学相对的系统的演绎科学。在他看来，科学具有某种逻辑一致性而较少地和经验证实有关。经验是主观的，易于误解，它的结论是特殊的而不是普遍的。霍布斯把他的科学的概念置于经验领域之外，科学只与概念有关，概念仅仅通过语言而表述。科学于是成为一种演绎推理的产物，包含一系列假设和语词定义。科学是系统的、自足的，有许多科学的可能的系统，每一个都能产生“真理”，因为这个系统没有逻辑矛盾。这些真正的结论甚至不必要是可比性的。霍布斯的科学推理的程序和目标是“某种统一的概念化重构”，一个系统内的假设的一致性于是成为确定性和认识上的正确性的标准和证明。

由于几何学的严格一致性，霍布斯把它作为一个道德和政治科学的范本。他把几何学比作“上帝迄今为止赐予人类的最好礼物”。他同时希望政治科学也可以成为这样的科学。理论上，有许多这样的科学可以进入此列。不同于审慎的推理，科学推理确保了结论的正确性。他把这种理性看作在语言关系的基础上建起的大厦。“真理和错误是言语的特征而不是事物的特征”,① 没有言语就没有真理或错误。

那么，什么导致言语的真或假？真理是演绎推理的产物。最终，真理要求某种逻辑的一致性，通过一致的定义而可以达到。事实上，无论是几何学或者其他科学，相同的是它们的正确的结论，甚至在定义中的假设项在物理上不存在的前提下，仍然正确和有效。而在审慎的推理中则不存在，来自审慎推理的知识起源于物理世界的经验，其中物理世界的实在性是衡量正确性的标准。霍布斯把这种知识看作“关于事实的知识”，关于事实的知识和真理的知识在霍布斯那里是两种逻辑上不同的知识类型。事实应用于物理状态，而真理应用于语言表达。关于世界经验的可靠表达被霍布斯视为“事实”，是一个独立的事物。

如同几何学一样，霍布斯力图一开始就对一些最基础的政治术语给出一些明确的定义，然后推出必然的结论。霍布斯力图证明一个严格的道德和政

① ［英］托马斯·霍布斯．利维坦［M］，黎思复，黎廷弼，译．北京：商务印书馆，1985：18.

治秩序以及促使这一秩序产生的途径。审慎和审慎的知识不能建构一个复杂的道德和政治秩序，霍布斯显然看到了这一不足。于是，他力图发展一种完全科学和充足的道德和政治科学。审慎推理中的不足和缺憾呼唤第二种知识和推理，他称这种推理和知识为“科学”的，然而单凭这第二种推理和知识自身也不能形成霍布斯所期望的终结战争走向和平的政治科学。

事实上，霍布斯的确通过理性推理和审慎经验两种方法建立这样的政治科学：主权统治者对于人们拥有和平是必须的，这是一种不同于“纯粹理性真理”的特殊真理。

霍布斯需要向读者展示的是：给定某种假设，随之推出明确的结论。他希望那最基础的假设将足以被绝大多数人无争议地接受。然而，现实并不完全如其所愿。在他的假设前提可能会引起争论的情形下，霍布斯被迫依赖于审慎经验的证明和说服。所以，在理性不及的地方，审慎的推理和知识又复活了。

在霍布斯的政治哲学中，依据审慎思考的教导处处可见。“金律”是所有耶稣的教导里，最易被承认和广泛接受的，甚至那些在实践中与之冲突的人也常常在原则上接受了它。那肯定的版本被霍布斯称为“福音法则”，而否定的则为“所有人的法则”，即“己所不欲，勿施于人”。在其主要的三本政治著作中，他都以“金律”的否定形式来概括自然法的基础。在《利维坦》中，霍布斯在引出第一和第二自然律后，就这样论证道：如果别人都不像他那样放弃自己的权利，那么任何人就没有理由剥夺别人的权利，因为那样就等于自取灭亡。这绝不是一个偶然的可以忽视的地方。曾经专门钻研修辞学的霍布斯通过这种表达方式上的选择，为自然法的基础注入了新的内涵，以对利维坦的公民进行有效的政治劝导。

霍布斯认为，自然法是每一个业经政治教育的公民应持有的最基本的意见，公民无须理性的思索就可以而且应该接受它。在古代的传统里，自然法是某种理想的超越人的规范，霍布斯则引导公民将其理解为本能和开明的权利。他力图使古老的自然法从天上降临大地，金律的否定性版本是对自然法的易化性的表述，既便于公民对自然法规则的理解，又将自然法的正义诉求降低到可能的最低层次，从而具备了实现的最大可能性。

霍布斯的“自然状态”可以理解为“人人之间相互反对”的战争。从本性上说，人类不具备组成持久和平的文明社会的因素。文明社会的起源不在仁爱之心，而在人类共同的恐惧心理。理性引导我们离开自然状态，因为文明社会有种种相对的好处。战争只因有意识的努力而被制止，文明社会是不“自然”的。不同于亚里士多德的“人是天生的政治动物”的论断，霍布斯认为人有一种与生俱来的孤独，所以他们从本性上是不合作的。但是，文明社会不仅是一群人的聚合，更重要的是他们的联合，在本质上它要求良好的忠诚和一致同意的决断。所以，人并非自然的，而是由于教养适应文明社会的。

当意识到自然状态是自然且极为有害的时候，人们才会支持那保全生命安全的努力。公民放弃统治自己的权利，将它授予统治者，当且仅当每一个别的公民也放弃同样的权利，以同样的方式给予同一个统治者。统治权的转移条件首要的是自身安全的保证，而不是正义。当利维坦的公民不再期许统治者始终保持正义的时候，生命安全就是首要的且切身于己的最大的利益。统治者要么是个体的人，要么是个体的人组成的议会。他们在行使自己的职责的时候，其背后没有一个超越的神去指示他们。

霍布斯告诉他的读者，公民必须学会对统治者的期望不能超过其可能作为的范围。当统治者由于自身的“人性”，和公民一样受激情的支配，不可能始终保持一种完全的正义的时候，仍然在政治生活中保持这样的诉求，是极不明智的，而且十分危险。极大范围内的公民持有这样的诉求就是对社会契约规则的破坏，是内乱的根源之一。所以，在霍布斯看来，有效的政治哲学必须建立在揭示和告知这一危险的基础之上。

政治哲学必须劝说利维坦的公民对自然状态保持适度的恐惧。经过适当引导的恐惧是一种必要的激情，缺乏这样的激情会威胁和平的持久。因为“自然状态”本身是构成性的，处于文明社会的公民容易忽视它存在的可能性。有效的政治教育必须使公民把它当作历史上的某个真实的时期来看待。这样的态度不是要掩盖或者歪曲某段真实的历史，而是要求公民不断地想象自然状态下“人人为敌”所带来的生命和财产的极大危害，从而在和平与无限权利之间做出正确的抉择。

对宗教情感的引导也是霍布斯政治的审慎的思考的一个重要内容。对于霍布斯来说，宗教的忠诚虽然包括了政治上的服从，但这样的情感同时还含有其他的有害的内容。宗教对于文明社会的最大威胁来自它的领袖的野心；而宗教的忠诚是这样的野心得以施展的前提性条件。在一些特定的条件下，宗教的忠诚会发展为宗教的狂热，成为和平的大敌。在确认公民作为个人都有自然的宗教情感的种子的同时，霍布斯在《利维坦》后半部分努力的目标不在于提出基督教的革新教义，而是要通过对基督教教义的“自然”解释去除宗教领袖在人类自然的宗教情感之外所掺杂的其他危险成分。

五、神学的“复活”

在霍布斯政治哲学中有一个为后人诟病的问题，即他所主张的君主政体的统治方式会因为权力的过分集中而引发若干争斗和分裂，违背其一切政治问题服从于“和平和安全”目的的初衷。这个悖论在洛克的揭示和规避中体现出来，洛克不同意霍布斯对自然状态的应对设计。虽然洛克没有直接指名批评霍布斯，但在《政府论·下篇》中他一再申明绝对的权力根本不能规避自然状态的敌我相恶的境况。他认为：“如果假定他们把自己交给了一个立法者的绝对的专断权力和意志，这不啻解除了自己的武装，而把立法者武装起来。”① 洛克认为这是要把公民置于比自然状态更坏的境地。由此，霍布斯被认为是从一个正确的前提出发，却得出错误的结论。② 这样的批评促使我们关注对主权者权力的限制问题。霍布斯是否一点也不曾留意绝对统治情形下的

① ［英］约翰·洛克．政府论（下篇）［M］，叶启芳、瞿菊农，译．北京：商务印书馆，1964：85.

② ［美］列奥·斯特劳斯，等．政治哲学史［M］，李天然，等译．石家庄：河北人民出版社，1993：573.

权力滥用的危险？公民是否有反抗已经由他们加以授权的主权者的权利？在霍布斯的政治哲学文本中是否隐含了对洛克的诘难的答案？

在霍布斯关于哲学（学术）的分类中，纯粹的哲学从属于“自然哲学”，是“自然哲学”中的“基本哲学”；与“自然哲学”对应的是“政治的和人文的哲学”。本部分先讨论霍布斯自然哲学中的神学思想，再研究在政治哲学领域，这些思考在哪些方面得到强化，哪些方面发生变化，从而引发对霍布斯政治哲学的神学纬度的思考。

我们先从一个发生在当时的学术争论开始关于霍布斯自然哲学对神学理念的解读。这个争论指的是霍布斯对笛卡尔的六个沉思所提出的十六个反驳以及笛卡尔的答辩。争论的基调起初就注定了。霍布斯在对第一个沉思的反驳中，表示对笛卡尔观点“基本同意”的同时，又说笛卡尔“我思”的怀疑方法毫无新意；而笛卡尔的答辩则是，霍布斯所“基本同意”的那种怀疑方法的依据“似是而非”，根本就不是他本人想说的。因此，霍布斯的理解完全错位。最后，霍布斯还使用了“与加尔文派的意见是相反的”的说法，以自己一贯极力反对的那种诉诸权威的方法来反驳笛卡尔。笛卡尔的苦衷是，“对于那些愿意领会我的话的意义的人，我想我把上帝的观念已经解释得够明白了；可是对于那些硬要把我的话做别的理解的人，我怎么解释也不够”。① 所以，分歧之大，使笛卡尔对霍布斯的反驳的答辩失去了耐心，以“这里的反驳和答辩毫无意义”的说法终止答辩。

在霍布斯所提出的十六个反驳中有七个都是针对笛卡尔的第三沉思“论上帝及其存在”。可见，笛卡尔的“上帝及其存在”的思想引起霍布斯相当重视，被当作反驳的重点。尽管他们都不是以传统神学的方式来探讨上帝及其存在，但是差异确实很大。在自然哲学领域内，霍布斯从经验主义认识论出发去看待“上帝及其存在”的问题。在“第五个反驳”中，霍布斯直接提出，天使和上帝只不过是我们对一些看不见的非物质性的东西的存在性的纯粹的相信。同时，他认为上帝不可能是“全智”的，有限的人如何理解超越自身理智程度的“至上明智”？人的理性不可能去理解未来的及不存在的东

① ［法］勒内·笛卡尔．第一哲学沉思集［M］，庞景仁，译．北京：商务印书馆，1986：182.

西，因而上帝也不可能被证明是“全能”“全在”的。

对笛卡尔的沉思的反驳是霍布斯在1640年旅法期间做出的，其中关于神学的思想与1651年发表的《利维坦》的第一部分基本相同。在《利维坦》的第十一章，他写道：“同样的道理，人们根据这个世界上可以目见的事物以及其令人称羡的秩序可能想象到有一个原因存在，这就是人们所谓的上帝，然而在心中对于上帝却没有一个观念或映象。”① 在《利维坦》的第二部分结尾，霍布斯再次驳斥了上帝是全在的以及多神论者的观点。上帝不可能拥有任何有限事物所具有的属性，如人的感觉、知觉以及欲望。霍布斯不仅驳斥了正统神学的观点，而且反驳自然神论者提出的上帝是世界或者世界的灵魂的观点。他认为，在上帝再次降临人间之前，他留给我们的只有自然理性。自然理性告诉我们，为了表示对上帝的自然的尊敬，人们只能用“无限、永恒、不可思议”等否定的形容词或者以空泛的方式使用“至高、至大、善、神圣”等形容词描述上帝的属性。“而如果一定要以名词的方式给上帝的存在作一表述的话，则只能使用‘我存在’。”上帝与人的关系的唯一正确的表达就是“他是我们的‘上帝’”。②“我存在”是上帝面向所有包括人类在内的他者的对自己的存在的宣示。这个宣示的前提是上帝的至高无上性和不可理解性，我们人类甚至都不能使用“他存在”的表述来主动地理解上帝的存在。

但同时，“他是我们的‘上帝’”表达了一个积极的含义，上帝拥有不可抗力，他是我们的“天父”和王。霍布斯在此实际上道出了上帝在其政治哲学中的重要地位。

从科学理性的角度看，霍布斯把对主权者的权力的限制仅仅寄托在自然法中。主权者向制定自然法的上帝负责，而且只向上帝负责。对君主的约束来自自然法，由上帝保证自然法的效力。

霍布斯将法律定义为某种立法权力之产物，主权立法者是一切法律之源泉，同时又是至高无上的法官。在关于自然法的基础问题上，总体上霍布斯遵循如下路径：法律需要一个立法者，命令和建议之间有重要的区别，自然

① ［英］托马斯·霍布斯．利维坦［M］，黎思复，黎廷弼，译．北京：商务印书馆，1985：78.
② ［英］托马斯·霍布斯．利维坦［M］，黎思复，黎廷弼，译．北京：商务印书馆，1985：285.

法必须是一个命令和一个理性的指示。霍布斯花费了大量精力用于对自然法的理性演绎。他主张自然法无疑是真正的法，由神授权。在政治哲学的视野中，神必须存在，他下令遵守自然法。自然法是“理性的指示”，但是这些指示若不是神的命令就不能被真正地视为法律。一方面，若只是神的命令，它们可以成为法律，但不是自然法；另一方面，理性的指示从其自身来说，是劝说和建议，但如果受命于神，它们就成为法律。因此，自然法必须同时既是理性的指示又是一个立法者（神）的命令。上帝的意志应被理解为他实现每一件事情的至上力量，这些力量使其可以充当自然法的立法者和法官。这里体现了霍布斯政治哲学刚性的一面，这种刚性因素既体现在方法上对理性原则的遵从，又体现在对上帝是强权者的强调，其中的逻辑是以最大的权力去限制较大的权力。这让我们对霍布斯对主权者的限制只能报以理想的期望：只有主权者同时也是信神者，才能时刻不忘那至高无上者的监督，真正地去履行自然法的原则。

霍布斯认为哲学的启蒙不会在大众那里得到普遍的成功，所以，宗教的种子将不可避免地在大多数人那里存在。世上按约建立的几乎不可能是纯粹世俗的政权，但他并没有提出神权政治主张。在霍布斯看来，上帝的存在是通过神律为人类所知的。上帝可以通过自然理性、神启、先知预言三种方式谕示神律，而霍布斯认为第二种方式是不可能普遍化的，因为只有少数人才能直接接受神的启示。因此，上帝的王国只能以两种方式得以建立，即自然的或者先知的上帝之国。霍布斯认为先知和天使都不过是虚幻的想象，只有自然的上帝之国是人间最有可能出现的国家。“自然的上帝王国是指所有根据正确理性的自然指令而承认天意安排的人都归上帝统治。”①

在论及教权的时候，霍布斯道出了他的真实立场。他在这里明确指出，基督之国不在今世；代他传道的人只能是国王，否则就不能以基督的名要求人们服从。霍布斯注意到使徒彼得和保罗在信中劝说信徒服从他们的王和当权者，即使这些世俗的统治者是不信基督的。他随即推论，上帝指派基督徒来掌握主权、统治人类，人们就更应当服从了。

---

① ［英］托马斯·霍布斯．利维坦［M］，黎思复，黎廷弼，译．北京：商务印书馆，1985：78.

但另一个棘手的问题产生了，在国王兼任主权者和牧者的国家中，公民个人的宗教信仰是否一定会与国家指定的公共的宗教信仰一致？在这里，霍布斯做出了公共的信仰和私人的信仰的区分。前者是国家作为一个人格而进行的敬拜，这样的敬拜对于国家中的个人来说是不能选择的，只能服从。后者则是公民个人的敬拜，在私人的场合完全是自由地进行而不违背自然理性的原则。统治者不能有效地禁止或者指引人们内心的私人信仰，这样的做法也没有合法性依据。公民对共同的国家作为一个人格而进行的敬拜的服从不代表其私人的宗教信仰的趋同。我们会发现这里存在私人的内心信仰与国家的由统治者认定的信仰之间的矛盾。

避免自然状态导致的战争是霍布斯政治哲学的主旨和出发点，国家作为一个政治人格其自身必须是和谐的，那么公民个体内心信仰与公共信仰之间的不和谐是否也要避免？任意一个明智的主权者看到这样的情况，当然会力图让自己与臣民保持信仰上的一致，从而选择一种较有说服力的宗教教义。公民内心的宗教信仰不能被命令而只能被说服。

即使霍布斯主张世俗统治权与教权的主体合一，但他把教权看作本质上与世俗统治权不同的权力。教权是一种以基督的名义去说服人的权力，教权不是强制的权力，救主不以强制，而是以劝说使人服从。霍布斯对教权与世俗统治权的区分告诉我们，君主与其臣民之间除了命令与服从的关系外，还存在说者和听者教育上的角色关系。其实，作为世俗统治者也承担了这样的责任。“他们（统治者）如果要履行人们对他的托付的话，就必须教导人民认识这种代表职位的性质，并且要提防他们在任何时候承认任何其他的总代表。”① 当权者除了发布命令外，还应以劝导的方式对待他们的公民。利维坦的统治者对他的公民进行政治教导是履行其职责的一部分。这是霍布斯政治哲学柔性的一面，它体现了霍布斯对君主权力及其施行的某种理想化的限制和规诫。

我们能够在政治哲学的思考中考虑霍布斯神学理念的价值，其根本的理

① ［英］托马斯·霍布斯．利维坦［M］，黎思复，黎廷弼，译．北京：商务印书馆，1985：144.

论依据在于，霍布斯在《利维坦》中对于理性和信仰的关系持相容论的立场。他认为从自然哲学的角度来看，上帝的传谕之道有很多东西是超乎理性的，也就是无法由自然理性加以证明或否定的，但理性中却没有与之相违背的东西。① 霍布斯反对如笛卡尔那样，从我们拥有一个关于“完善者”的观念的事实出发，得出“完善者”存在的结论。但他却同时认为，“上帝的存在”是显然必须得出的结论。之所以说“必须”，是因为在霍布斯关于自然法的演绎中，上帝是必要的一环。同时，从世俗权力与教权的关系角度，上帝的存在显示了对主权者的任意专制的一种规劝力量。

霍布斯借助基督教思想及其传统为共和国统治的合法性和有效性服务，他对基督教去神秘化的同时又适当地有所保留。这种保留的价值体现在两个方面：一方面是考虑到对世俗统治者的限制，即一个集自然法的颁布者和法官的双重身份于一身的上帝的存在，是世俗统治者履行其自然法规定义务的保证。而且，在英国，世俗统治者兼有教权的事实说明，服从统治者不仅有政治上的必要，而且有宗教上的根据。这个方面是政治哲学科学论证完善的体现。另一方面是针对政治哲学的纯粹科学性的自我修正，是其政治哲学中柔性的一面，这种柔性的一面引导我们关注霍布斯政治哲学中“理性主义”的真正面目。

六、当代的回响

当代西方政治哲学家霍布斯的研究者奥克肖特写道：“今天几乎所有政治都成了理性主义或近代理性主义的。”② 在《政治中的理性主义》一书中，他

① ［英］托马斯·霍布斯．利维坦［M］，黎思复，黎廷弼，译．北京：商务印书馆，1985：291.

② ［英］奥克肖特．政治中的理性主义［M］．张汝伦，译．上海：上海译文出版社，2003：1.

对理性主义政治哲学做出如下描述：

首先，理性主义政治哲学将理性主义的方法作为衡量一切的标准和进行建构的伟大力量。启蒙运动以来，理性主义所代表的片面的理性哲学逐步成为西方哲学的主流，而且这种“误入歧途”的理性主义意识也深入到政治哲学中。理性主义政治学抛弃了多样化的政治评判标准，将理性主义的方法确定为独一无二的准则。一切政治元素和政治思想都被理性主义化了。而理性主义所确定的标准往往只是归结为某种独断式政治见解，并且在此见解基础上提出宏大的政治工程作为解决一系列“与理性相冲突的弊端”的方案。这些无视政治的实在内涵和广泛视域的理性主义政治哲学自以为切中时弊，并在对政治现象的片面认识的基础上提出了所谓的“理性的政治哲学”的建构方案。这些建构方案看上去完美无缺，实际上则充满了教条主义和意识形态的味道，是缺乏人性根据的机械构想，最终损害了政治的内在合理性。

其次，理性主义政治哲学带有强烈的乐观心态。“理性主义”政治哲学总是置身于空洞和梦幻般的政治理想幻境，从而忽视了或者说根本意识不到政治哲学理解中的那些凝重的悲剧气息。这些自以为无所不能的理性主义哲学家莫名其妙地充满了快感和功利的想法，从狭义理性的立足点出发，随便将理性有机体的某个环节当作战无不胜的利器，提出根治政治问题的金石之方。在他们眼中，政治的问题以及根治方案简单而明确，甚至以为随便援引某种自然科学的方法就能够洞彻政治的根本。这些野心勃勃、精力旺盛的政治学家使真正的政治学支离破碎，将政治学的重心转移到那些无关乎政治根本的细枝末节上去，偏离了政治学的正确研究方向。他们的乐观心态只不过是建立在主观情绪和无知的基础上而已。

最后，理性主义政治哲学是追求完美的政治。“理性主义者”所认为的完美的政治根本无关于政治的真实整体所在，而是对政治的某个简单的方面进行无端拔高，对政治的某个外显的细节进行毫无根据的升华，并试图用其取代政治学的整体。这些所谓完美的政治学或者是建立在对经济模型分析的基础上；或者是建立在自然主义历史重构的基础上；或者是建立在独断的经验主义的反映论基础上，等等。[①] 所谓的完美通常只是象征着机械的有机理论，心理学的自我满足感以及带有宗教意味的神秘主义理论等。这些没有根基的政治哲学都无法达及真正的政治学核心，都无法描绘出真正的政治学的完整和至善轮廓，只会使人手足无措、不明就里。

当代的一些思想家认为欧洲的政治如今已经完全是“理性化或近理性化”了。因此，政治哲学范畴内的概念也同样“理性主义”化了。理性主义的深入使政治的概念有了“确定性”表达，“理性”本身成为衡量一切概念的基本原则。“理性使得概念变得简单和抽象”，语言的“意思”取代了原本的“意义”，形式的逻辑取代了辩证的逻辑，强硬的理性规则取代了人所特有的情感和意志，奠基于这些因素之上的政治的基本概念也受到了深度影响。

对近代理性主义政治哲学家来讲，作为政治哲学最高意义的“至善”，不过就是“理性直觉论”的产物。近代理性主义认为人具有一种天赋，一种特殊的道德天资，一颗良心，使他们能够直接区分正当与否。理性主义的道德是人为创造出来的先天自明的道德。这一方面给予了人便利，可以直接开始道德的实践；但另一方面它提前设定了人的行为的结果，使人失去了自由的取向，没有了思考的情趣和价值。经验的、偶性的自然世界变成严格秩序规定下的理性的世界。那被伊壁鸠鲁所欣赏的“原子的倾斜”的美感失去了，那对道德的反思的能力再也无所作为，多元和善变的至善的内容僵化和死板起来。

理性主义的至善观，其内容和途径都饱含着错误，其带给人的心灵的后果就是“消极的避世态度”。

孟德斯鸠在《论法的精神》中写道：“在一个国家里，也就是说，在一个有法律的社会里，自由仅仅是一个人能够做他应该做的事情，而不被强迫做他不应该去做的事情。”[②] 可以想到，启蒙运动将理性带给欧洲大陆的同时，也带来了理性主义自由理想。理性的自明性和清晰性使大陆的自由主义者敢于对人权做出详尽而明确的说明，并且在规则和条款的称谓下，同任何胆敢

① ［德］卡尔·施密特．政治中的浪漫派［M］．冯克利，刘锋，译．上海：上海人民出版社，2000，前言．

② ［法］孟德斯鸠．论法的精神［M］．张雁深，译．北京：商务印书馆，1963.

侵犯这种确切规定了的“人的权利”的行径进行激进的抗争。这就是欧洲大陆屡屡爆发流血革命的原因，也是激进主义常常横行大陆的缘由。柏克在《法国革命论》一书中写道：“人权是一种中间的、不可能界定的东西，但并不是不可能加以分辨的。”① 奥克肖特在《政治中的理性主义》中指出，理性主义的政治往往导致意识形态对政治生活的主导的态势。意识形态的形成本身就消泯了个体的人的思考和行为的自由，一律的思考方式顺理成章地排斥掉“异见”在逻辑上存在的可能性。

奥克肖特认为大陆的政治哲学处于奇诡的“自相矛盾”状态中：一方面强调自由的个体化；另一方面将个体的人钳制在理性的纪律中。其实，这两个方面的结合就是意识形态政治的显著表现：意识中的自由和实际上的不自由。理性主义的逐步深入加深了政治自由主义意识形态化的倾向，并且最后翼蔽了自由的本来面目，形成了“僵化”的自由内涵。而英国的自由主义者奥克肖特先是给予一番褒奖：“我们的政府行为包含了权力分享，不仅在所认可的政府机构之间，而且在政府和反对派之间。简言之，我们认为我们自己是自由的，因为在我们的社会中没有一个人允许有无限的权力——没有领袖、派别、政党或‘阶级’，没有多数，没有政府、教会、社团、贸易或专业协会或工会可以这样。它的自由的秘密就是它由众多组织在宪法范围内组成，从这部宪法最好的东西中产生出这个整体特有的分权。”②

毫无疑问，同大陆的自由相比，英国的自由天然具有“保守”的特质。它重视的不是自由概念的定义的精确性和思想内涵的不断革新，而是人们对自由理想的共同把握，对作用良久的传统、惯例和思维习性的持久拥有和流传，对道德力量的崇信以及对人的情感、意志的弘扬。奥克肖特被某些政治哲学教材视为保守主义者，就在于他所具有的英国自由的文化背景。

奥克肖特笃信，正是大陆盛行的理性主义的知识学造成了近现代理性主义的政治危局。当然，他并没有因此认为英国的现代政治避免了理性主义的侵扰。

---

① ［英］柏克．法国革命论［M］．何兆武，许振洲，彭刚译．北京：商务印书馆，1998：81.

② ［英］奥克肖特．政治中的理性主义［M］．张汝伦，译．上海：上海译文出版社，2003：109.

奥克肖特正是在对英国的传统政治思想的研究基础上来实行他对前者的批判，这大约是他认为的能消除政治危机的唯一方法。

从政治哲学来讲，民主的概念同专制是直接相对立的。斯宾诺莎把民主定义为："凡是父母享有公民权的人，凡是出生在国内的人，凡是对国家有贡献的人，或是由于其他理由依法享有公民权的人，所有这些人，都有权要求在最高议事会上行使投票权，并且出任国家官职。除非他们是罪犯或声名狼藉者，否则不能拒绝他们行使权利。"① 显而易见，民主就是赋予公民参与政治的平等权利。民主要求只有"公民"才能享有参与的资格，这就界定了"参与者"的"自由"属性；民主要求公民参与权利的广泛性和相对平等性，这就规范了权利体系的"平等"特点。因而，理性主义对"自由"和"平等"概念带来的危机自然也就延伸到民主的概念里面了。

亚里士多德在他的《政治学》中将君主制和平民制都视为偏激、极端的政治形态，认为具有专制和民主共同特征的贵族制是最优秀的政治体制。也就是说，他认可了民主的合理性，认为贵族制必须结合民主制，才能有真正的效力。

奥克肖特认为理性主义者的政治显然背叛了亚里士多德政治思想，他们眼中的民主无疑只是单纯的权利分配的公平，"分配正义"成为理性主义民主的唯一初衷。这显然是对民主概念的亵渎，是用一种民主的标准取代了所有的其余标准，是通过将"民主"概念的外延的扩大而规避真实的政治问题不负责任的态度；同时是民主逻辑范畴上的一个重大错谬，即理性主义者依照自己对理性的偏激理解，人为地对民主本身进行了重新界定，导致民主概念背离了自身的内涵。其危害是，扭曲了民主的真实性，使民主成为简单的同质化的机械行为，其最终将使公民失去自觉地对权威的尊重之心，将公民彻底排挤出政治舞台，非政治化趋势不可避免。

奥克肖特借鉴英国的传统政治学，看出了理性主义民主对"真实"的政治民主形成的巨大危害。理性主义民主最直接的危害便是将准备参与民主的"大众"提前塑造成抽象的、机械的"政治原子"，并"驱赶"这些毫无道德

---

① ［荷］斯宾诺莎．政治论［M］．冯炳昆，译．北京：商务印书馆，1999：144.

自觉性的“人”参与民主的程序。这是残忍地剥夺了他们能够参与政治的人性象征，是完全的暴政，是对政治正义性的根本损害。一个由无知无觉的公民构成的政治社会，其境遇可想而知。所以，这里就得到了奥克肖特批判理性主义民主所依据的理论来源。

根据以上论述，可以说，欧洲的政治危机根本是人性危机的外显，是将理性“狭义化理解”的结果。那些宣扬人性、民主和道德的理性主义政治家实际上是在强制性地剥夺公民民主的权利，是把自己预设的所谓的民主项圈生搬硬套进原本拥有自由权能的公民身上，最大的政治危机来自这些道德说教者的自信。

奥克肖特认为理性主义对知识的侵害首先表现为“技术知识”对“实践知识”的侵害。前者是人为设定的、僵硬的知识形式，后者则是人对知识的切身应用和体会。前者并不能教会人们怎么做，只是简单地实现知识的文字记录，后者是前者的真正来源。而理性主义知识观却颠倒了这种知识论上的因果顺序，强调前者的先在性，并且在教育实践中把技术知识作为唯一的知识进行灌输。这就悖逆了人类认识的自然状态，使人的认识陷入主观臆断、故步自封的泥潭中。

奥克肖特认为17世纪经验论和唯理论对峙的后果之一就是：人和理性的分离。他批评以霍布斯为代表的近代理性主义知识论把世界比喻为几何式构造的精密的机器，哲学在知识论上似乎又回到了机械的形而上学论时代。“人”本身被忽略，成为自然宇宙之中一个接收和解读信息的因子，人类精神淹没在无边无际的科学主义浓云中。正是这种境况带来了时代哲学的批判课题：再次发掘人性，替“人”寻根成为哲学的必然任务。

奥克肖特认为英国经验论和大陆唯理论的共同点在于，都承认“世界”被划分成为“主体”（认识者）和“客体”（认识对象）两个部分，都把认识的活动看作一个发现对象的“真理性”活动。在奥克肖特看来，这是对“世界”范畴的错误理解，对世界做出的范畴划分实际上遮盖了经验世界的一个重要特点，就是“世界的统一性”。在奥克肖特看来，牺牲统一性去谈论认识，是荒谬的。无论是从主客的关系还是从主体间的关系，我们都不能不感觉到无法弥合的“分裂的世界”的现象存在。正是因为这个分裂的世界的形成，才导致“狭义理性”的主体化和认识对象的客体化；也正因为这种不能统一的对立的形成，才使理性失去了其本身的独立的道德品格。

奥克肖特对理性主义政治学的批判目的是试图恢复到理性原初的意义上去。也就是用对理性的广义的理解取代对理性主义的狭义理解，并且把理性融入人性中，以此使人性达到理性的自然状态。奥克肖特对理性主义政治学的批判完全体现了这个思路。

因此，理性主义统治之下的政治参与者是“大众人”或“反个人”。而奥克肖特试图扭转风云，以“个人”来代替“反个人”，恢复“民主政治参与者”的本来面目。我们首先来比较“个人”与“反个人”的区别。前者是具有“意志”“知识”的个人，后者只是充满“意见”的个人。奥克肖特的政治立足点是“个人”的政治，是“个体意志表达”的政治。“个体”是政治生活的出发点，同时又是整个政治的最终目的。因而，要将“反个人”恢复为真正的“个人”，关键就在于消除“理性主义”对“个人”的蒙蔽，重新发掘“个人”的“理性”精神内涵；而且，也只有将这个“理性”的个人作为政治的参与者，才能恢复政治的“公正”。

奥克肖特反对霍布斯所认为的，人们之所以结成联合体就是为了躲避“横死”的命运。他认为，人们之所以能够拥有行为的共通的认可和理解，是因为人是理性地认识自己的。这使人们很容易达成默契，不过这种默契本身究竟是什么，那是难以用语言加以言说的。如果非要强制使用语言说出来，“那就不过是语法书”罢了，对真正的公民社团的理解难有益处。奥克肖特反对把公民之间的关系建立在任何“功利”基础上，批判霍布斯等人所谓的“自由是人们交付某些权利而换取到的观点”。

[原著教学研讨]

学生A：比起亚里士多德和柏拉图，我对于霍布斯的了解并不多．看了《利维坦》之后，了解到他的哲学思想包括机械唯物论和感觉经验论在政治哲学中的运用，激发了进一步了解其哲学思想的动力。

研读“偶性是物体在我们心里造成概念的能力”部分，我认为主要论述了偶性的定义、存在方式。霍布斯只承认物体的广延或物体形状的必然性，其余性质都是偶然的，称之为“偶性”，通过这一点我们可以了解到霍布斯论述的“偶性”并不是物体固有的本质属性，很大程度上受人的主观认识影响。这就涉及物体的第一性的质和第二性的质的问题，虽然霍布斯对于第一性质和第二性质也进行了区分，简单片面，二者之间的界限模糊不清，并不十分明确。我认为在这里可以借用洛克对第一性质和第二性质的划分。洛克认为：第一性质是物体固有的，不依人的感觉而转移；第二性质是一种能力，是凭借第一性质在人的心灵中引起观念的能力。根据这种划分，霍布斯的偶性相当于第二性的质。学习过程中，我主要对于霍布斯有关“偶性”的先后两次定义感到困惑，即“偶性是物体在我们心里造成概念的能力”和“偶性是我们认识物体的方式”两种定义之间的冲突问题。我认为前者是基于物体为主体提出的，强调偶性是物体本身的一种能力；后者则是以认识者为主体，物体所表现出的偶性差异很大程度上取决于我们的认识方式。霍布斯提道：物体的偶性是存在于心灵之外的。这里将霍布斯的偶性看作物体的第二性质，那么偶性就是凭借第一性质在我们心里造成概念的能力。第二性质是基于第一性质呈现给我们心灵的一种观念，物体的能力的确是客观的、实在的，但它造成的效果却是主观的，而且不同的认识主体对于同一物体的观念可能并不相同。所以，我们的主观认识并不能脱离于物体（客观）而产生，物质决定意识产生的过程，认识依赖于物体而存在，偶性的产生实则是主客观相互作用的效果。霍布斯把偶性定义为我们认识物体的方式是在试图解释认识属性的产生过程。

学生 B：围绕“偶性是什么”，霍布斯先是举了物体的广延和移动两个例子来说明。物体从原本的位置移动到另一个位置，我们不会说这部分的位移是这个移动的物体，我们将这种位移称为该物体的偶性。因而，“什么是偶性”这一问题所要研究的其实是我们已知的东西。然而，我们日常的表述习惯总是更倾向于说“偶性也是某样东西，也就是自然物的部分”。借此，霍布斯将之定义为“偶性是某个物体借以得到了解的方式，也就是某物借以在我们心里造成它自身的概念的能力”。以我对此的理解，我们去认识现实中的万事万物，必定是借助其所表现出来的各种形式去认识它，这种能为我们提供认识理据者即偶性。霍布斯指出，我们认识物体的方式是偶性，认为“偶性是某物借以在我们心里造成它自身的概念的能力”。从这里可以看出，霍布斯对偶性的解释既从主观角度，也从客体角度。有学者认为，前后两个定义是相通的，但由于两个定义所选择的角度不同，前一个定义比后一个定义的范围更广。霍布斯所说的偶性既指主观所把握的物的特性，也指心灵之外的物所表现出来的某些特性。邓晓芒提到，霍布斯的这个定义已经蕴含了将偶性主观化的倾向。最后，霍布斯对物质“实体”也采取了唯名论的态度，认为所谓“实体”都不过是一些没有确切内涵的名称，霍布斯的这种观点不仅影响了洛克，而且还影响了贝克莱、休谟等人。

“偶性并不作为主体的任何部分，它可以离开主体而仍然存在。”这里霍布斯还呈现了亚里士多德的解释，亚里士多德将偶性视为与本质相对应的术语。他在《形而上学》中表述为，“它依附于某物并能被真实地说明，不过既非出于必然，也非经常发生”。可以概括为三层含义：第一，虽然不是事物本质但却是事物固有的；第二，暂时属于主体，其增损不影响主体其他属性；第三，它们只能内居于实体，没有独立存在。霍布斯针对有些人的意见，如颜色、气味等偶性是以“附着”这样一种另外的方式存在，提出，希望这些人弄清楚这是知觉者的心灵运动还是被知觉物体的运动，这是自然哲学讨论和关注的。我认为这已经将“偶性”问题上升到方法论层面了。

霍布斯则通过对两种不同性质的空间的描述来说明空间。他认为“空间是一个单纯在心灵以外存在的东西的影像，就是说，空间是那样一种影像，在那种影像里面，我们不考虑别的偶性，只考虑它在我们之外呈现。”霍布斯通过对两种空间的描述来说明既有客观的，又有主观的偶性的情景。他说，“想象空间是心灵的一种偶性，而物体的偶性是存在于心灵之外的。”

人的认识活动是否也是人的一种运动呢？霍布斯指出，偶性是物体借以在我们心里造成运动的能力。这种从主观角度给出的定义，事实上也将人的认识活动考虑在其中。可见，霍布斯在他对偶性的论证过程中注意到了主观方式和客体本身的相应性，认识活动也能够产生它的效用。我们对物质的认识的确都依赖物质的存在，但认识的主体“人”也是积极的，人可以主观地选择更为合适的认识方式。霍布斯既有从客观角度对偶性作出的定义，也有从主观角度作出的定义，在其观念中，任何认知行为都有主客体的共同参与。

霍布斯将主体在认识过程中的积极作用纳入偶性观点对洛克产生了一定影响，霍布斯的这些观点还影响了其后的贝克莱、休谟等人。马克思主义哲学除了肯定物质的客观实在性以外，还指出了人的意识在认识事物过程中所发挥的主观能动性。由此可见，关于认知过程中主体与客体的作用，从霍布斯开始发展得越来越具体和深入。

“偶性”是霍布斯机械唯物论思想中的核心观点，霍布斯是近代西欧最早将此表述出来的哲学家，在霍布斯的思想中已经体现了对主客观相应性的关注。

学生 C：霍布斯谈论了这样几个话题：（1）提出一切知识都是从感觉获得的观点。（2）说明可以用记忆或者叫回忆来考察感觉本身。（3）探求知觉的原因及产生方式，感觉方面的变化会导致影像或观念的变化。（4）为“感觉”下定义。

霍布斯根据对感觉的原因及其产生的次序的解释而得出“感觉是一种影像，由感觉器官向外的反应及努力所造成，为继续存在或多或少一段时间的对象的一种向内的努力所引起”。需要注意的是，霍布斯说人的感觉是复杂的机械运动，但是他又说如此产生的影像并不是外物的真相，只是关于外物的“假象或幻象”，那么就让人产生疑问：既然感觉到的只是假象或幻象，那么人们是否能够把握真理呢？进一步来说，如何把握真理？霍布斯解释观念可分感性和理性两种，理性观念是由感性观念派生，他还探讨了感性观念派生理性认识的步骤：第一步是给感性观念命名；第二步是把两个名称合成一个命题；第三步是从一个命题到另一个命题的推理。在这个过程中，霍布斯说命题的真假取决于有无观念关联的证据，但观念之间的关联比感性观念离事物的真相更远，那么就又让人产生疑问：既然这个推理过程比最初的感性观念离事物真相更远，那么如何能够在离真相更远的路上发现真理？真相是否会越经推理而越遥远呢？

一切知识都是从感觉获得的，如果我们没有见过一个规范的等边三角形物体，那么我们就没有关于它的感觉，为什么脑海中可以想象出一个规范的等边三角形来？这似乎与“一切知识都是从感觉获得的”相悖。对于这个问题，霍布斯说观念可分感性和理性两种，理性观念是由感性观念派生，由此解释脑海中规范的等边三角形的理性观念是由我们看到的其他与之相似的物体的感性观念派生的。这个过程并不是说简单几次就可以轻易实现，而是需要我们在获得感性观念时不断积累经验，再将所得经验整理分析归纳才会得到理性观念。

“因为一个人如果知觉到他曾经有过知觉，那就是在回忆。”这里我想对比柏拉图的“灵魂回忆说”，他说知识不是后天获得的，也不是从灵魂中自发产生的，而是灵魂固有的。而霍布斯这里所讲的回忆更像我们一般意义上所说的回忆。在亚里士多德那里，感性认识包括感觉和记忆，并且记忆是从感性认识到理性认识的中间环节。所以，我认为亚里士多德的理论体系更加庞杂丰富，霍布斯和亚里士多德的认识论同为唯物论的反映论。

教师：上述同学从各自角度对霍布斯哲学的原著文本进行了解读，体现出几个特点：第一，比较贴近文本，有的还专门参考比较了个别词汇的中英文表达，读得比较认真细致；第二，体现对话意识，有的同学专门就文本对话者的疑问进行了回应式再解读；第三，表达了对霍布斯哲学观的认真态度和合适的解读视角，也就是说霍布斯的哲学不能简单地用“机械唯物主义”的标签来独断解读，而应该根据其近代早期哲学的争辩语境进行合理解释。

第七章

康德哲学导读

我坦率地承认，休谟的提示在多年以前首先打破了我独断主义的迷梦，并且在思辨哲学的研究上给我指出了一个完全不同的方向。

——康德

决定论和自由意志论的对立是哲学史上一个古老的问题，这个问题起初和责任伦理息息相关。这在斯多葛学派、伊壁鸠鲁学派，奥古斯丁、托马斯·阿奎纳等人那里都有所表现。近代，休谟只承认人有心理学上的意志自由，否认有绝对的意志自由。他力图证明：决定论并不必然妨碍责任的追究，而且是责任伦理所必须的条件。现代，柏格森主张人类具有一种不可言说的意志自由，但这种自由是从属于生命冲动的。他认为人类的道德有两个来源：个人的情感和社会的压力。道德义务绝不是理性的产物，唯有生命冲动的情绪才是它们的源泉。康德则认为形而上学的意志自由乃是一切有理性的存在者的属性。意志自由是一个假设，用来解决道德领域的先天综合判断：一切有理性的存在者都遵从责任的普遍的道德律。自由意志是目的王国最高的意志，而责任则是植根于自由意志的。

一、启蒙的三重面向

1784 年之前康德已经出版了《纯粹理性批判》《未来形而上学导论》；1784 年康德发表了两篇重要文章，一篇是《一种基于世界公民原理的关于普遍历史的理念》，一篇是《对这个问题的一个回答：什么是启蒙?》；1785 年发表了《道德形而上学原理》。《道德形而上学原理》即兴写于《纯粹理性批判》和《实践理性批判》之间，应该属于康德关于“历史、社会”等实践理性批判主题的部分。

“有两样东西，越是经常而持久地对它进行反复的思考，越是充满常新而且日益增长的惊赞和敬畏：我头上的星空和我心中的道德法。”这是康德的名言，刻在他的墓碑上，成为康德哲学的现成注解。我们可以借助康德的这句名言，阐述康德“头顶星空说”的三种指向，即康德启蒙的三层意蕴。

我们首先可以提出一个问题：康德的上述墓志铭在哪里能看到？哪里是康德仰望星空的地点？波罗的海的飞地加里宁格勒，当时叫格林斯堡，是康德的出生地和一辈子生活的地方。墓志铭，上部分是以德语，下部分以俄语来书写的，说明了康德出生地和终生生活地格林斯堡的历史变化。

康德头顶星空说第一层寓意在于它标志着启蒙的科学理性面向。康德仰望星空，引发人们对自然的诠释。但是不是所有人看到苹果落下，就会想到万有引力定律呢？为何其他人仰望星空就提不出康德这样的理论？这就要联系康德的星云假说。康德在《自然通史与天体理论》一书中提出的星云假说，是 18 世纪末叶和整个 19 世纪宇宙起源说的理论基础，康德开展哲学思考是以比较尖端前沿的自然科学为前提的。康德主张旋转的云团产生天体，用这样一种天体的起源说明天体的产生，再用各类天体的起源说明宇宙的起源。康德认为宇宙起源于最初的云团，旋转的云团形成了高速运转的心灵星云盘，产生的原始的太阳，经热核反应成为自行发光的恒星。星云盘周围的物质，通过一系列碰撞和吸引，逐渐形成今天的卫星。该学说被认为是太阳系起源最富有生命力的科学假说。牛顿认为行星的运动秩序是由神亲手安排的。他强调“给我以物质，我就能够从中构成一个世界；就是说给我物质，我为你们指出世界应当怎样构成”。康德这种用自然云团来说明宇宙起源的观点，表明他试图立足自然本身来说明宇宙起源，这是启蒙立足科学认知的理论理性面向，是康德头顶星空说的第一层寓意。

康德头顶星空说的第二层寓意在于它意味着启蒙的实践取向。启蒙（英语：enlightenment；德语：aufklairung）的反义概念是“不成熟”（英语：immaturity，带有伦理意味，建议古英语：nonage；德语：unmundigkeit）。应该说“不成熟”这个中文词汇的使用是被迫无奈的，需要通过注解来说明。在中文语境中，“不成熟”可以指所有生物的未成熟状态，在某些社会学语境中也可指人的生存技巧的不足；但康德的原意主要是指有理性的存在者不能自主使用理性的状态，其中暗含了“自身有理性能力”和“不会自主使用”两个意思。因而“unmundigkeit”（不成熟）这种生命状态是暂时偶然的，必将向“aufklairlung”（启蒙）状态运动。同时康德也说明了如果谈话对象不同意“每个人自身有理性”这个前提，康德的启蒙告诫将是对牛弹琴。所以，英译者建议用 nonage（未成年）来翻译德语“unmundigkeit”是有道理的。中国人民大学李秋零教授在《康德全集》（第 8 卷：1781 年之后的论文）中把“unmundigkeit”翻译为“受监护状态”，也是有道理的。英语中，启蒙是动词“enlighten”，它的名词形式是“enlightenment”。从词汇的构成角度来看，启蒙是使……光亮起来，同样意义的词根，也出现在拉丁语系启蒙一词中。我们常常说黑暗的中世纪，对于康德之前的英国、法国启蒙学者来说，欧洲至 16 世纪、17 世纪恐怕就已经进入启蒙的新时代了。然而在 18 世纪，这种光明并没有照耀德意志大地，德国人体会到新时代的真正来临，正是肇始于以康德为代表的德国古典哲学。我们看德语的启蒙构词法，启蒙表示这样的含义：在澄清之途中。那么，启蒙要澄清什么呢？在康德哲学中，启蒙就是对理性的能力和任务的澄清，澄清是对理性能力的限定，是通过批判理性使理性能够得到更好的，从而完成人类通过理性为自己设定的任务。这个任务的实现是通过理性对我们这个世俗世界的直接范导作用而做出来的，是由人类自己独自担当的。在这个意义上，人类理性如同头顶的星空，虽然始终在那里，但是很容易被思想的迷雾所遮蔽。因此，我们说仰望星空意味着拨开云雾，追求光明，激发自己，照亮社会；也是康德头顶星空说的第二层寓意，是康德启蒙哲学实践理性面相。

头顶星空说还意味着启蒙的审美目的论取向。刻于康德墓碑上的这句话出现在康德实践理性批判的结尾，这句话不仅含有自然律和道德律主题，还有暗示的目的论，体现了康德的自然目的论思想。人是有理性的，但又是感性的存在者；人不是一个单一者，而是综合者。在科学认知纬度上，人是通过时空直观形式来静观自然世界；在道德实践维度上，人表现为对道德律令的敬畏；就时时刻刻处于审美鉴赏之中的生活维度而言，人则通过对星空的惊赞来体验宇宙之美，天空之和谐。令人惊赞的星空，吸引着人去探索自然的奥秘，于是才有科学知识的活动。科学知识的活动，对星空的审美和鉴赏，引导着人们对自然的科学认知活动。惊赞的对象不仅仅限于头顶的星空，人类历史上伟大的知识和道德圣贤，常常被神化为天上的星宿下凡。对这些言行的惊赞，使人们见识到理性道德自律的伟大，从而引发芸芸众生之道德实践的生活展开。对头顶星空的惊赞，是我们作为有限者对无限者的体会，是理性者最基础性的心境，是康德理解人之所以为人的基本面向。赞美世界，敬畏道德律令，人才有可能是高尚的人，有人格的人。

康德指出了启蒙的可能性根据、启蒙的初始条件、启蒙的理想方式，呼吁要有勇气和决心脱离被监护状况，进行自我启蒙。

二、意志自由的哲学问题

康德的启蒙与意志自由本然关联，而意志自由是哲学史上一个十分古老的问题。

在希腊化罗马时代，关于意志自由和责任伦理的讨论首次被正式地提出，在哲学上主要表现为深受古希腊哲学熏陶的两个学派，即斯多葛学派和伊壁鸠鲁学派之间的对立。争论涉及的问题在基督教哲学时期被赋予新的意义而得以继续讨论，但这一时期的神学家奥古斯丁、司各脱、阿奎纳等人在关注这些问题的时候总是把它引向为上帝的神圣事业——宗教神学服务。总体来说，他们关注三个方面的问题。一是自由的几种含义：心理自由与伦理自由，选择自由与形而上学自由。二是自由与责任的最初关涉：意志的自由问题成为宗教理论上的一个难题。简单地说，这主要关系到罪恶的产生和人、神的责任问题。如果人类没有意志自由，其所做的一切行为都是在上帝的意志指导下做出的，那么人类的罪行岂不可以归结为上帝的过错？如果人的意志可以不受上帝的控制而是自由的，又怎样理解上帝的全知全能？三是在意志自由问题上，存在意志和理智的对立：即意志判断依赖于观念，还是观念活动依赖于意志？

在他们的争论中，首先凸显出来的是关于自由的各种不同含义：心理自由和伦理自由。① 他们继承了柏拉图的区分：心理自由，即选择自由，意志在不同动机之间做出抉择指导行为的能力；伦理自由，即行为出于自愿，自愿即不为错误所欺骗。那种来自人格本身而又充分理解各种关系的行为才是完全自愿的行为，自愿性行为将导致对行为负责。因此，通过考察目的和考察手段而进行的选择自由是道德上应负责任的条件。

意志是否自由的问题，在希腊化罗马时期的斯多葛学派那里，表现为体系内部形而上学的世界观和伦理学之间的对立。机械论和目的论两种对立的世界观与当时支配思想的伦理学基本原理和前提联系起来。人的意志自由问题起源于道德需要以及与此需要相适应的道德哲学和形而上学的世界观之间的矛盾。这个学派形而上学的宇宙论主张天命学说："人（和其他一切动物一样）在所有他的内外结构中、在所有他的所作所为中，都为宇宙力量所决定，所以人格就不再是行为的真正基础了。"②

而从亚里士多德那里继承的伦理学观点所带有的强烈的道德责任感又要求把人格作为行为的基础。因为，只有那种来自人格本身而又充分理解各种关系的行为，才是完全自愿的行为；而行为只有是自愿的才会导致"对行为负责"的结果。

这种存在于其体系内部的宇宙论与伦理学的对立是斯多葛学派易被对手攻击的致命之处。因此，克吕普西作了调和：意志的每一次决定实际上都必然地来自人与环境的结合；但外在环境只是附属因，而来自人格的赞同才是主因。

斯多葛学派相信他们的决定论学说是与我们对于行为责任的追究相容的。伊壁鸠鲁反对斯多葛学派的观点，认为决定论学说与责任追究是不相容的，

---

① ［德］文德尔班．哲学史教程［M］．罗达仁，译，北京：商务印书馆，1993：257.
② ［德］文德尔班．哲学史教程［M］．罗达仁，译．北京：商务印书馆，1993：259.

这种对立（天命论与人格自我决定论）是不可调和的。他在亚里士多德的基础上做了如下论证：①

（1）如果决定论为真，那么处于遥远过去的事件就使我的行动必然发生。

（2）如果是这样，那么这些事件就是原因，而我不是。

（3）如果我不是原因，那么这一行动就不取决于我，并且我对这一行动不负责任。

（4）因此，如果决定论为真，我就对我的行动不负责任。

由于遥远过去所发生的事件使我的行动无可避免，所以，如果坚持决定论学说，那么随之而来的一个结论是："这些事件，而不是我的选择与决定，引起了我的行动，……我对我的行动没有责任。"②

伊壁鸠鲁是一个典型的不相容论者，但是他和斯多葛学派一样相信人应该对自己的行动负有责任。所以，他修正了那种认为所有的自然过程都是原子运动的必然结果的自然主义决定论。德谟克里特主张世界遵循原子运动的规律，同样的原子在同样的模式中起着同样的作用，带来同样的结果。伊壁鸠鲁提出了原子偏离学说："有些原子在有些时候经历了一场混乱并且难以觉察地从它们通常的进程中偏离出去。"③ 偏离引起无因运动。因此，他否认因果律的普遍有效性，而将自由与偶然性置于无因事件这一概念中，自由即意味着在不受原因决定的不同可能性之间做出抉择。就我们的选择行为包括原子偏离运动而言，这一行动是非决定性的。如此一来，伊壁鸠鲁认为他借此拯救了道德责任感：既不违反我们对这一世界的经验，也不违反我们对自由意志的坚定信念。

在宗教神学时期，自由意志与对人类罪行的责任追究的合理性相关：既然人类犯下罪行是由于他们具有意志自由，那么"为什么万能的世界理性竟把如此遭人滥用的自由给予人类，而它为什么又允许这种滥用?"④ 这一问题被深化为宗教信仰的理论因素和实践因素，形而上学因素和伦理因素的对立。

---

① ［美］特伦斯·欧文．古典思想［M］．覃方明，译．沈阳：辽宁教育出版社，1998：191.
② ［美］特伦斯·欧文．古典思想［M］．覃方明，译．沈阳：辽宁教育出版社，1998：209.
③ ［美］特伦斯·欧文．古典思想［M］．覃方明，译．沈阳：辽宁教育出版社，1998：192.
④ ［德］文德尔班．哲学史教程［M］．罗达仁，译．北京：商务印书馆 1993：263.

这些对立在“自由意志”和“上帝恩典”这一中心问题中得以集中表现。

奥古斯丁早期是自由意志的坚定捍卫者，尽管他这样做的目的不仅仅是出于对道德责任感的考虑，主要是为了捍卫“神的公正的事业”。他认为人的肉体具有自身的完善性，本身没有善恶之分，灵魂才具有善恶的属性。因为人的肉体没有自由，意志自由是属于灵魂的，灵魂可以凭借自由意志做出自由选择。“当意志背离了不变的和共同的善，追求个人的善，即外在于自身，低于自身的善，他便在犯罪。”① 虽然人的自由意志是人类行恶的根源，但奥古斯丁认为人具有自由意志是不可怀疑的。“为了显示上帝惩恶扬善的公正，必须赋予人意志自由，让他们承担自己选择的责任。”上帝只是对自由选择的后果进行奖惩而不直接代替人做出善恶的选择。因此，“背离与皈依是自愿的，而不是被迫的”。②

奥古斯丁后期在和宗教异端的争论中改变观点。公元5世纪时的佩纠拉认为人类自诞生起就有了自由意志，不因亚当堕落而丧失。人类的罪行是由于自由意志的运用不当，“原罪”是根本没有的。③ 他吸收了斯多葛学派的伦理观点，认为人类犯下错误是由于自己的行为不当，所以才要追究责任。这种异端学说和正统的罪感意识不相符合。正统学说认为人生来就是有罪的，不因为后天的行为得当与否而改变，所以耶稣才下凡代人赎罪。奥古斯丁针对这种异端学说，提出了他的调和理论。上帝在造人时曾经赋予了人自由意志，但自人类犯下原罪之后，人已失去自由意志，为罪恶所奴役。“一个人既已用自由意志犯罪，为罪恶所征服，也就丧失了意志自由。”④ 自基督诞生以后，人又有了上帝的恩典，恢复自由意志做出善的选择的能力，即皈依基督教的自由。

奥古斯丁的调和有其自相矛盾之处：如果我们永恒地具有自由意志的能

---

① ［古罗马］奥古斯丁．论意志自由［M］//赵敦华．基督教哲学1500年，北京：人民出版社，1994：168.

② ［古罗马］奥古斯丁．论意志自由［M］//赵敦华．基督教哲学1500年，北京：人民出版社，1994：169.

③ 陈刚．西方精神史（上）［M］．南京：江苏人民出版社，2000：400.

④ ［古罗马］奥古斯丁．教义手册［M］//赵敦华．基督教哲学1500年，北京：人民出版社，1994：170.

力，还要上帝的恩典做什么？如果非永恒地拥有，犯罪不是出自我们的自由选择，为什么还要我们承担责任？

早期的经院哲学家安瑟尔谟看到了这种矛盾。他与奥古斯丁不同，他认为自由意志为人永恒地具有，但意志的本性与意志的选择倾向是不同的。意志的本性是自由的，但意志选择倾向有两种：有用的或正当的。选择正当的东西就是善的，选择有用的东西，却并非就是恶的。如果有用的与正当的相违背，就是恶的；有用的与正当的相一致就是善的。安瑟尔谟试图通过这种理论来解释奥古斯丁的自由意志和上帝恩典之间的矛盾。人在“原罪”之后，并未丧失自由意志，只是失去运用自由意志的能力，丧失择善的倾向，需要上帝的恩典才能运用自由意志。人在上帝的恩典之下具有择善的倾向，但并不排除人有择恶的可能，人在此时仍然具有向善或向恶的两种倾向，故而人既需要上帝恩典，又要承担选择的责任。①

在随后的争论中，关于意志自由的问题表现为意志和理智在逻辑上何者为先。从心理层面上看，这个问题就是“在心灵生活中意志判断依赖于观念，还是观念活动依赖于意志?”② 从宗教和伦理层面上看，尽管争论的双方为了维护责任心都希望坚持和捍卫人的自由，但对立恰恰表现在他们各自对自由的不同解释和为达到捍卫自由的目的所采用的手段上。

中世纪的托马斯明显地赞成自苏格拉底以来的理智观点，主张理智在先，意志依赖于理智，意志自由实际上是指意志必然追求被理智认为是善的东西。因此，伦理学上的意志自由即“是基于知识而存在的那种必然性”③，而心理学上的自由（选择自由）是指意志可以选择由理智提供的诸多可能性中最好的一种可能性。

而另外一派中的司各脱等人则批判这种观点，认为只要承认意志依赖于理智，就不能谈论选择自由，因为理智是以一种单一的方式决定意志和观念的自然产生过程。因此，“责任感只有在承认理智对意志没有约束力的条件下

① 赵敦华．基督教哲学1500年［M］．北京：人民出版社，1994：250.
② ［德］文德尔班．哲学史教程［M］．罗达仁，译．北京：商务印书馆，1993：441.
③ ［德］文德尔班．哲学史教程［M］．罗达仁，译．北京：商务印书馆，1993：442.

才能维持”。[①] 即使是理智提供意志决断的对象，也并不能否认意志拥有绝对的自决权，不能否认意志的自身运动。

两派在这方面的对立又导致另一种对立：两方都承认道德律是上帝的戒律，遵守这种戒律毫无疑问是一种德行，是善的表现；但戒律和善如何来自上帝却又有分歧。托马斯认为善行是理智的必然结果和表现，因而宣扬善的合理性。司各脱等人则认为善不取决于理性的认识，而取决于前述的没有任何根本约束力的绝对自由的意志。

以上讨论的背景是现代文明的进程使科学和技术在社会生活中的地位凸显，技术的增长超过了伦理的进程，现实中处处可见责任的匮乏。意志自由和责任伦理的探讨基本上可以沿着哲学史来进行，但本身绝不仅仅是为了书写一段历史，而是力图逐步展示与此相关的理论方法和思维范式；更重要的是要从意志自由与责任伦理的关系出发，实际上是从人性角度，来看待责任伦理的根源与基础，以及它的客观普遍性和现实可能性。因此，康德实际上关注三个方面的问题。

一是意志是自由的还是不自由的？说明意志自由和责任伦理关系的前提是澄清意志自由这一概念。作为人，我们都得在生活中不断地做出“决定”。所以，我们很容易就会接受“自由意志”这个笼统的概念。尽管当被告知，这些“决定”事实上是由非个人控制的情境所做出的时候，我们还一如既往地相信，甚至增加，我们具有“自由意志”这一信念。这是对自由意志概念的一种盲目乐观的误解，对哲学上不同哲学流派的相关论述再现将表明，人类具有自由意志其实是一个很成问题的论断。问题的核心在于他们各自在何种意义上讨论自由意志的有无，讨论的方式是宗教的还是非宗教的，是经验主义的还是理性主义的？

二是意志自由和责任伦理是什么关系？意志自由和关于责任（或义务）的道德并不总是相应的，从意志自由可以生发出两种截然不同的可能性：一方面，意志自由是人类做出罪行的根源，在宗教神学那里，在笛卡尔等人那里都是如此；另一方面，意志自由又是自身负责的根据，在康德那里尤其

---

① ［德］文德尔班．哲学史教程［M］．罗达仁，译．北京：商务印书馆，1993：443.

明显。

三是我们如何来看待责任伦理的来源和客观有效性？休谟认为，即使否认绝对的意志自由，也并一定排斥责任伦理。责任作为一种自然的道德感是可以自发产生的，并且先于后天培育的正义等道德。康德则主张为了强调责任必须假设自由意志的存在，自由意志是实践理性的核心。因此，作为责任的道德是来源于理性的绝对命令，是每一个有理性的存在者都必须遵循的。柏格森把来自社会压力的义务的道德看作处于封闭社会中的消极道德，只有出自生命冲动的个人抱负的道德才是积极的道德。

三、情感与理性的交锋

在休谟之前，笛卡尔利用清晰观念和浑浊观念来区分解决决定论和意志自由论之间的对立：“只有清晰和明确的表象才对于心灵起着如此强制的压倒一切的影响，使心灵不可避免地承认它们；而对于不清晰的和浑浊的表象，心灵只保留着淡漠的任意判断的无限制的无根据的活动。其中，人具有最深远的力量，在无限制的任意独断中，人性表现为上帝绝对自由的反映。”① 人类违背自己的人性而犯错误的原因在于判断材料不清晰、不明确时心灵进行的武断的决定。由此，笛卡尔认为自由意志是罪孽的根源。

在斯宾诺莎那里，决定论和自然神论的思想使他认为，不存在心理学意义上的选择自由，形而上学的自由只能意味着不被他物决定只被自身决定的神的绝对存在；另一方面，伦理学上的自由意味着理性征服感性的崇高理想。

笛卡尔和斯宾诺莎的论述都是零散的不系统的。“在严格意义上的哲学家

① ［德］文德尔班．哲学史教程［M］．罗达仁，译．北京：商务印书馆，1993：541.

中，休谟第一个直截了当地论述了自由与必然的令人困惑的关系。”① 由于贯彻经验主义原则，休谟所持有的情感主义人性论的道德哲学观点使绝对的意志自由遭到否定，他只承认心理学的意志自由，但这并不妨碍休谟给予责任和义务的道德以很高的地位。对于休谟来说，道德的本质在于一种道德感。其中，责任感是第一位的，正义感是第二位的。从体系上说，休谟虽然是近代人学转向重要的一个环节，但认识论仍是作为道德哲学的基础而出现的。理性、知性、感性概念的理解和认识活动的根本原则的确立是休谟做出上述论断的基础。只要休谟坚持经验主义的感性统一论，认为理性的作用仅仅在于认识中判断真假，那么必然导致理性从属于情感，理性仅仅是在不违背情感的前提下指导行为。因此，也就不会有超验的不受知性因果联系决定的自由意志和相关的理性主义的道德哲学结论。

21 世纪，休谟哲学得到前所未有的高度评价，所有的实证哲学都把他奉为典范。他阐发并维护了一切观念和信念来源于感觉经验的观点，并且是杰出的反形而上学的哲学家。但这并不意味着他的观点已得到真切的理解和公正的对待，人们不断对休谟哲学做出新的阐释。其中一种观点就认为休谟主要不是作为一个怀疑论者，也不是作为一个分析哲学的先驱者而存在，而应主要作为一个自然主义的人性哲学家而存在。英国哲学家诺尔曼肯普·史密斯首先从这个角度解释休谟哲学。他 1941 年出版了《大卫·休谟的哲学》一书，认为休谟哲学的主要目的是对人类的各种“自然”的信念如外界物体和自我的同一性、因果性等做出描述性说明，他的基本论断是把休谟哲学描述为自然主义的，而不是怀疑主义的。“这种自然主义描述是指不依赖于任何超自然的神秘的武断的或形式演绎的证明，而是按照生活常识和自然科学可以理解的方式描述实际发生的自然过程。”②

正是秉承这种自然主义的信念，休谟在论证了因果联系不具备理性的确然性之后，并没有抛弃因果性概念；相反，却是相信任何自然事物之间都普遍存在那种在知觉心理的恒常结合意义上的因果联系，并进一步认为那种使

---

① 唐凯麟．西方伦理学名著提要［M］．南昌：江西人民出版社，2000：250.

② 周晓亮．休谟及其人性哲学［M］．北京：社会科学文献出版社，1996：206.

我们自然而不可避免地相信无机界有因果性的东西也使我们相信人类活动中有因果性，人类的活动如同自然物体的运动一样是一种“必然的活动”，具备自然的齐一性。“我们无论在什么地方发现恒常的结合和心灵的推断这两个必然性的要素，我们就一定要承认那里有一种必然性。”① 而心灵的推断又是建立在人类的各种活动在心灵中的恒常结合的基础之上的，对于后者，只需通过观察就可以说明。我们在对人类行为进行观察时，“总可以看出自然原则的同样的一致性和它的有规则的活动。相似原因产生相似结果，正像在自然的元素和能力的相互作用方面一样”。② 这种一致性是行为和行为者的境况、性情、动机、环境的恒常的结合。“在人类的行动中，正像在太阳和气候的运行中一样，有一个一般的自然规程。”③ 也就是说，把每个事件，尤其是人的思想感情和行为看作自然因果秩序的一部分。正如《人性论》的副标题“在精神科学中采用实验推理方法的一个尝试”所透示的：精神科学和自然哲学在方法上是同质的，两者都可以运用经验观察和实验推理的方法来加以研究。

休谟否认意志不受经验的因果必然性的约束，但他也看到这种关于人类行为的“必然性学说”关系到意志自由和责任问题。对于这一问题，休谟是从两方面来解决的。

一方面，休谟指出“必然性学说”与“人的行为是自由的”这两种观点并不矛盾，问题在于人们混淆了两种自由：一种是“自发的自由”，即人依意志的倾向做或不做某事的能力，这是休谟唯一想保留的“自由”；另一种是“中立的漠然的自由”，这是一种和必然性相对立的“自由”，是绝对自由，是休谟要反对的。休谟把这种“中立的自由”等同于机会：“所谓自由，如果和必然相对立，而不是和限制相对立，那它就无异于一种机会，这是一切人所不承认为存在的。”④ 由于“我们觉得，在多数情形下，我们的行为是受我们的意志支配的，并且想象自己觉得意志自身是不受任何东西支配的”，⑤ 所以人们认为人类具有这种“中立的自由”，甚至认为这是关于“中立”的自

---

① ［英］休谟．人性论［M］．关文运，译．北京：商务印书馆，1980：438.
② ［英］休谟．人性论［M］．关文运，译．北京：商务印书馆，1980：439.
③ ［英］休谟．人性论［M］．关文运，译．北京：商务印书馆，1980：441.
④ ［英］休谟．人类理解研究［M］．关文运，译．北京：商务印书馆，1972：86.
⑤ ［英］休谟．人类理解研究［M］．关文运，译．北京：商务印书馆，1972：84.

由的直观的或理性的证明。

另一方面，休谟指出必然性学说与责任伦理不但不抵触，而且是我们追寻责任的必要条件。在他看来，凡是认为必然性学说和责任伦理相抵触的人在这个问题上都是自相矛盾的，因为他们在持有这种观点的同时，在关于个人行为的善恶的判断中又依据行为的必然性原则。追究责任的前提是要说明特定的行为与特定的人即行为进行者之间的确定关联，说明该行为之发生是由行为者的某些动机决定的结果。原因有两点：其一，赏罚要分明，责任只能加之于具体的人之上；其二，人的行为的善恶来源于人的心灵中的善恶观念。在现实的法律生活中，之所以仓促地未经预谋而做出的恶行比起经过深思熟虑而做出的恶行受到较少的责备，以及悔改可以抹去或减少罪行，就因为行为是心灵中罪恶的情感或原则的证明。当心灵中罪恶的观念已改变，他以往所做的那些行为就不再是对心灵的罪恶的一种正确的证明，因而就不再是罪恶的了。故此，责任伦理要求在行为与人之间做出准确的关联，而这只能借助因果必然性。这正是人的行为的必然性学说的合理性的一种说明。

康德在很多方面重视休谟的观点，但他不赞成休谟道德哲学的结论，他采用了另外一套方法。康德认为知识源自人的悟性能力，但这种能力是有限的，因为它不能离开对感性的经验表象。运用理性思维（知性能力）于超感性事物，就是对知性的超验运用，是一种“理性潜妄”。因此，康德否认知识形而上学，但康德并未就此抛弃形而上学，在他看来，形而上学是人的天性。“理性为其本性所驱，欲越出经验的使用领域之外，突入纯粹使用中，仅借理念到达这一知识的最后界限，除完成其在体会一‘独立自觉之系统的全体’中存有之途径以外，绝不满足。”① “盖即玄学已实际存在，而不视为知识，亦当视为自然之倾向。”② 康德哲学目的之一就是要向未来形而上学奠基。但与前人不同的是，康德是在道德哲学领域进行他重建形而上学的努力。这样，种种超验的理念（包括意志自由），原本在传统形而上学中作为可知的对象，因被休谟以经验主义的原则加以否定，现在却以目的范导的方式出现在人类

① ［德］康德．纯粹理性批判［M］．蓝公武，译．北京：商务印书馆，1960：3.
② ［德］康德．纯粹理性批判［M］．蓝公武，译．北京：商务印书馆，1960：3.

的实践领域中，作为人类实践活动的最高目的的至善而规范着人们的行为。

在讨论之前，我们首先要区分两种因果作用：自然的原因性和自由的原因性。自然的原因性是一切非理性的存在者的性质，须由其自身之外的原因来确定它的活动；而自由的原因性则无须它自身之外的任何别的原因来确定其活动，这是意志自决和自律的否定的意义。自由不是自然的必然性，这是自由的消极意义，称为否定自由，但并没有涉及自由本身是什么。

要对自由概念有一个积极的界定则必须将它和道德律联系起来。自由意志作为一种假设是为了解决道德领域的先天综合命题：人——一个有理性的存在者能够自主产生并遵循责任的道德规律。责任伦理的绝对命令要求人在行动时同时愿意行动的准则本身可以成为一条普遍的道德律，但这种绝对命令何以可能？即它的先天根据在那里？要达到这个道德律的综合命题，必须寻找一个联系道德实践主体（有理性的存在者）和道德规律的中介，而这只能是自由意志。人是自由的，因而是自主自决的，只服从产生于自身的道德规律。道德规范对一切有理性的存在者的有效性是康德关于普遍的道德规律的基本含义。现在只需说明自由也是属于一切有理性的存在者之意志的，而这正是自由意志的积极含义：自由乃是一切有理性的存在者的属性。康德认为这一点无法证明，只是在思辨中被把握，并加以说明。“一个只在自由的观念支配下而行动的存在者，就其行动而言，必须因着那个缘故看为是自由的。”① 康德在这里所用的谓词是“看为”“归之于”“想为”“看作是”等，而不是“证明”。康德认为，上述命题是无法证明的，但纵然是一个不能证明的设想，也是一个极有意义的设想。“一个有理性的存在者的意志，只有在他受自由的观念的支配下而行动时，才能是他自己的意志。”② 从自由的观念这个预先假定中引申出行动的规律这种意识，我们只能假定并说明道德规律存在于自由的观念里，而不能证明道德律本身的实在性或客观性。

对于康德的这种假定我们不禁要问：它在多大程度上符合人的本性？从

---

① ［加］约翰·华特生．康德哲学原著选读［M］．韦卓民，译．武汉：华中师范大学出版社，1963：215.

② ［加］约翰·华特生．康德哲学原著选读［M］．韦卓民，译．武汉：华中师范大学出版社，1963：216.

人性角度看，人能够达到康德所规定的“义人”标准吗？如果达不到，那么所谓责任的普遍的道德规律也只能是束之高阁，可望而不可即了。这个问题和康德关于人的双重属性的论断相关。康德认为人生活在两个世界中：一方面，人是属于感性世界的，他的行动由欲望和爱好的自然律以他律的形式支配；另一方面，人又是属于理智世界的，他的行动由理性意志以自决的方式支配。我们意识到自身事实上既有感性的一面，又有理性的一面，从而必须把理智世界的规律作为命令宣示，把符合这个原则的行动看作责任。康德说虽然自由的观念使我们成为理智世界的一员，但由于我又看到自己是感官世界的成员，所以我们只能说：行动应该而不是必定会符合于意志的自决。这又是一个先天综合命题，在感性意志上综合地增加了理性的纯粹的不受经验干扰的自决自律的意志之观念。而且，有理性的意志乃是作为感性意志的条件，因为规定意志直接遵守规律的乃是理智世界，经验的自然律要求非经验的规律来保证。

当然，在康德的感性意志和理性意志的区分中似乎存在一种“辩证”：意志的自由和自然必然性的矛盾。针对这种矛盾，康德在《道德形而上学》中解释：当说人是自由的从属于理智世界的时候，我们是在有理性的存在者的意义上来思考人；当说人是自然的一部分受自然律支配的时候，我们是在感性的存在者的意义上来思考人。

如果我们能够对康德提出“理智世界”的用意有一个彻底的了解，上述疑问就可以彻底化解。在康德看来理智世界说明实践哲学的限度：理智世界只是感官世界以外。这个概念之所以必要，是因为感性的欲望不能足够地确定人的行动，对客观普遍性和自然律赖以存在的先天条件的追求使我们不得不假设在感官世界之外，有一个理智世界作为自然律的根据。理智世界承担这一任务的方式是在形式上进行目的范导，即意志的准则同时可作为普遍规律。除此之外，关于理智世界本身，我们是一无所知，要想从中产生一个理性的意志动机都是徒劳无功的。所以康德说：“如果理性企图解释纯粹理性怎样能是实践的或者等于说解释自由是怎样有其可能的，那么理性就会逾越它原来的界限了。”[①] 因此，关于形而上学的自由意志和理智世界的结论是：道德的绝对命令宣示在实践上一方面是不受经验条件限制的必然性，另一方面又具有不可理解性。

并且，上述的区分也不是不可通约的。其实，责任伦理的实质就是通过执行理性的绝对命令，使普遍道德规律从观念的思想的东西转化为现实的感性的行为，从而以一种改造的方式回应了休谟提出的“观念的思想的东西如何产生感性的现实的行为”的疑问。责任意志植根于观念的自由意志，但它本身是一种现实的意志。作为彼岸世界目的王国中的自由意志是最高意志，而“义务”无疑是不同于目的王国的最高意志的，因为最高意志的根本特性在于产生规律，“道德法则最终以人的自由意志为前提”。[②] 按照上述原则行动之必然性就称为实践的责任或称为义务，而按某些确定规律去发布命令指导行为的意志即责任意志。

四、理论理性与实践理性

我们关注的不是休谟词义上的必然与自由，而在于实质上的必然与自由。休谟显然把行为的原因泛化了：只要承认行为有一个确定的原因，就等于承认我们永远不能摆脱必然的束缚。也就是说休谟这里还没有如康德那样的自然的原因性和自由的原因性的区分。问题是，即使承认了行为是由各种动机引起的结果，这种动机论也不一定就能归结为经验主义，如叔本华就通过动机把行为的决定性因素归结为非理性的意志。要深入理解休谟在这个问题上的立场，就必须转到影响行为的各种动机的探讨上。在这方面，休谟提出以

① ［加］约翰·华特生．康德哲学原著选读［M］．韦卓民，译．武汉：华中师范大学出版社，1963：220.

② 顾肃．西方政治法律思想史（第1版）［M］．南京：南京大学出版社，1994：415.

下两个根本原则[1]：

第一，理性单独绝不能成为任何意志活动的动机；

第二，理性在指导意志方面并不能反对情感。

在讨论上述两个原则之前，必须对讨论的一个理论背景作一说明：休谟所理解的理性的内涵究竟是什么？就休谟所使用的理性（reason）一词的含义来说应是推断、推理。在休谟这里，推理有三种：一是根据知识的推理，采用的方法是“观念的比较”；二是根据证明的推理；三是根据概然推断的推理。[2] 后面两种是休谟特意区分开来的，因为他认为两者之间有程度的区别：根据证明的推理是依据因果关系进行的，是完全没有怀疑和不确实性的那些论证，其确证性超过仅仅推测性的概然推断的推理。

从另一个角度即认识赖以进行的方法来讨论或许可以加深我们对于休谟的理性（推理）的含义的理解。休谟首先列出哲学上考察的七种关系：“类似、同一、时空关系；数量或数的比例、任何性质的程度、相反和因果关系。”[3] 对这七种关系的确定可以采用不同的手段：①完全决定于观念，能够成为知识和确实性对象的四种关系：类似、相反、任何性质的程度、数量或数的比例，其中前三种是被直观所发现，后一种被数学推理发现。按照休谟的理解它们是作为科学的基础的四种关系，这种关系实际上就是观念之间的比较。②不单单由观念来决定的有三种：时空、同一和因果关系。其中，前两种的发现依赖于知觉，无须任何思想的活动，只是通过感觉器官被动地接纳那些印象。对时空和同一关系的观察不能被看作推理，因为心灵在观察它们的时候并不能超出直接呈现于感官之前的对象，去发现对象的真实存在或关系。在这三种关系中，“唯一能够推溯到我们感官之外，并把我们看不见、触不着的存在和对象报告我们的，就是因果关系”。[4] 因此，因果关系的发现是依赖于推理的。相对于前面的只需观念之间的比较就可得出的四种关系来说因果推理是关于事实的关系的推理。

---

① ［英］休谟．人性论［M］．关文运，译．北京：商务印书馆，1980：451.

② ［英］休谟．人性论［M］．关文运，译．北京：商务印书馆，1980：146.

③ ［英］休谟．人性论［M］．关文运，译．北京：商务印书馆，1980：85.

④ ［英］休谟．人性论（第1版）［M］．关文运，译．北京：商务印书馆，1980：90.

把上述讨论稍做总结就是：理性形成确然性的知识，采用的方法是推理。“一切推理都是发现两个或较多的对象彼此之间的那些恒常或不恒常的关系。”① 人类理性的对象“可以自然分为两种，就是观念的关系（relation of ideas）和实际的事情（matters of fact）”。② 从休谟对理性和知性两个概念的使用上来看，两者在这个含义上是等同的。休谟在多处这样使用知性概念，譬如“人类知性的作用既然分为两种，即观念的比较和事实的推断……”③“知性或是依照理证来行判断，或是依照概然推断来行判断，所以它的作用有两个方式，在一方面知性所考虑的是我们观念的抽象关系；在另一方面它所考虑的是仅仅为经验所报告于我们的那些对象的关系。”④

当知性被用作包括感性活动及其能力在内的人的认识的整体活动和能力时，是广义的用法，就是所谓的“知性论”中的“知性”。它的范围比理性要广，是宽泛意义上的“知觉”能力。知觉分为印象和观念，印象是感官的对象，观念是思想活动即理性的对象。因此，知性在相对于感性的意义上被使用时，是狭义的用法，指判断和推理这种高级的认识形式，这就是休谟的“理性”的含义。这里存在理性与感官，反省和本能的对立。理性仅仅是发现真与伪，而判断真假的标准是是否符合观念的实在关系或实际存在的事实。休谟正是在这个前提下来讨论理性对行为的作用。

在第一种活动即观念间的比较中，理性的活动总在观念世界进行，而意志是要通过行为进入现实世界中去。观念的思想的东西如何产生感性的现实的行为？尽管康德通过对问题加以改造的方式（不是产生而是规范）提供了另外的答案，但休谟认为这个问题是无法解决的。他说在这种活动中理性对行为总是无所作为的。

在第二种活动中，理性是通过我们的因果判断来左右我们的行为，伴随着因果推理。我们对作为原因的对象的情绪及对此做出的接受或避开等反应性行为会转到作为结果的对象和与原因相关的一切其他对象上去，但休谟指

---

① ［英］休谟．人性论［M］．关文运，译．北京：商务印书馆，1980：89.
② ［英］休谟．人类理解研究［M］．关文运，译．北京：商务印书馆，1972：26.
③ ［英］休谟．人性论［M］．关文运，译．北京：商务印书馆，1980：503.
④ ［英］休谟．人性论［M］．关文运，译．北京：商务印书馆，1980：451.

出这并不能说明是由理性本身带来了行为的改变。理性在这里仅仅是发现对象之间的因果联系，这种关系对行为的影响从根本上取决于对象对行为的影响。

通过以上论述，休谟得出理性单独绝不能成为影响意志的动机而引起行为。不仅如此，“这个官能（理性）同样也不能制止意志作用，或与任何情感或情绪争夺优先权”。① 理由是，所谓抑制意志作用即产生一种相反的情感冲动，如果理性能够单独做到这一点也就能够单独引起意志作用产生行为了，而这已证明是不可能的。能够控制意志的只有情感。在意志问题上，理性不能反对情感，情感也不能违反理性；理性和情感永远不能互相对立或争夺对于行为的统治权。休谟的意思是理性和情感确实是对立的，但它们不可能在决定人的意志和行为上互相对立。人们之所以会错误地认为理性能够决定情感，是由于在人的意志和行为上有平静情感和猛烈情感的对立，人们往往把前者误解为是由判断真伪的理性决定的。

从意志的本性上看，意志主要是由情感来决定，是苦乐福祸等原初情感的直接结果。所谓意志是指“我们自觉地发动自己身体的任何一种新的运动或自己心灵的任何新的知觉时，所感觉和所意识到的内在印象”。从本性上看，意志是内在印象，是次生的由原初情感决定的印象。能否对这种内在印象做进一步追问？这是休谟无法回答也不想回答的问题。因为，休谟讨论意志的自由和必然问题其本意并不在于意志，正如巴里·斯特德所言：“休谟的目的始终是自然的一律性，只有当关于意志的‘自由学说’对此造成了妨碍时，才讨论这个学说。”② 休谟认为他为自由和必然之争的一个贡献仅在于提出了一个新的必然性概念。③

总之，按照休谟的意志、理性、情感和必然的定义，意志就是必然的，而非自由的；意志在指导人的行为时主要是遵从来自情感的指示，而不是理性的命令。

在康德这里，与休谟截然不同的是理性可以有两种运用方式：理论理性

---

① ［英］休谟．人性论［M］．关文运，译．北京：商务印书馆，1980：453.
② ［美］巴里·斯特德．休谟［M］．周晓亮，刘建荣，译．济南：山东人民出版社，1992：210.
③ ［英］休谟．人性论摘要［M］．//巴里·斯特德．休谟，1992：210.

和实践理性。正如在认识领域对应人的理论理性一样，在实践领域对应人的实践理性，这种实践理性就其本质内涵而言，就是人类具有的自由意志。自由意志就是追求善的意志，是以至善作为自身目的的意志，而不是追求最大限度的功利的意志。

什么是善良意志？这是接触康德哲学首先遇到的问题。康德曾明确说过，意志之所以是善的，不是因为它能带来的善的后果，也不是因为它能实现我们的某些目的，使我们获得幸福；而是，由于它本身就是善的。实践理性追求善良意志是无条件的首要的目的，追求幸福是其次的有条件的目的。实践理性的真正目标必定是要产生一个本身就是善的意志，而不只是作为别的东西的一种手段才是善的意志。

那么这个好的意志究竟有什么内涵？康德通过对“义务”“责任”等概念的讨论来澄清这一问题。一个行为只有出于义务感，才具有道德意义。行为的道德价值不是由于它打算要达到的目标，而是由于它为之而确定的准则，并且是一种独立于感性的准则。纯粹出于义务感的行为不是依照后天的动机，而是按照先天的形式原则。

在这里有一个明显特征：义务与自然爱好之间的对立。康德有名言：“牺牲我一切的自然爱好，我也得要遵守道德规律。”先天道德律要求的是与人的本能爱好不同的以绝对命令的形式出现的义务和善。这种义务和善，只与人在行动时的意向有关，与行为和行为的客观效果无关。德行作为人的品质就是符合义务的意向。

康德认为道德的准则不是在某种经验条件下应该遵守的，而是人——一切有理性的存在者，绝对必然要遵守的。在康德看来，正是由于道德观念和道德律是先天地来自理性并处于理性，所以才具有如此高的效力：绝对地、必然地遵守，即作为无条件的命令宣示，与一切有条件的命令宣示相区分。

康德也曾考虑一切命令宣示是如何可能的问题，但康德绝不是在经验的层面上考虑这一问题。在康德看来，如何实现理性的命令，以及能否实现都不影响善良意志的本义，只要你尽自己的努力即可。正如康德在《道德形而上学原理》中所言：“所谓善良意志，不只是好心好意；还在于坚决地使用力之所及的一切方法。至于它本来的价值，倒不因成功而提高，也不因失败而降低。”①

但康德说明了一种矛盾：一方面理性告诉他那些来自道德规律的命令是值得获得最高的尊重的；另一方面，人又是在事实上处于经验世界中，人只要满足了自然的需要和爱好就称为幸福，并且这种对幸福的追求排斥严格的道德律。这导致一个结果：理性发出责任的命令应该有它自己的独特领域，才能消除这种“辩证”（矛盾）的情况。因此，康德不再像休谟那样局限在知性角度看待理性，并以之决定理性在道德领域的作用，他拓展理性活动的范围，扩大理性概念的内涵。理性发出绝对的命令，不是在经验领域，而是在实践层面：“理性是按其自己的权威发出命令，它根本不管人们的行动事实上是不是纯然出于义务观念。”② 康德举例说，也许在事实上真诚的朋友谁也没有结交过，但这并不妨碍人人都同意交友应当真诚。义务作为一种观念，是先于一切经验并决定意志的理性的观念。

休谟很自然地得出他的道德哲学结论：道德的区分不是来自理性。“道德准则刺激情感，产生或制止人的行为，理性自身在这一点上是完全无力的，因此道德规则并不是我们理性的结论”。③ 道德判断是在恰当的情感支持下做出的，是我们的情感的表达，是把思考某一个行为和品格时产生的德或恶的感情赋予这个行为和品格。一个行为和品格的善或恶不是这个行为和品格本身所具备的，而是人们通过道德感后天赋予的。因此，道德判断从根本上依赖人的道德感。道德判断总是实践的活动，理性进行的则是思想的活动。

道德的区分不是来自理性的另一种说明：休谟关于事实与价值、是与应当的区分。在《人性论》中休谟提出，“道德的区别不是从理性得来的”，并加上了一条“或许会被发现为相当重要”的附论。在这条附论中，休谟声称他突然发现在道德学体系中所遇到的“不再是命题中通常的‘是’与‘不

① ［加］约翰·华特生．康德哲学原著选读［M］．韦卓民，译．武汉：华中师范大学出版社，1963：192.

② ［加］约翰·华特生．康德哲学原著选读［M］．韦卓民，译．武汉：华中师范大学出版社，1963：198.

③ ［英］休谟．人性论［M］．关文运，译．北京：商务印书馆，1980：457.

是’等连系动词，而是没有一个命题不是由一个‘应该’或‘不应该’联系起来的”。① 关于事实的判断使用“是”与“不是”连系动词，关于道德的判断使用“应该”与“不应该”。因此，“恶与德的区别不是单单建立在物的关系上，也不是被理性所察知的”。②

尽管这个被称为“休谟法则”的区分是否是休谟的本义，至今仍有争议，但这个法则本身的意义确实是不可否认的，一个明显的表现是通过康德的道德哲学表现出来。康德的道德哲学的绝对命令正是这样使用的：“你应该照着这一条准则行动，而且只照着它，是与你行动的同时，愿意它成为一条普遍规律的。”③

那么，做出道德区分究竟是一种什么样的活动？休谟认为我们一定是借它们（德或恶）所引起的某种印象和情绪，才注意到这种差别。道德区分显然是一种知觉，而知觉分为印象和观念，前面已否认道德来自理性观念。因此，道德只能是印象，道德宁可说是被人感觉到的，而不是被人判断出来的。道德首先是一种道德感，并且这种道德感的发生是由于我思维某一品格或行为时所感觉到的某种特殊的快乐或痛苦。

我们在这里讨论休谟问题，关心的是休谟思考意志自由和必然以及与责任伦理的关系。经验主义的思维方式会有什么样的结果？如何来协调自由与必然、道德的个体性与普遍性的关系？前文已经表明他的一个观点是感性的层面上统一了自由与必然，就很自然地由第一个问题过渡到第二个问题：道德的个体性与普遍性的关系。休谟是如何用“道德在于道德感”去协调道德的个体性与普遍性关系的呢？

一方面，他继承了他的英国情感主义伦理学前辈的观点，认为作为道德感的来源的基本感觉是一种人人都有的基本结构。

另一方面，他认为一切道德感应划分为自然的和人为的。自然的道德感

---

① ［英］休谟．人性论［M］．关文运，译．北京：商务印书馆，1980：509.

② ［英］休谟．人性论［M］．关文运，译．北京：商务印书馆，1980：510.

③ ［加］约翰·华特生．康德哲学原著选读［M］．韦卓民，译．武汉：华中师范大学出版社，1963：206.

是原生的。例如，“我们的责任感永远遵循我们情感的普通的、自然的途径”。[①] 人为的德是次生的，是人们反省的产物。

比如正义，它的产生是以同情原则为基础的。“正义之所以是一种道德的德，只是因为它对于人类的福利有那样一种倾向（产生使人愉快的结果），并且也只是为了达到那个目的而作出的一种人为的发明。”[②] 在休谟看来，人类的福利是目的，正义只不过是达到这个目的的手段。由于手段只有在目的能使人愉快的时候，才能使人愉快。因此，谋取人类的福利能够使人愉快是正义作为一种道德的基础，但人类的福利主要包含和我们自己没有利害关系的社会的福利或朋友的福利。这些之所以能使人产生愉快的情感，那是由于借着同情的作用。同情正是这样一种性质和力量：“凡能激发一个人的任何感情，也总在别人的某种程度内所能感到的。”[③] 借助这个原则可以产生我们的美感和道德感（但不是充分条件）。据休谟考察，“一切人的心灵在其感觉和作用方面都是类似的”。[④] 所以，休谟认为同情是人性中一个强有力的原则，它产生了我们一切人为的道德感。

更关键的是同情之所以能够产生这种结果，是由于在它发挥作用的时候心灵进行了一种并非感觉的观念的思想活动：“别人的情感都不能直接呈现于我们的心中，我们只是感到它的原因或效果，我们由这些原因或效果才推断出那种情感来。因此，产生我们的同情的，就是这些原因和结果。”在休谟那里，人为的德如正义是次生的。

下面我们要讨论的一个问题是，这种自然的原生的德（如责任感）和人为的次生的德（如正义感）的划分与道德的个体性和普遍性有什么关系？责任（义务）可以作为客观普遍的道德感去约束人的行为吗？

要解决这个问题必须对“自然”和“人为”两个词在休谟这里的用法做一探讨。按照休谟本人的说法，“没有任何一个词比这个名词更为含混而模糊

① 转引自倪梁康：“良知：在‘自知’和‘共知’之间”，中国学术第一辑第19页；中文译文参见关文运译《人性论》第524页，文字上有改动。

② ［英］休谟．人性论［M］．关文运，译．北京：商务印书馆，1980：619.

③ ［英］休谟．人性论［M］．关文运，译．北京：商务印书馆，1980：618.

④ ［英］休谟．人性论［M］．关文运，译．北京：商务印书馆，1980：617.

的了”。

自然一词在那个时代至少有三种用法：一是与“神迹”相对立；二是与“稀少和不经常”相对立；三是和“人为”相对立。在休谟看来，自然的这三种含义都不能用于标出恶与德的界限。因为按照第一种含义，恶与德都是自然的；按照第二种含义，它们又都是不自然的；按照第三种含义，如果“人为的”被用作“人类行为的”，那么恶与德仍然是不自然的。恶与德作为道德哲学探讨的对象显然都是实践的，关于人类行为的。用“自然的”和“人为的”来区分不同的德则必须在另外的含义上，还得回到德和恶的原初起点上去考虑。

“德和恶是被我们单纯地观察和思维任何行为、情绪或品格时所引起的快乐和痛苦所区别的”①，但“我们对于每一种德的感觉并不都是自然（而生）的，有些德之所以引起快乐和赞许，乃是由于应付人类的环境和需要所采用的人为措施或设计”。② 这里的自然和人为的含义才是休谟所要使用的：自然是指“自然而生的”“天性具备的”；而人为是在相反的意义上指“人为设计的”“后天教育的”。所以休谟才说：“公益并不自然而然地与正义规则的遵守相依属的，公益所以与这种遵守相联系，只是因为先有了可以确立这些规则的一种人为的协议。”③ “产生这种正义感的那些印象不是人类心灵自然具有的，而是发生于人为措施和人类协议”，④ 而这种措施和协议之所以必然地产生是由于“人的自私和有限的慷慨，以及自然为满足人类需要所准备的稀少的供应”。⑤ 我们必须承认，“正义和非义的感觉不是由自然得来的，而是人为地（虽然是必然地）由教育和人类的协议发生的”。⑥ 因此，我在这里必须声明：当我否认正义是自然的德时，我所用的自然一词，是与人为的一词对立的。正义的规则虽然是一种人为的发明，但并不是任意的，而是显著的和绝对必要的；它是人类所共有的，与人类不可分离的。

---

① ［英］休谟．人性论（第1版）［M］．关文运，译．北京：商务印书馆，1980：516.
② ［英］休谟．人性论（第1版）［M］．关文运，译．北京：商务印书馆，1980：517.
③ ［英］休谟．人性论（第1版）［M］．关文运，译．北京：商务印书馆，1980：521.
④ ［英］休谟．人性论（第1版）［M］．关文运，译．北京：商务印书馆，1980：537.
⑤ ［英］休谟．人性论（第1版）［M］．关文运，译．北京：商务印书馆，1980：536.
⑥ ［英］休谟．人性论（第1版）［M］．关文运，译．北京：商务印书馆，1980：523.

在休谟这里，道德的效力上的普遍性和个体性来源上的次生、原生的问题是重合的，诸如正义这种普遍的公德起源于个体性的道德判断。他区分了促使建立正义通则的原始动机和引起对正义品格的道德赞许，认为："自私是建立正义的原始动机，而对于公益的同情是那种德所引起的道德赞许的来源。"① 这里可以确定的是责任是一种原生的自然的道德感，本质是一种个体性的道德感；而正义则是次生的人为的德，虽然起源于人类的自私，但它的产生就是作为一种普遍的公德规范而发挥作用。自然的德与人为的德的差别在于："由前者得来的福利是由每一单独的行为发生的，并且是某一种自然情感的对象；至于单独一个正义行为，如果就其本身来考虑，则往往是违反公益的，只有人们在一个总的行为体系或制度中协作才是有利的。"②

五、责任作为普遍的道德

在讨论善良意志时，我们已指出这一点，正因为先天地来自理性并处于理性，它才具有绝对必然的效力。问题在于至善的道德规律是如何成为客观必然的而非主观随意的？这涉及责任伦理的效力和价值问题。

为什么要考虑效力？因为如果一个道德准则仅仅是对于主体本身有效，那都是行不通的，纯粹主观主义无论是在知识论还是在道德哲学都是康德所反对的。康德从休谟那里得到很多有益的帮助，认为是休谟"打断了他的教条主义的迷梦"。但他反对休谟的道德哲学结论：道德在于道德感。因为作为一种道德感，尽管可以辩解为一种"心灵的根本结构"，但毕竟是依赖于感性，因而不可能达到一种真正的普遍必然性。

① ［英］休谟．人性论（第1版）［M］．关文运，译．北京：商务印书馆，1980：540.
② ［英］休谟．人性论（第1版）［M］．关文运，译．北京：商务印书馆，1980：621.

在这里，第一个问题是关于道德规律的客观普遍性。康德在知识论中特别强调认识活动和真理的客观性，通过对《纯粹理性批判》的 A、B 版前后比较可以看出这一点。康德为了避免人们把他的哲学误解为主观主义的，特意在修订版即 B 版中加入了客观演绎。主观演绎是由分析经验而回到经验的基础：知性的综合作用。客观演绎是追寻知性综合作用的客观根据的过程，由知性的联结作用上升到纯粹统觉的先验能力。① 康德试图通过这种努力来纠正人们对他的《纯粹理性批判》第一版的“纯粹主观主义”的断语。在前批判时期的一篇关于“获得真理的方法”的演讲稿中，康德主张“真理只是我们的认识在形式方面符合逻辑规则”，而错误仅仅发生在知性运用逻辑思维形式对感性质料下判断的时候。他还宣称“不存在同对象相一致的认识”。但在《纯粹理性批判》中他的观点改变了：真理被区分为形式和内容两个方面的因素。因此，知性判断的合乎法则性是判断真理的形式标准，而不是真理本身，它只说明真理的普遍性。虽然我们不能从内容方面，但却可以从形式方面提供一个真理标准，即知性的合乎法则性。但这只是真理的一个必要条件，而不是真理的全部充分条件。② 由于这种判断真理的形式规则都是先天的由理性自身引导出来的，按照传统的主观和客观的含义，它必然要被人们认为是主观主义或唯心主义的。对于康德来说，这些“主观”的规则如何能够具有客观有效性，就成为先验哲学能否成立的根本问题之所在。于是康德赋予“客观性”以不同于前人观点的新的内涵。把它在特定的意义上与普遍性相等同，并把普遍必然性的来源归于理性通过理性而得来的合理规定，并且这一点还在后世得到人们的认同。例如胡塞尔就认为，康德的哥白尼式的转变，就在于他的“在主体性中来最终规定客观性（通过认识得到的）的含义，即在主体性与客观内容的相互联系中加以规定”。③ 康德的这种对于“客观性”的新的解释不仅适用于认识论，而且对于道德哲学领域的形式规律也同样适用。

在《形而上学导论》中康德突出强调了这一点，并把客观性等同于普遍

---

① ［德］康德．纯粹理性批判［M］．蓝公武，译．北京：商务印书馆，1993：123.

② 陈嘉明．建构与范导［M］．北京：社会科学文献出版社，1992：53.

③ ［德］胡塞尔．康德与先验哲学的观念［M］．//陈嘉明．建构与范导，北京：社会科学文献出版社，1992：319.

性。[1] 这一点在《实践理性批判》中也有体现："如果主体把条件看为只对他自己一人的意志有效，则这些原则或准则就是主观的；如果看为是客观的，即对每一个有理性的存在者都有效，则这些原则就是客观的，或称为实践规律。"[2] 康德正是为了强调道德规律的客观必然性即普遍有效性，才指出先天道德规律独立于经验因果联系的必要性。这是康德道德哲学对于休谟诘难的一种超越性回应。当然，能做出这种回应的根本原因是实践理性与理论理性的区分，"划清全部理性的实践与纯粹知识的范围"对于道德理论和实践有十分重大的意义。

康德道德哲学的首要公式就是："我们必须这样行动，让我同时能够使我的准则成为一条善的普遍规律。"这条类似于金律的道德律中的"普遍"应当作何理解？康德通过一个例子做了具体说明，即"为环境所迫，我可不可以订下诺言而不打算履行呢？"康德认为问题不是虚伪许诺是否精明，而是在道德上对不对。在这个时候我们应当自问："我是不是满意让我虚伪地许诺来免受一时的困惑这条准则有普遍规律的效力，应用到他人如同应用到我自己一样。"[3] 这类似于孔子的话：己所不欲，勿施于人。[4] "己所不欲，勿施于人"这种普遍性要求已成为责任的无条件命令。康德这样的规定，在经验中有根据，人们每次违反义务时总存在一种矛盾：一方面承认有客观必然的普遍的道德规律；另一方面在主观上又希望有例外，可以使自己免遭道德舆论的谴责。所以人们在言行中必须遵循这样的规律，否则在这个世上就没人愿意说真话，而且也不能对此做出道德谴责，这显然是要避免的。其本质内涵是："你应该照着这一条准则行动，而且只照着它，是与你行动的同时愿意它成为

---

① ［德］康德．未来形而上学导论［M］．庞景仁，译．北京：商务印书馆，1978：69.

② ［加］约翰·华特生．康德哲学原著选读［M］．韦卓民，译．武汉：华中师范大学出版社，1963：221.

③ ［加］约翰·华特生．康德哲学原著选读［M］．韦卓民，译．武汉：华中师范大学出版社，1963：196.

④ 在西方，金律（Golden Rule）指耶稣在《新约·马太福音》中所说的道德准则："所以无论何事，你们愿意人怎样待你们，你们也要怎样待人"；而孔子的"己所不欲，勿施于人"称为银律（Silver Rule）。（参见：［美］里奇拉克．发现自由意志与个人责任［M］．许泽民，罗选民译．贵阳：贵州人民出版社，1994：4.）

一条普遍规律的。”①

第二个问题是，对于一切有理性的存在者而言，义务是不是都是一条必然的规律？

在休谟那里，理性单独不能引起行为，理性在指导行为时不能违反情感。但康德却认为，恰恰是来自理性且处于理性之中，没有感性情欲的混杂，纯粹义务等道德观念才能够通过人的理性比一切从经验得来的动机，在影响人心方面更为有力；而且由于意识到自己意志能够无条件地自决，即仅仅按照产生于自身的准则去指导行为，而成为实践的，可以蔑视情欲并一一控制它们，使选择意志服从理性意志。

更为深入的是，康德通过一个先天综合命题对之加以证明。义务作为一种无条件命令，对之的证明是不能从任何经验事实和假定中得出这一事实。必须完全先天地证明它是和一个有理性的存在者之意志的观念结合在一起的，而这个命题是一个先天综合判断。为解决这个先天综合判断，“不管我们怎样不情愿，也得要进入形而上学的领域里边，然而不是思辨哲学的领域里边去，而是进入道德的形而上学的领域里边去”。② 康德为解决这个问题，采用了非功利主义的目的论方式。

意志被定义为一种按照某些规律的观念而确定自己去行动的能力，这种意志依据客观必然的普遍规律，其实就是一个目的。目的在康德看来，依自然爱好因人而异。这个目的有对每一个人、有理性的存在者都有效的客观目的之分。前者是有条件的命令宣示的根据，后者才是义务的普遍道德规律的依据。问题在于如果能证明这种客观目的纯为理性命令，那它必定对所有有理性的存在者都是有效的，上面的先天综合判断也就解决了。在康德看来，人自身恰恰就是这样的客观目的，恰恰是有理性的存在者其存在本身就具有这样的绝对价值：自身就是目的，能够作意志指导行为发出命令时赖以遵循规律的根据。人，作

① 在西方，金律（Golden Rule）指耶稣在《新约·马太福音》中所说的道德准则：“所以无论何事，你们愿意人怎样待你们，你们也要怎样待人”；而孔子的“己所不欲，勿施于人”称为银律（Silver Rule）。（参见：[美] 里奇拉克．发现自由意志与个人责任 [M]. 许泽民，罗选民译．贵阳：贵州人民出版社，1994：206.）

② [美] 里奇拉克．发现自由意志与个人责任 [M]. 许泽民，罗选民，译．贵阳：贵州人民出版社，1994：206.

为有理性的存在者，不同在经验世界中的存在方式：自身作为客观目的而存在。“没有理性的存在者只有手段的相对价值，因之称为‘物’；反之，有理性的存在者具有自身作为目的的绝对价值，因之称为人格”。①

康德认为通过以上工作就可以解决休谟不能解决的伦理学的重大问题，道德的主观性和客观性的对立也就不复存在：“如果主体以为这种条件只对他的意志有效，那么这些原理就是主观的，或者是准则；但是，如果主体认识这种条件是客观的，亦即对每一个理性存在者的意志都有效，那么这些原理就是客观的，或者就是实践法则。”②

因此，有这样的一条实践规律：“你行动时，应该把人性，无论是在你自己身上或在另一个人身上，总是作为一个目的，而永远不只作为手段来使用。”③

把人自身看作一个客观目的，这是一条规律，这条实践规律的客观根据是普遍性的原则和形式，而主观根据要从人自身去寻找。因为人，作为有理性的存在者，是一切目的的主体，也就是说，实践规律产生于人——有理性的存在者。但是，人作为有理性的存在者为什么有这样的特性？意志依规律而发布命令，而规律又来自意志本身，称为自律。康德曾以简洁的语言点出了自律性的实质：“意志并不是简单地服从法则，它之所以服从，因为它自身也是一个立法者；并且正因为它是立法者，所以它才必须服从法则”。④

在康德之后，现代哲学家从各个角度去重新解释这个问题，力图突破康德的道德哲学。这在新黑格尔主义者布拉德雷和实用主义者詹姆斯那里都有所表现，但最集中地论述这个问题还是法国的生命哲学家亨利·柏格森。

柏格森充分运用他的创造进化论思想，把自由意志等重要范畴作为其阐述社会道德问题的核心。⑤ 他首先把关于自由意志的争论归结为动力论和机械

---

① ［加］约翰·华特生．康德哲学原著选读［M］．韦卓民，译．武汉：华中师范大学出版社，1963：209.

② ［德］康德．实践理性批判［M］．韩水法，译．北京：商务印书馆，1999：17.

③ ［加］约翰·华特生．康德哲学原著选读［M］．韦卓民，译．武汉：华中师范大学出版社，1963：81.

④ ［德］康德．道德形而上学原理［M］．//陈嘉明．建构与范导，北京：社会科学文献出版社，1992：269.

⑤ 尚新建．重新发现直觉主义［M］．北京：北京大学出版社，2000：165.

论之间的对立。动力论者主张意志自由，他们把事实当作绝对的实在，而抽象的规律只是这种实在或多或少的象征。人类的活动是自主自在的，自由充足的，所以是由其意志自由决定的。机械论者主张决定论，他们把规律如能量守恒律看作实在的，而个别事实只是被动地去符合规律；人类的行为如同自然现象一样受必然规律的决定，所以是没有自由的。柏格森认为有两种决定论：物理决定论和心理决定论，前者可以还原为后者，它们都依赖于心理学上的假设即心理联想的正确性。如果要试图从物理的角度说明意识状态是被外在原因决定，那就必须事先证明大脑的每个确定状态都有一个严格被决定的内心状态与之相应，但这方面的证明尚有待未来。即使有了大量的物理现象和心理现象平行或伴随发生的实例，也不能就此下判断说：我们的意识是由物理的原因决定的。先前的哲学家如莱布尼兹、斯宾诺莎等之所以"肯定在意识状态与广度式样之间有着严格的相应关系并不是为了物理上的理由"。① 联想学派的心理决定论错误地认为意识状态的先后相继是绝对的，并试图诉诸自然科学的机械论去获得证明。这种"最彻底的机械学说把意识当作一种副像，这种副像在指定的情况下可以附加在分子运动之上"。柏格森认为这种机械论所赖以成立的定律如能量守恒定律是不适用于生物体，尤其是人类的意识状态。他们把具体绵延和抽象时间混淆了，联想学派"把自我当作心理状态的集合，其中最强的状态起着决定作用而带动其他状态跟它一起走"。②

联想学派的基础是因果联系，所以柏格森认为要从根本上驳斥决定论就必须讨论因果律。因果律③可以理解为：①以前见过的现象 a、b、c、d 能够照原先的形状再度出现。②某一现象 P 曾发生于条件 a、b、c、d 之后，而且只发生于这些条件之后；一旦同样的条件再度发生，则 P 必然地再度发生。而自由意志问题的关键是：在意识界能否找到这种确定的前件产生确定的后件的恒常性？柏格森看到经验论者利用因果律实质上是赋予了因果联系以新的意义，即人们在常识中所持有的含义。柏格森指出这种常识其实是混淆了

① ［法］柏格森．时间与自由意志［M］．吴士栋，译．北京：商务印书馆 1958：100.
② ［法］柏格森．时间与自由意志［M］．吴士栋，译．北京：商务印书馆 1958：108.
③ ［法］柏格森．时间与自由意志［M］．吴士栋，译．北京：商务印书馆 1958：138.

两种联系：发生于现象自身之间的客观联系和关于现象的观念之间的主观联想。“这原理所以具有绝对必然性乃是由于它没有把未来跟现在联系在一起，而只把现在和现在联在一起。”① 如果把未来和现在联系在一起，因果律则永远不能具有必然律的形式。这里涉及柏格森的时间学说。正如亚历山大·冈恩所说：“任何人要想准确地理解柏格森的思想，必须理解他的时间观念……人们可以说，时间概念是柏格森哲学的基石。实际上，他的整个体系都建立在时间概念的基础上。”② 柏格森认为时间上的先后瞬间并不是彼此联系在一起，而是混杂在一起。时间和空间的区别在于：空间为数量性的，无连续性；而时间是质量性的，绵延就是存在于这种质量性的不可分割的由一系列连续构成的时间之中。因此，那种单一性的，可被测量的时间是一个人为的概念，究其根源是由于人们用参照空间这个概念的特性来研究绵延，把真实的具体的绵延和抽象的时间混同起来。柏格森认为，如果认识到以上所述的区别，那么在自由意志这个问题上的困难也就不复存在。无论是决定论者还是自由意志论者都没有认识到这一点，因而从活生生的生命自我来看他们的争论是无谓的：自由是存在的，但不可言说。正如《时间与自由意志》的英译者在序言中所引用的一句格言：“如果有人问大自然，问它为什么要进行创造性活动，又如果它愿意听并愿意回答的话，则它一定会说：‘不要问我；静观万象，体会一切，正如我现在不愿开口并一向不惯于开口一样。’”③ 生命的具体绵延是多样性的，从人的心理状态对行为的独一无二的关系来看，我们可以认为动作是自由的。

正是在肯定生命自我自由的基础上，柏格森提出了他关于道德和宗教的两个来源学说。他首先从生命哲学的角度认为人有双重人格：内和外在的自我，前者是个人的，后者是社会的，它们以复合的方式构成了人类的生命之流。柏格森由双重自我论述了道德的双重起源：一是由内在的生命自我所产生的主体道德起源，借助的是“爱的冲动”。二是由外在的生命自我所产生的

---

① ［法］柏格森．时间与自由意志［M］．吴士栋，译．北京：商务印书馆，1958：141.

② Gunn. Bergson and his Philosophy，London，1920：62. 转引自尚新建．重新发现直觉主义［M］．北京：北京大学出版社，2000：53-54.

③ ［法］柏格森．时间与自由意志［M］．吴士栋，译．北京：商务印书馆，1958：3.

客观外在的道德要求，即“社会压力”。这种社会的压力不像康德等理性主义者所说的服从理性原则或“绝对命令”的结果，而是建立在个人对社会要求的感受基础上的道德情感，就是所谓的社会自我。道德义务绝不是理性的产物。从传统理性主义的角度看来，作为“义务”的道德起源于社会对个体施加的“压力”，这种义务的道德被认为是强加于个人的东西。“正如细胞之于机体，蚂蚁之于蚁群”，个体和社会之间是一种被压迫者和压迫者的关系。社会为了维护自身的存在与发展，设计出道德义务来维持成员间的团结一致。这种出于社会需要而非意志自由选择的压力才是真正意义上的“绝对命令”。[①] 这种在封闭性社会中形成的强制性道德是对人的自由意志的压制，在这种社会中，人的心灵是不自由的。这种封闭型社会，是与生命之流的冲动相逆的社会状态。这类似于霍布斯的自我保存的自然状态，是一种朴素的保守的强制压力型社会，在这种社会中存在保守的静止的消极的道德，这是树立真正责任的道德所要克服的。柏格森认为个人要自觉形成这种义务感，有一个前提条件，就是自由。“一个人感到某种义务，只有当他自由的时候才可能，如果分别加以考虑，没义务都意指自由。”[②] 没有自由的人无法通过培育社会自我来形成自发自主的社会责任感，只能在封闭社会中屈从于外在的枷锁。只有在开发型社会中才能形成自发责任感。在开放型社会中，个人胸怀全人类，“爱的冲动”和“社会压力”合归如一，是一种丰富的开放的文明的社会，存在积极的动态的肯定的道德，这是一种出于个人抱负的道德；并且，人类心灵中的“爱的冲动”比“社会压力”更具有决定性意义。它以爱人类为目标，如同宗教以另一种方式来释放其人类之爱一样。可见责任道德的起源是一种过程，任何时候都不能把它视为一种既定的事实或凝固的理论原则，其根基乃在于生命的创化过程之中。

---

① ［法］柏格森．道德和宗教的两个来源［M］．王作虹，成穷译．贵阳：贵州人民出版社，2000：3.

② ［法］柏格森．道德和宗教的两个来源［M］．王作虹，成穷译．贵阳：贵州人民出版社，2000：21.

[原著教学研讨]

学生A：除了感受到康德的批判精神之外，我还思考了一个问题：在今天，我们能否把康德哲学放入“理性法庭”进行批判呢？仅仅看到康德的成就而忽视康德形而上学理论的片面性也是不可取的，我们需要全面地看待形而上学才能够真正地体会和学习康德的形而上学观，理解康德为拯救形而上学矢志不渝的决心。康德不但对形而上学进行了认真反思，还对旧形而上学进行了严厉批判，并最终着手重建形而上学。康德在《纯粹理性批判》中将矛盾问题的原因归结为人类的理性不可以认识客观世界即不可知论。同时，康德承认物自体的存在，但是又认为刺激人们的感官而引起感觉的物自体的本来面貌是不可认识的。作为一切精神现象最完整的统一体的灵魂、作为一切物理现象最完整的统一体的世界和作为最高统一体的上帝，都不是认识的对象，而属于信仰的领域。而我认为将认识问题丢到形而上的部分去，本身就是一种诡辩。正是因为如此黑格尔才会反对康德的不可知观点，因为如果不跳出非此即彼的思维怪圈，就会陷入矛盾、混乱。因而我认为，一方面我们要肯定康德对于哲学发展的贡献，作为德国古典哲学的创始人，康德的批判哲学是对近代唯理论和经验论的清算和发展，结束了两派的对立状态并开启了新的哲学形态；另一方面对于康德理论上我们不认同的地方，我们需要正视并客观全面地看待康德的哲学思想。

教师：如何正确对待康德哲学的问题，“批判”是否要面对“批判的批判”？马克思在其著作中曾经出现过对“批判的批判”的“批判”，这样说来，经典作家是同意对“批判”进行一道“批判的批判”的程序的。不过，我们应该把重点放在把握康德进行“理性批判”的方法论内涵。康德在这里以“女王”比喻形而上学给自己提到“科学之王”的地位，用“年迈的贵夫人”“内战频仍”“无政府状态”等语言来说明形而上学领域的实际发展状况，最终还是要恢复形而上学的荣光，为形而上学奠基。所以康德的“理性批判”说到底，实际上是“理性重建”。我们要把握康德的这一总体的批判哲学的思路，与普通的批判态度进行区别。康德实现自己的“理性重建”式

“批判”伟业的方法论是内省式的，但又不像笛卡尔那样依托于一个典范性而实际上还是需要精确解读的意识过程，而是先让人自己在“如何可能”的问题意识牵引下，将自己的意识水平提升到“纯粹理性”的层面，才能真正开始“理性批判”的哲学里程。所以，康德的“理性批判”至少可以从“理性重建”“纯粹理性”两个层面加以深化理解。

学生 B：“理性先天认识到的，就是它自己按照概念放进去的东西”，我感觉康德在这里表达的思想，与他本人长期从事自然科学研究和教学分不开。卢梭和牛顿的思想是康德思想的两个重要启迪和来源，研究康德的理论也可以有两个角度，即从卢梭的哲学思想解读康德，或从牛顿的自然科学解读康德。但现在，人们往往因为卢梭和康德的哲学家身份，而有意无意地偏向于关注于康德批判时期的哲学思想，进而忽视了前批判时期康德的自然科学思想。研究康德在前批判时期自然科学思想，梳理出康德在这一阶段的思想发展路径，就能够一定程度上发掘康德关于自然科学和哲学的关系思想，为探索自然科学-哲学关系问题开辟一个新的解答模式。在《纯粹理性批判指要》中，邓晓芒将康德的思想来源归结为“以牛顿为代表的自然科学”和“以卢梭为代表的人文科学”思潮，它们归根结底是现实生活的集中反映。在当时的历史时期，自然科学和哲学没有完全分开，但是以现代的观点看，牛顿力学可以归于物理学，而莱布尼茨-沃尔弗派的单子论以及与之有密切关系的活力论是哲学的本体论范畴。也就是说，影响康德的这一场争论的本质，归根结底涉及如何解释“近代以来取得的重大的自然科学领域的知识成就”，单纯的自然科学观和哲学形而上学观构成这种争论的双方。康德是一位具备独创能力和独立思考精神的学者，这些争论引起了他的思考和研究，但他不会盲从于任何一派。康德在前批判时期思想的着眼点综合地全面地对待自然科学、数学和形而上学的关系，试图用自然科学、数学解决形而上学的问题，由此形成了康德的知识论思想的理性批判框架。

教师：上述同学的解读借鉴了学界已有的研究成果，把这一部分的思想主题引向了“科学研究范式”之“解释”的问题领域，总体上看是切中原文的。需要提醒的是，这种“科学史”理解进路的解释效力比较显明，但不能忽视康德对这个问题的创造性转换：具体科学史或者科学哲学的问题被康德纯化为一般知识论问题，并进一步地导向形而上学问题。从方法论的逻辑进程来看，则需要倒过来对康德在这一部分的问题转换进行总结：形而上学问题统帅了一般知识论问题，一般知识论问题统帅科学史问题。

参考文献

[1] 本书编写组．西方哲学史［M］．北京：高等教育出版社，2011.

[2] 张志伟．西方哲学史［M］．北京：中国人民大学出版社，2010.

[3] 文德尔班．哲学史教程［M］．罗达仁，译．北京：商务印书馆，1993.

[4] 苗力田．古希腊哲学［M］．北京：中国人民大学出版社，1995.

[5] 让．皮埃尔．维尔南．希腊人的神话和思想［M］．北京：中国人民大学出版社，2007.

[6] 吴晓群．希腊思想与文化［M］．上海：上海社会科学出版社，2012.

[7] 狄金森．希腊的生活观［M］．上海：华东师范大学出版社，2006.

[8] 汪子嵩．希腊哲学史［M］．北京：人民出版社，1988.

[9] 柏拉图．理想国［M］．郭斌和，张竹明译，北京：商务印书馆，2014.

[10] 约翰·E·彼得曼．柏拉图［M］．胡自信，译．北京：中华书局，2014.

[11] 杨海峰．柏拉图与理想国［M］．北京：中国少年儿童出版社，2001.

[12] 笛卡尔．第一哲学沉思集［M］．庞景仁，译．北京：商务印书馆，1986.

[13] 斯宾诺莎．伦理学［M］．贺麟，译．北京：商务印书馆，1983.

[14] 培根．新工具［M］．许宝骙，译．北京：商务印书馆，1984.

[15] 霍布斯．利维坦［M］．黎思复，黎廷弼等，译．北京：商务印书馆，1985.

[16] 霍布斯．论公民［M］．应星，冯克利，译．贵阳：贵州人民出版社，2003.

[17] 休谟．人性论［M］．关文运，译．北京：商务印书馆，1980 年．

［18］巴里·斯特德．休谟［M］．周晓亮，刘建荣，译．济南：山东人民出版社，1992.
［19］周晓亮．休谟及其人性哲学［M］．北京：社会科学文献出版社，1996.
［20］康德．未来形而上学导论［M］．北京：商务印书馆，1982.
［21］陈嘉明。建构与范导［M］．北京：社会科学文献出版社，1992.
［22］康德．纯粹理性批判［M］．北京：蓝公武，译。商务印书馆，1993.
［23］BERTRAND RUSSELL. The History of Western Philosophy，Routledge Classics［M］. Taylor and Francis，2004，Simon & Schuster，1945.
［24］STUMPF S. E.，Fieser J. Socrates to Satre and Beyond：A History of Philosophy［M］. 7th ed. The Mc Graw-Hill Companies，Inc. 2003.

索　引

后　记

本书脱胎于笔者长期教学情境中的思考，各章的写作设计优先考虑读者的问答情境，贯穿全书的是一个个链式问题，前一个问题的解答引发下一个问题，问题套着问题。哲学的学习和进入过程往往是炼狱—洞穴—黑森林—大地上的异乡者式的自我转向过程。哲学史的发展演变亦是一个问题链持续运动的过程，因此，英国哲学家科林伍德提倡“以问答逻辑呈现思想史”。

柯林伍德对传统命题逻辑有以下几点批判：命题逻辑的核心是真值判断；命题陈述中往往会发生主语缺位的错误；命题逻辑推理中往往会情境隐身。命题逻辑往往只陈述了“答案”，而忽略了“问题”。命题逻辑中的刚性铁律与实证客观性掩盖了社会历史中的关键问题，而这些问题及其回答的系列过程才是社会历史的构成。柯林伍德认为，当时流行的实证主义社会科学哲学方法论体现了原本适用于自然科学的命题逻辑向新兴社会科学的渗透，而这是不合适的。他主张用问答逻辑替代命题逻辑在社会科学中的核心地位。

伽达默尔对问答逻辑进行了拓展与改造。他认为问答逻辑的思想渊源最早可追溯到苏格拉底。他的精神助产术就是通过反讽来锁定问题，并做出相应的回答。问题带动回答，回答引发新的问题，如此循环，直至获得正确的定义。

本书充分发挥苏格拉底“知识助产术”的对话精神，采用设问、试答、再问、再答、归纳、深化、续问等多步骤研讨式教学路径，以便读者理解哲学语言丛林中的思想寓意；在此基础上把握西方哲学的问题意识和思想框架，从而顺利进入哲人的思想境界。